Wolfgang Kraushaar

REVOLTE UND REFLEXION

Politische Aufsätze 1976 - 87

verlag neue kritik

CIP-Titelaufnahme der Deutschen Bibliothek

Kraushaar, Wolfgang:
Revolte und Reflexion: politische Aufsätze 1976–1987 /
Wolfgang Kraushaar. – Frankfurt/Main : Verl. Neue Kritik, 1990
ISBN 3-8015-0233-3

Satz und Druck Fuldaer Verlagsanstalt GmbH Fulda

Inhalt

Vorbemerkung

Die in diesem Band versammelten Aufsätze stammen aus einer Zeit, in der sich das Selbstverständnis der linken politischen Bewegungen maßgeblich verändert hat.

Die zwischen 1976 und 1987 entstandenen Texte sind zum Teil Nachbetrachtungen früherer Bewegungsphasen, zum Teil aber auch aktualitätsgebundene Kommentare, die unter dem unmittelbaren Eindruck bestimmter Ereignisse verfaßt wurden. Bereits im Tonfall lassen einige erkennen, daß die in ihnen zum Ausdruck kommende Haltung nicht die eines unbeteiligten Beobachters ist. Viele der hier vorliegenden Arbeiten zielten vielmehr zu ihrer Zeit auf die Mobilisierung des Denkvermögens ab, auf die Reflexionsbereitschaft im Kontext der Bewegungen. Ihre unausgesprochene Prämisse bestand in dem Satz: Erkenntnisse, die im Zusammenhang der Bewegungen selber gewonnen werden, müssen nicht, können aber treffender sein als solche, die aus einer analytischen Distanz hervorgegangen sind.

Ob ihr Spezifikum, nicht nur dichter am Gegenstand, sondern in gewisser Weise ein Teil von ihm zu sein, auch heute noch, im Abstand einer Reihe von Jahren, eine Stärke ist, das zu beurteilen bleibt dem Leser überlassen.

Von einigen stilistischen Korrekturen abgesehen erscheinen die Aufsätze in ihrer ursprünglichen Form. Da es nicht die Absicht gewesen ist, das Zeitgebundene in ihnen herauszufiltern, kann es auch nicht überraschen, daß nicht mehr jede der hier geäußerten Ansichten mit meiner derzeitigen übereinstimmt.

Wie schrieb Gracian noch in seinem *Handorakel*: »Versuche in allen Dingen, die Zeit auf Deine Seite zu bringen.«

Wolfgang Kraushaar, Hamburg, September 1989

Kinder einer abenteuerlichen Dialektik*

»Die intellektuelle Verzweiflung mündet weder in Weichlichkeit noch in den Traum, sondern in die Gewalt. So steht es außer Frage, daß man auf gewisse Untersuchungen verzichten muß. Es geht lediglich darum, zu erkennen, wie man seine Wut in die Tat umsetzen kann; ob man sich, wie Verrückte, um Gefängnisse bloß im Kreise drehen oder ob man sie niederreißen will.«

Georges Bataille, 1929

Wer sich anschickt, die Texte der *Subversiven Aktion* zu durchstreifen, bricht unvermittelt zu einer Reise in die vergangene Zukunft auf. Das eintrainierte Wechselspiel von Erwartung und Bestätigung, Hoffnung und Enttäuschung bleibt aus, der Spannbogen von Vorstellung und Verwirklichung wird vielmehr bis zur Überstrapazierung ausgedehnt.
Es gibt kein klares Ziel, das unablässig angepeilt werden könnte, die Dauer der Reise ist völlig unbestimmt und von maßgeblichen Begleitern[1] – außer der eigenen vorwärtsgerichteten Erinnerung – kann keine Rede sein. Anstelle einer neuen Landkarte gibt es nur Reste von alten, unbrauchbaren, die allzuoft schon in die Irre führten (Sackgassen, Kreisel und Einbahnstraßen) und ein paar wenige Skizzen zu Stadtplänen, deren Urbanismen noch in den Träumen ihrer Architekten schlummern. Angesichts dieser unerfahrenen Situation, in der es die Infrastrukturen der Innen- und Außenwelt wieder neu zu entdecken gilt, steht der Sinn noch offen.
Der Unbeständigkeit der Route entspricht ein ständiger Wechsel der Reisegeschwindigkeit; von der Raserei bis zur Zeitlupe reichend, mit der der Boden nach Spurenelementen unentdeckter Landschaften abgesucht wird. Bekanntere Gebiete wechseln mit rätselhaften Konfigurationen ab, die kaum aufgetaucht schon wieder entschwinden. Es gibt Tunnel und Engpässe, Serpentinen und Spitzkehren, aber auch Momente, in denen Möglichkeiten des Ausblicks aufblitzen. Mal wird unter der Erde gewühlt,

* Zuerst publiziert als Vorwort zu dem von Frank Böckelmann und Herbert Nagel herausgegebenen Band *Subversive Aktion – Der Sinn der Organisation ist ihr Scheitern*, Frankfurt 1976, S. 9-32

mal eine Grauzone durcheilt; mal länger Zwischenstation gemacht, mal einfach die Alp-Geschichte überflogen. So abgehoben es dann zuweilen auch zugeht, die Landung wird immer versucht – wenn auch manchmal im Blindflug, die Bruchlandung wagend.
Wer heil angekommen ist, muß feststellen, daß er auf einem Umsteigebahnhof gelandet ist. Und wenn er nicht aufpaßt, verpaßt er den Zug. Die, die ihn noch kriegen, merken erst auf voller Fahrt, daß ein Teil von ihnen im Kurswagen sitzt, während die anderen sich immer noch auf einer Reise ins Blaue befinden. Je mehr Streckenposten auftauchen, desto mehr springen wieder ab. Schließlich – nach erhitzter Debatte trennen sich die Wege... Der Kurswagen auf Schienen mit genau gestellten Weichen landet im Sackbahnhof, die anderen werden versprengt. Sie selber hinterlassen keine Zeichen, bleiben verschwunden. Lediglich in der Geographie ihrer Texte bleiben Spuren zurück, die es noch zu entschlüsseln gilt.

Das beste Bild im Obernier-Museum ist der Blick aus dem Fenster. Max Ernst

Subversive Aktion – das war gleichermaßen Name und Motto einer Gruppierung, die als Organisation zu beschreiben maßlos übertrieben wäre, die als bloße Addition mehr oder weniger bekannter Namen aus der Studentenbewegung aufzufassen, entschieden zu kurz greifen würde. Sie bestand aus einem kleinen Kreis esoterischer Intellektueller, die in dezentralen Zirkeln, sogenannten »Mikrozellen«, miteinander über Psychoanalyse und Marxismus, Kritische Theorie und Surrealismus kommunizierten. Ihr Organisationsniveau stand dabei in keinem Verhältnis zu der geradezu, auch von ihnen nicht vorhergesehenen, eruptiven Spätwirkung, die sie einige Jahre darauf in einer ganzen Generation von Studenten, Schülern und Lehrlingen auslösen sollte.
Unter ihrem eigenen Namen existierte sie keine drei Jahre – vom Herbst 1963 bis zum April 1966 – ihre Spuren jedoch lassen sich selbst ein Jahrzehnt später noch im Witz der Lorenzentführer, der Konsequenz der Feministinnen, ja selbst dem Putschismus der kreuzorthodoxen KPD wiederfinden. Ihre eigentlichen Auswirkungen allerdings dürften sich kaum an solchen Phänomenen messen lassen. In Wohngemeinschaften, Gesten und Lebensformen einer zumeist studentisch verbliebenen Subkultur ist noch zu erahnen, was den einstmaligen Impetus ihrer Protagonisten ausmachte. Gerade in der Diskrepanz (Kommune – Wohngemein-

schaft), die diese Ahnung konfiguriert, hat sich die Subgeschichte einer zehnjährigen Revolte sowohl als Kette von Niederlagen wie auch als Konkretion von Hoffnungen, sedimentiert.

Von ihren Zirkularen, die wie *Unverbindliche Richtlinien* und *Suchanzeigen* alle in einem strikt antikategorischen, aktivistischen Duktus gehalten sind, drückt sich deren Mehrdeutigkeit noch am schärfsten im späten theoretischen Organ *Anschlag* aus.

»Anschlag« ist zunächst einmal eine Veröffentlichungsform (Plakat, Aushang), in der dem Publikum unbekannte, zumeist bewußt vorenthaltene Kenntnisse und Informationen vorgestellt und damit der öffentlichen Aneignung dargeboten werden; »Anschlag« ist auch eine Bewegungsform, die beispielsweise das Antippen oder Anzupfen von Musikinstrumenten beschreibt, um eine Melodienfolge einzuleiten; hier kann pianissimo anschlagen aber auch heißen, eine Kette von Assoziationen einzuleiten, um latente Gehalte freisetzen zu können; »Anschlag« stellt aber auch – und das nicht zuletzt – eine Aktionsform dar, die sich keineswegs auf ihren symbolischen Gehalt reduzieren läßt. Insofern ist sie mitunter durchaus wörtlich zu nehmen, im Sinne von einfachem Zuschlagen, Putschen. Gerade diese semantische Dimension ist für die Intellektuellenzirkel von besonderer Bedeutung, da nur sie die passiv-rezeptive Form reflexiver Auseinandersetzung durchbricht und damit über die Grenzen des bloß sprachlichen Mediums hinausgeht. Der utopische Gehalt wird nicht mehr mittels der für die Kritische Theorie so charakteristischen Methode der immanenten Kritik medial absorbiert, sondern materialiter in Praxis freigesetzt. Allerdings nicht, um selbstillusionär über das Ziel hinausschießend Umstürze vorzugaukeln, sondern um in putschistischer Provokation verdeckte, überlagerte Gewalt- und Verblendungszusammenhänge zu demaskieren und potentielle Handlungsfiguren zu entwerfen. Das, was später im Sprachgebrauch einiger SDS-Aktivisten exemplarische oder direkte Aktion genannt wurde, hat hier durchaus seinen Ursprung.

Im *Anschlag*-Titel treffen damit drei der wichtigsten Momente der Subversiven Aktion prototypisch aufeinander: Öffentlichkeit zur Durchbrechung der Anonymität, Freisetzung unterdrückter, zumeist unbewußt verbliebener Bedeutungsgehalte und die Aktion als Ausbruch aus dem Gedankengefängnis.

Intentional weisen alle drei Momente, insbesondere der eskapistisch-existentialistische Zug an ihnen, auf die Aporien ihrer theoretisch-artistischen Herkunft zurück. Diese sind zwar undenkbar ohne den sozialpolitischen Kontext der Adenauer-Ära bzw., im streng politökonomischen Sinne, der Rekonstruktionsperiode in der postfaschistischen Bundesrepublik. Jedoch wäre es völlig kurzschlüssig, aus diesem den spezifischen Charakter ihrer künstlerisch-kritischen Ausbruchsversuche ableiten zu wollen. Seinen zu grobgestrickten analytischen Maschen würde ein solch komplexes Phänomen wie diese Gruppe noch allemal entwischen.

Den treffendsten Eindruck von der eigentümlichen Atmosphäre dieser Zeit, ihren Provokationsmöglichkeiten und offiziellen Reaktionsmustern vermittelt noch der Text »Der Kardinal, der Film und die Orgie«[2], wegen dessen angeblich blasphemischen und unzüchtigen Inhalts ein Münchener Gericht nach mehrjährigem Prozeßverlauf schließlich seine Urheber zu Gefängnisstrafen verurteilte. Eine allzu späte Bestätigung, daß die Pornographie, die die staatliche Instanz den Autoren projektiv unterstellt, von ihr selber praktiziert wird.

Wo immer es in jenen Jahren heilige Kühe, gesellschaftliche Würdenträger gegeben hat, ob in Kirche, Gericht oder Regierung, die situationistische Vorhut der Subversiven Aktion hat kaum eine Gelegenheit ausgelassen, ihnen kräftig auf den Schwanz zu treten. Dennoch wurde die Beschränktheit der Methode situativer Provokationen schnell offenkundig. Ihre politische Folgenlosigkeit geriet unmittelbar in den Geruch ästhetisch-stilisierender Selbstbefriedigung. Deren Esoterik und Elitarismus stellt Walter Hollstein am Beispiel der Pariser Situationisten in einer ätzenden Kritik bloß:

»So fassioniert und gedrechselt wie die Sprache der Situationisten zeigt sich auch der Stil ihrer Aktivitäten. Geheim, verborgen, konspirativ, inkognito, pathetisch und hintenherum versuchen sie mit kleinen Verschwörungen von heute die große Verschwörung von morgen zu organisieren... So inszeniert der situationistische Ku-Klux-Klan wichtigtuerisch und mit revolutionärem Pathos Aktionen, die in ihrer Folgenlosigkeit weder dem Aufwand noch der betriebenen Geheimniskrämerei entsprechen.«[3]

Ebenso konsequenzlos und zirkelschlüssig wie die Manifestationspraxis der Künstlergruppen, ist auch der Versuch der avantgardistischen Selbstaufhebung in der Literatur.

Frank Böckelmann, ehemaliger Chefredakteur der Studentenzeitung *texturen*, begeht in deren letzter Nummer auf exemplarische Weise literarischen Selbstmord, indem er die Ausweglosigkeit der utopischen Intentionen der Kunst feststellt: »Kunst ... erweist sich als eines der wichtigsten Ventile und Absorber der unbewußten Revolte des Individuums gegen die Verweigerung seiner Selbstentfaltung... Denkt man an das pseudorevolutionäre Gebaren der Künstlergruppen ... so scheint es legitim, von einer Sicherung der Gesellschaft zu sprechen.«[4] Spöttisch fordert er die systemimmanente Gruppe 47 auf, wegen ihrer pseudooppositionellen Haltung »zusammen mit der Kulturredaktion der *ZEIT* Kreisverbände zu gründen«. Daß es keine ideologiefreie Ausnahme von der Regel der kryptokritischen Literatur gibt, resultiert aus ihrer inneren Logik: »Indem auch ideologiefreie Poesie als gemanagte Ausnahme der Ideologie verfällt, demonstriert sie das unbedingte Scheitern aller auf ein bestimmtes Gebiet eingeschränkten Ausbruchsversuche aus dem geschlossenen System.«[5]

Aussichtslos wie ein Schachmatt: Jede Bewegung verkehrt sich in ihr Negativum, indem sie das Gegenteil von dem bezweckt, zu dem sie eigentlich ansetzt. »Was sich heute als avantgardistische Bewegung auf dem Markt feilhält..., muß demaskiert werden als eine noch festere Verstrickung in die bestehende Ordnung, weil ihre Opposition sich innerhalb der legalen Zone einer wohldosierten Narrenfreiheit vollzieht... Der Parnass der Künste ist das Schaufenster der Kaufhäuser, und der Künstler sonnt sich im Dunkel seiner Integration.«[6]

Was bleibt in dieser Situation anderes übrig, als die Ebene der Auseinandersetzung zu wechseln, die kulturkritischen Schattengefechte zugunsten einer praktisch interventionierenden Realisierungsform aufzugeben?

Die Reinheit der Gedanken ist ein schmutziges Geschäft

Nach dem Ausschluß der Künstlergruppe *Spur* aus der Situationistischen Internationale kommt es zu Spannungen. Dieter Kunzelmann, der Theoretiker der Gruppe, wirft ihr ästhetisierende Selbstgefälligkeit vor. Zusammen mit Christofer Baldeney, der sich in intensiver Beschäftigung mit der Psychoanalyse von seiner theologischen Vergangenheit absetzte, und dem Luxemburger Soziologiestudenten Rodolphe Gasché, den er durch Vermittlung der Pariser Situationisten kennenlernte, gründet Kunzelmann eine neue revolutionäre Gruppierung: die *Subversive Aktion*. Schon in ihren ersten Schriften vollzieht sich in einer Verbindung von marxistischen und psychoanalytischen Theoremen eine raumgreifende Distanzierung vom avantgardistischen Selbstbetrug der Künstlerpraxis.

Ausgangspunkt ist die Einsicht, daß nur in der Befreiung der innersten Triebe und Strebungen die Möglichkeit zum Ausbruch aus dem Repressionszusammenhang der Gesellschaft liegt. Stichpunkt innerer, wie äußerer Unterdrückung ist die Sexualität, Auseinandersetzungsobjekt die Doppelmoral der Kirche und ihre verschwiegene Herrschaftsfunktion. Die Abrechnung mit der artistischen Praxis, dem Spektakel ihrer Schauspiele, bleibt aber dennoch den situationistischen Denkmodellen eng verhaftet. Kristallisationspunkte der Kritik sind gewohnte Denk- und Lebensstrukturen, wie Kategorismus, Konsumismus, Urbanismus und Proponismus, deren systematisch ausgeblendete Spurenelemente einer unverwirklichten Utopie zurückgerufen werden sollen. Die Demaskierung des Tabuierten, Domestizierten soll eine Rebellion der unterdrückten Wünsche auslösen, die das Vakuum des ungelebten Lebens durchbricht.

Insbesondere Baldeneys Forderung nach dem Ausleben des Lustprinzips, einer von Marcuse übernommenen Kategorie, setzt eine Subversionskraft frei, die Gift ist für die hermetisch abgeschlossenen Denkfiguren der Kritischen Theorie. So emphatisch sie Adornos und Horkheimers Theoreme von der »ästhetischen Barbarei der Kulturindustrie« und der »autoritären Persönlichkeit« rezipierten und in fast manisch-masochistischer Sucht überall konkretisiert fanden, so sehr insistierten sie auf einer Einlösung ihrer nur noch negativ versicherten utopischen Gehalte. Zutiefst mißtrauten sie einer noch einmal in Gang kommenden »Dialektik der Aufklärung« bei gleichzeitiger praktischer Askese. Zählte die Kenntnis von Adornos Werken anfangs noch als »unerlässliche Voraussetzung, um seinen gewählten Standort behaupten zu können«[7], so entstanden schon bald Zweifel, ob nicht die »Manie der perfekten Analyse ... von der Importanz einer Aktion freispricht«[8] und damit einem hoffnungslosen Agnostizismus Vorschub leistet.

Der Seiltänzerei mit pseudodialektischen Equilibrismen konnte in Brechtscher Tradition noch entgegengehalten werden, daß »ein Gedanke plump sein muß, um im Handeln zu seinem Recht zu kommen«[9]. Gerade die überzogene Verflüssigung der Gedanken mußte Indiz sein für die Aussparung ihrer praktischen Verwirklichung, die Verselbständigung der Dialektik zur bloßen Denkmethode.

Zwar haben wesentliche Gehalte des kritischen Marxismus, insbesondere der Warenanalyse, den faschistischen Frost »äsopisch« überwintern können, nur müssen ihm dabei wohl die Füße erfroren sein. Um sich von der lautlosen Zwangsgewalt der Methode immanenter Kritik emanzipieren zu können, blieb den subversiven Protagonisten nichts anders als der Vatermord übrig.

Dieser wurde mit einem in mehreren Universitätsstädten der Bundesrepublik plakatierten Flugblatt unter dem Titel »Suchanzeige« mehr oder weniger bewußt in die Tat umgesetzt. Zu einer Collage von paradoxen Adorno-Zitaten wurde das unerträgliche »Mißverhältnis von Analyse und Aktion« denunziert, die falsche Identität von »Wissen und Bewältigung« aufgebrochen. In bester situationistischer Tradition zeichnete Theodor Wiesengrund verantwortlich, wurde der offen darliegende Sinnzusammenhang gegen seinen Urheber gewendet, indem er seine subversiven Qualitäten entfaltete.[10]

Die intelligibel auf die Spitze getriebene Durchschauung des totalen Verblendungszusammenhangs spätkapitalistischer Gesellschaftsformation verlangte geradezu mit innerer Notwendigkeit nach dem Versuch einer praktischen Aufhebung.

Adorno zeigte sich dieser Methode nicht gewachsen und fiel prompt auf diese wörtlich zu nehmende subversive Aktion herein: Er erstattete Anzeige gegen die widerrechtlichen Herausgeber seiner Zitatensammlung. So war denn auch der mit den Waffen des Vaters ausgeführte Vatermord durch dessen bereitwillige Hingabe eher ein Selbstmord. Demgegenüber blieb seitens seiner ödipalen Söhne kaum mehr als bitterer Sarkasmus übrig: »Noch die tiefschürfende Gesellschaftsanalyse taugt nur dazu, auf der Frankfurter Buchmesse und in den Bibliotheken die Regale zu füllen.«[11]

Der Schluß, den die Subversiven aus der praktischen Enthaltsamkeit der kritischen Kritiker zogen, wurde prononciert zur Formel zusammengefaßt die Leitidee der Studentenbewegung: »Kritik muß in Aktion umschlagen. Aktion entlarvt die Herrschaft der Unterdrückung.«[12] Daß damit zwar die Widersprüche offen zutage gelegt werden konnten, dies aber keineswegs eine Lösung beschied, sondern eher eine Offerte an andere soziale Schichten war, wurde später zum ständig virulenten Problem, an dem sich der SDS in der Anti-Springer-Kampagne und Notstandsbewegung noch die Zähne ausbeißen sollte.

Es gibt nichts, außer man tut es. Jean-Paul Sartre

Nun war der gordische Knoten der ideologiekritischen Fessel durchschlagen. Mit der Wiederentdeckung der Aktion schien die Befreiung der Utopie aus dem Getto der Gedanken in greifbare Nähe zu rücken. Der kleinste praktische Handstreich in der Öffentlichkeit galt fortan mehr als Tausende von Handstrichen in der Abgeschiedenheit der Denkerklause. Wissenschaftliche Untersuchung, ihr Wert waren damit zwar nicht einfach liquidiert, jedoch in einen anderen, interesseleitenden und handlungsanweisenden Kontext gerückt. Analyse war nicht einfach mehr Voraussetzung von Aufklärung, sondern »Sprungbrett«, um in die Wirklichkeit einzugreifen.

Der Elan für diese in die Realität katapultierende Veränderungskraft rührte unzweifelhaft noch von den aufgestauten Aporien des intelligiblen Charakters her. Markantes Zeichen für diesen Versuch zur praktischen Einlösung des bürgerlichen Autonomiegedankens war die Unvermessenheit des Anspruchs, die Absage an alles Halbe, Indirekte und Wohltemperierte, die aktiv gekehrte Wendung der in der Figur der *Negativen Dialektik* bloß enthaltsam konservierten Radikalität. Damit wurde insgesamt das Modell der Aufklärung, der informative Appell an eine nur noch residual vorhandene liberale Öffentlichkeit und seine opportune Karikatur, die offerierende Petition an »seinen« Bundes- oder Landtagsabgeordneten, aufgegeben zugunsten eines Modells, in dem Situationen hergestellt wurden, in denen Theorie und Praxis unmittelbar aufeinander treffen und sich gegenseitig weitertreiben sollten. Und das nicht nur für ihre Initiatoren, sondern in gewisser Weise antizipatorisch auch für all diejenigen unfreiwillig Betroffenen, die sich in der gleichen Situation, am selben Ort und zum selben Zeitpunkt befanden.

So esoterisch und elitär die Subversiven ansonsten auch anmuten mochten, hier durchbrachen sie mit einem Schlag die Schranken ihres Eigenbrötlertums und machten situativ einen Einschnitt in den Alltagstrott, das Kontinuum seiner fatalen Gewohnheiten. Gerade in diesem Versuch, versteinerte Strukturen des Alltagslebens zu verflüssigen, gepanzerte Charaktermasken zu demaskieren, tradierte Sprachhülsen aufzusprengen, rundum Verkrampftes und Unterdrücktes subversiv in befreiende Innervationen umzusetzen, lag die Chance, scheinbar völlig Unbeteiligte auch gegen ihren Willen in Auseinandersetzungen miteinzubeziehen. Vor allem die Tatsache, daß sich kaum jemand in den Straßen und auf den Plätzen der provokativen Wirkung dieser Aktionen entziehen konnte und sich zunächst einmal schimpfend, gestikulierend entlud – bis zur Handgreiflichkeit – war ein schlagender Beweis für die Brüchigkeit verkrusteter Oberflächenverhältnisse, die Vitalität des sozialen Untergrunds und die Unausgetragenheit seiner Widersprüche. Erst die Direktheit der Konfrontation, die Überraschung der Involvierung löste Reaktionen aus, die eine Auseinandersetzung mit den nur noch erahnbaren Konflikten, dem überlagerten Potential von Wünschen und Hoffnungen, erst wieder ermöglichten. Weder Appelle, noch Überredungen vermochten die ver-

steinerten Strukturen aufzubrechen, sondern die situative Interaktion. Sie erst schuf die Voraussetzung, Zustände zu aktualisieren, die bisher immer noch am falschen Ort zum Himmel geschrieen hatten.
Ein wesentliches Moment spielte dabei die Sichtbarmachung anonymer Gewaltverhältnisse, das Aussprechen stiller Leidenszusammenhänge. »Die Entblößung gesellschaftlicher Repression« wurde sogar zum »Kriterium infinitesimaler Aktion« erhoben. Hier spürt man in der nahezu manischen Überbewertung des »Entlarvungscharakters« die fast panische Angst, von den geschickt ausgetüftelten Integrationsmechanismen vereinnahmt zu werden, nirgendwo mehr sicheren Boden unter die Füße zu bekommen. Der unablässige Zweifel, ob man dem System nicht doch schon wieder irgendwo auf den Leim gekrochen sein könnte, verrät doch einiges von einer Art intellektueller Paranoia, der man durch die existentialistische Flucht nach vorn – »Es gibt nichts, außer man tut es.« – zu entweichen versuchte.
In den *Konklusionen* wird damit einem radikal antireformistischen Konzept der Weg eröffnet: »Wir wenden uns gegen alle Ansätze und Hoffnungen, auf legalem, demokratischem Weg ... eine repressionslose Gesellschaft zu verwirklichen... Jede Reform ist die revidierte gesellschaftliche ›Revolution‹ und damit Verrat an der Revolution.«[13] Hier und an anderer Stelle wird unzweifelhaft deutlich, daß die überspannten Hoffnungen auf die Wirkung von Aktionen, die die Phantasie zu einem überdimensionalen Projektionszentrum für alle unverwirklicht gebliebenen Wunschreste ausstaffierten, auch aus der Not geboren wurden. Aus der Not, nach dem Faschismus einen Ausweg aus der falschen Alternative zwischen einer sozialdemokratisch integrierten und einer stalinistisch depravierten Arbeiterbewegung, bzw. der Chimäre ihrer Geschichte zu finden. Gerade die Unmöglichkeit zum historischen Rekurs, der Zerfall eindeutiger Identifikationsobjekte, ließ nur noch Jetztzeit, das vollständige Eintauchen in Aktualität übrig.
Alles Tradierte hatte sich durch die Geschichte, die Barbarei von Faschismus und Stalinismus, selbst denunziert. Ideen, Werte waren ramponiert, ihre Protagonisten unabänderlich kompromittiert. Dem Schrotthaufen der Geschichte – deren Spuren auch durch den hektischen Wiederaufbau der Bundesrepublik nicht zu übertünchen waren – entsprachen die Schrottköpfe seiner Gedanken. Wenn überhaupt anzuknüpfen war, dann nur an die kommunistischen Häretiker, die entweder aus der Partei ausgestoßen worden waren, wie Wilhelm Reich und Karl Korsch, oder aber auf eigene Faust auch gegen den Widerstand der Komintern einen origi-

nären Weg zur Revolution fanden, wie Fidel Castro oder Mao Tse-Tung. Die pure Kompromißlosigkeit wurde zur Figur des schlechthin Unorthodoxen, Antidogmatischen stilisiert.

Dieter Kunzelmann stellt einem seiner Texte emphatisch zwei Zitate voran, die alles über Bord werfen, was dem Kriterium subjektiver Aktualisierbarkeit nicht standhält. Mit Mao Tse-Tung entzaubert er die marxistischen Dogmen, die noch weniger Wert seien als Kuhmist, »mit Mist kann man wenigstens düngen.« Und mit Karl Korsch schlägt er eine Bresche für einen der folgenreichsten Begriffe, der die revolutionäre Subjekt-Objekt-Dialektik in der Geschichte wieder in Gang bringen soll: »Man muß bereit sein, alle Überzeugungen preiszugeben, wenn sie mit den heutigen Erfahrungen nicht mehr übereinstimmen.«[14]

Wie kann man mit Halbtagsarbeit eine Ganztagsrevolution machen? Jerry Rubin

Nun ist endlich tabula rasa gemacht mit der Fiktion großer Hoffnungen aus der Vergangenheit, der Boden bereitet für die Authentizität der Subjekte, die Auswertung ihrer eigenen Erfahrungen. Wenn überhaupt es noch Klassiker geben kann, dann nur solche, die jeder falschen Überlieferung abschwören, geradezu in Kontradiktion dazu Antiklassiker sind. So darf sich zur subversiven Linken nur der zählen, »wer an einer neuen Tradition der Revolte aktiv sich beteiligt.« Und diese neuartige »Tradition der Rebellion erfordert permanente Ideenproduktion über Aktionen im Jetzt.«[15]

In gewisser Weise erinnert die Vehemenz dieser Postulate an Benjamin, der in seinen Thesen *Über den Begriff der Geschichte* die Vorstellung kontinuierlichen Fortschritts, wie sie seit der II. Internationale in der Sozialdemokratie vorherrschte, aufs heftigste als Leerzeit attackierte und ihr die Idee eines revolutionären Sprungs entgegenstellte: »Das Bewußtsein, das Kontinuum der Geschichte aufzusprengen, ist den revolutionären Klassen im Augenblick ihrer Aktion eigentümlich... Noch in der Juli-Revolution hatte sich ein Zwischenfall zugetragen, in dem dieses Bewußtsein zu seinem Recht gelangte. Als der Abend des ersten Kampftages gekommen war, ergab es sich, daß an mehreren Stellen von Paris unabhängig voneinander und gleichzeitig nach den Turmuhren geschossen wurde.«[16]

In der Subversiven Aktion wird dem Kontinuum eines imaginären Geschichtsverlaufs die Permanenz der Aktualität entgegengesetzt: Der

Vertröstung auf ferne historische Objektivationen in revolutionären Phasen und Perioden, die sich nach politökonomischen Determinationen bemessen, die Insistenz auf dem Hier und Jetzt, der umstandslosen Einlösung aller aktuell entstandenen Wünsche und Bedürfnisse. »Der Umschlag zur freien Gesellschaft kann nicht in einem Zeitraum von 50 oder 100 Jahren, sondern nur auf einmal in einer Spanne von einem Monat bis zu einem halben Jahr erfolgen.«[17] Die Delegierung der revolutionären Tat auf den Spezialisten »Berufsrevolutionär« wird zurückgenommen in die eigene Befreiungsaktion. Und der Rückzug auf das bürgerliche Individuum als monadisiertes Erkenntnissubjekt wird aufgegeben in den kollektiven Lebenszusammenhang als neuartigem Kampforganismus.

Diese Momente, die mit einem Streich all das zusammenfassen, was im traditionellen Kommunismus nur als Blindstelle oder Abweichung vorkommt, schießen später im »Projekt revolutionärer Kommunen« zusammen. Wenn auch der Gedanke eines Gemeinschaftshauses nach der Diskussion in Bad Wiessee im April 1964 zunächst noch einmal aufgegeben wird und erst in einer der nachfolgenden Gruppen, der Kommune I in Westberlin, Realisierung findet, so ist der Plan doch schon vorgezeichnet: »Elan und Stoßkraft unserer Anti-Organisation lebt allein aus der totalen Antithese zum Bestehenden... Auf der Chimäre einer revolutionären Klasse, die im 19. Jahrhundert das Proletariat verkörpern sollte, können wir selbst bei einem kollektiven Bewußtwerdungsprozeß nicht aufbauen... Revolution von oben, inszeniert durch Berufsrevolutionäre, ist uns verhaßt. Eine dritte Lösung müssen wir finden!«[18]

Wie diese dritte Lösung allerdings aussehen sollte, war unklar, konnte es auch nicht anders sein. Denn ohne direkte Vorbilder und Leitlinien durften sowohl die revolutionäre Theorie, als auch der »Aufbau von subversiven Mikrozellen« nur der experimentellen Erprobung in zahllosen Aktionen vorbehalten bleiben. Zwar war allen die Notwendigkeit zur Kollektivierung, die Unmöglichkeit eines erneuten Rückzugs in die heroische Figur bürgerlicher Ich-Autonomie bewußt – das machte schon allein der Primat der Praxis erforderlich – aber das, was gemeinhin als Organisation, womöglich Partei, genannt wurde, war zutiefst kompromittiert. Ihre blinden Mechanismen und rigiden Prinzipien standen in einem derart eklatanten Widerspruch zu den »demokratischen Zielen« ihrer programmatischen Aussagen, daß auch keine sozialistische Gruppierung von dieser vernichtenden Kritik – auch der SDS nicht – ausgespart werden konnte: »Die Affinität aller linken Organisationen, ein-

schließlich der der sozialistischen Länder, zur bürgerlichen Gesellschaft muß schonungslos angeprangert werden.«[19]
In einem Flugblatt, das 1965 während der 1. Mai-Feier des DGB in München verteilt wurde, wird die stille Herrschaftsallianz der Parteien bloßgestellt und ein Ende der organisierten Gängelung gefordert: »Schluß mit der Bevormundung! Schaut sie Euch an: die Bürokraten und Apparatschiks! ... Zumindest in einem Punkt sind sich DGB-, SPD- und KPD-Bürokraten einig: Die Arbeiterschaft hat kein Bewußtsein.«[20]
Daß dieser Analogieschluß nicht unberechtigt ist, hatte Lenin schon in seiner organisationstheoretischen Legitimationsschrift *Was tun* hinreichend bewiesen.
Dort hypostasiert er nämlich, »daß die Arbeiter ein sozialdemokratisches Bewußtsein gar nicht haben konnten«, weil sie nur zu spontanen Protestbewegungen, wie Streiks und Demonstrationen fähig seien, so daß »das politische Klassenbewußtsein ... dem Arbeiter nur von außen ..., aus einem Bereich außerhalb des ökonomischen Kampfes gebracht« werden kann. Dieser Gedankengang, daß der Proletarier »aus eigener Kraft nur ein tradeunionistisches Bewußtsein hervorzubringen vermag«[21], stammt von dem Theoriepapst der II. Internationalen, Karl Kautsky, der 1901 in einem Entwurf für das neue Programm der österreichischen Sozialdemokratischen Partei doziert hatte: »Der Träger der Wissenschaft ist aber nicht das Proletariat, sondern die bürgerliche Intelligenz, in einzelnen Mitgliedern dieser Schicht ist denn auch der moderne Sozialismus entstanden und durch sie erst geistig hervorragenden Proletariern mitgeteilt worden, die ihn dann in den Klassenkampf des Proletariats hineintragen, wo die Verhältnisse es gestatten. Das sozialistische Bewußtsein ist also etwas in den Klassenkampf des Proletariats von außen Hineingetragenes, nicht etwas aus ihm urwüchsig Entstandenes.«[22]
Diese für die Begründung leninistischer Organisationsprinzipien entscheidende Dezision, aus der so fatale Bestimmungen, wie »der Berufsrevolutionär«, »der Funktionär« und »der demokratische Zentralismus« lediglich noch deriviert werden müssen, mutet eher wie eine Münchhauseniade an, in der sich die Revolutionäre, weil sie Klassenbewußtsein immer schon als jeweils in der Intellektuellenpartei konstituiertes voraussetzen, am eigenen Zopf aus dem Sumpf der Bourgeoisie herausziehen. Hand in Hand degradieren Sozialdemokratie und Leninismus das ökonomische Interessenbewußtsein des Arbeiters zum bloßen Vehikel des politischen Totalitätsbewußtseins der Partei, das Proletariat zur bloßen Materiatur – »die Massen« – einer avantgardistischen Intelligentsia.

Wenngleich man nicht unterstellen kann, daß die *Subversive Aktion* einen derart verräterischen Begründungszusammenhang völlig durchschaut hätte, so existierte doch eine Ahnung von dieser unheiligen Allianz, in der sich Herrschaftsstrukturen, in Organisationsprinzipien vermummt, völlig unangreifbar perpetuieren.
Schon in einem frühen Text aus dem zweiten Band der *Unverbindlichen Richtlinien*, in dem Organisationen schlicht als »Wolkenkuckucksheime« verhöhnt werden, ist der Mechanismus erkannt, mit dem der utopische Kern organisatorisch vermittelt zum »gesellschaftlich Nützlichen« entschärft wird: »Wenn die Gesellschaft eine gegängelte Organisation auf langwierigen Umwegen zu ihrem Ziel gelangen läßt, ist dieses dann entweder nicht mehr aktuell oder die Organisation wurde Gesellschaft... die Aufgabe ihres ursprünglich gestellten Zieles ist der dankbar geleistete Tribut für ihre Anerkennung.«[23]
So mutet das Spektakel der Organisationsrituale, selbstbetrügerisch »demokratischer Willensbildungsprozeß« genannt, wie der kuriose Effekt des Kinderspiels »Stille Post« an: die Basis flüstert ihrem politischen Gewährsmann einen »Auftrag« zu, dieser gibt ihn zum Parteifunktionär weiter, jener zum nächsten und dieser zum übernächsten usw. bis schließlich die »Post« über alle Stufen der Parteihierarchie hinweg zu absurder Unkenntlichkeit verstümmelt aus dem Mund des an der Spitze stehenden Generalsekretärs kommt. Bei Kindern löst das Ergebnis zumeist schallendes Gelächter aus, unter Revolutionären hingegen muß es im Halse stecken bleiben, weil es einem deshalb an den Kragen gehen könnte. Einigen hat es sogar schon den Kopf gekostet – die Partei macht eben keine Fehler.
Für die *Subversive Aktion* heißt die provozierende Quintessenz aus dem Ganzen: »Der Sinn der Organisation ist ihr Scheitern.«

Der Sprung nach vorn

Von München ausgehend initiieren vor allem Kunzelmann und Böckelmann im Laufe des Jahres 1964 den Aufbau einer ganzen Reihe von neuen Gruppen – u.a. in Berlin, Tübingen, Stuttgart und Frankfurt –, die sich aus «Rädelsführern des organisierten Ungehorsams« zusammensetzen und eine Unzahl von «Mikrorebellionen für den totalen Umsturz« inszenieren sollen. Als einzige von den Neugründungen war schon bald die Berliner Gruppe dazu in der Lage, eine richtungweisende Kontroverse zu eröffnen. Mit den aus der DDR stammenden Neuankömmlingen Rudi Dutschke und Bernd Rabehl, die beide über profunde Kenntnisse in der Kritik der politischen Ökonomie und der Geschichte der Arbeiterbewegung verfügten, verlagerte sich die Ebene der Auseinandersetzung maßgeblich. Plötzlich war nur noch vom »archaischen Aktivismus« der Frühzeit der *Subversiven Aktion* die Rede und die Diskussionen um das Verhältnis von Theorie und Praxis kreisten immer mehr um strategische Bestimmungen, die aus den Determinanten ökonomischer Analysen gewonnen wurden.

So hatte sich schon bald in den auf Wochenendtagungen – sogenannten Konzilen – und in zirkulierenden Briefwechseln ausgetragenen Debatten eine Überlegenheit der stringent historisch-ökonomischen Analysen gegenüber dem utopisch-aktionistischen Revolutionsmodell der Anfangszeit herausgeschält. Dies war nicht zuletzt eine Folge der völlig unpräzisen Bestimmung eines sozialen Adressaten, an den sich die subversiven Aktionen gerichtet hatten. Indem man absichtlich von der Notwendigkeit zufällig aufbrechender Widersprüche ausging – die Naturwüchsigkeit gesellschaftlicher Eruptionen galt geradezu als Beweis für die Unmöglichkeit einer weiteren Hinauszögerung der zugrundeliegenden Antagonismen –, mußte man sich an eine äußerst breite und diffuse Öffentlichkeit wenden, wodurch die Auslösung von relevanten Mobilisierungs- und Solidarisierungsformen schon von vornherein verunmöglicht wurde.[24] Man darf fast unterstellen, daß es auch gar nicht das primäre Ziel in den ersten subversiven Aktionen war, eine entscheidende Ausweitung der Aktionsbasis durch Initialzündungen zu erreichen, eher ging es wohl um die praktische Bestätigung des theoretisch unterstellten, allumfassenden Repressionszusammenhangs im Spätkapitalismus; also um eine Art praktischer Probe aufs theoretische Exempel. Die maßvolle Vergrößerung der Gruppen vollzog sich in der Addition einzelner Individuen, eine schlagartige Ausweitung der Aktionsbasis bei Demonstrationen, Sit-ins, Go-Ins und anderen Widerstandsformen zu Ansätzen einer neuen Massenbewegung blieb der eigentlichen Studentenrevolte vorbehalten.

Auf dem zweiten Konzil im Juli 1964 in Berlin formuliert Herbert Nagel dann die längst überfällige Kritik an der weitgehenden Folgenlosigkeit der bisherigen Aktionen: »Für die Aktion besteht der Wert einer Wahrheit nicht unabhängig von ihrer Wirkung... Aktionen, die überall wo »Unrecht« geschieht, planlos als vergewaltigte Verteidigung einer abstrakten Befreiung des Menschen auftreten, ohne daß die Wirkung ihrer verkündeten und zweifellos richtigen Wahrheit reflektiert, jene auf die besondere Interessenlage der Angesprochenen abgestimmt wird, liegt ein verinnerlichtes, idealistisches Wertsystem humanistischer Bildung zugrunde, welches absieht von der jeweiligen Situation und feststehende Wahrheiten finden will; damit hängt auch die Vorstellung zusammen, die Revolution sei jeden Augenblick möglich. Solche Aktionen müssen folgenlos bleiben, da sie nur die Scheinsicherheit des Kleinbürgers stören... Weg von abstrakten Aktionen mit unfähiger Wirkung!«[25]

Im Protokoll des Berliner Konzils wird die fundamentale Kritik zwar von allen, auch der Münchener Sektion, akzeptiert. Doch schon in einigen Formulierungen tauchen gravierende Widersprüche auf, die die Konsensfähigkeit der Gesamtgruppe auf längere Sicht ernsthaft in Frage stellen: »Grundsätzlich muß eine Veränderung im ökonomischen Unterbau als Voraussetzung für eine mögliche Veränderung der Psyche eingeschätzt werden. Dies heißt nicht, daß das Psychische nun als Überbau anzusehen wäre. Vielmehr bedingen sich beide Bereiche gegenseitig, und keiner ist ohne den anderen in einen neuen Zusammenhang zu stellen.«[26] Gerade die Formelhaftigkeit des Kompromisses, die sich theoretisch in einer contradictio in adjecto ausdrückt, signalisiert im Patt der schon erkennbaren Fraktionen die Unüberwindbarkeit der Gräben zwischen Kritischer Theorie und Marxismus. Die hier noch überspielten Differenzen zeichnen sich in der Folgezeit schon bald als Risse ab, die notwendigerweise früher oder später zur Spaltung der Gruppe führen müssen.

Im ersten *Anschlag*-Heft schlägt sich das Nebeneinander beider Ansätze in der völligen Disparatheit der Themen nieder. Während Rudi Dutschke und Bernd Rabehl stramme Analysen aus der Tradition eines genuinen Marxismus liefern – Sozialimperialismus und Sozialdemokratie, das Verhältnis von Theorie und Praxis – so bemühen sich Dieter Kunzelmann und Frank Böckelmann um eher filigrane Kritiken an den Symptomen der Kulturindustrie und des modernen Alltagslebens – James Bond-Filme, Radio Luxemburg, Busenfreiheit, Tramper. Auf dem Hamburger Konzil im September 1964 hatte sich das Blatt dann schon entscheidend zugunsten des praktisch erfolgversprechenderen Ansatzes der Berliner Sektion gewendet. Obwohl auch hier noch einmal die Kompromißbestrebungen formal aufrecht erhalten wurden, konnte von keinem mehr ernsthaft in Abrede gestellt werden, daß die utopistisch-kulturrevolutionäre Praxis aus der Anfangszeit lediglich noch retrospektiv als Vorläuferin, bestenfalls Ergänzung der »revolutionären Arbeit im Proletariat« angesehen werden durfte.

In den Mittelpunkt der Auseinandersetzungen traten methodische Pro-

bleme des dialektischen Materialismus, das Bemühen um eine historisch adäquate Klassenanalyse, die Interpretation der Veränderungen in der Dritten Welt mit Hilfe der Imperialismustheorie, die jeweilige Bestimmung des Verhältnisses von Strategie und Taktik und nicht zuletzt die Diskussion um Möglichkeiten der organisierten Einflußnahme im größeren Rahmen, etwa der Unterwanderung von Verbänden etc. Kaum jemand, der auch nur ein Stück weit die Nachsozialisation in einer linken Studentengruppe durchgemacht hat, wird diese Wiederentdeckung des klassisch-revolutionären Marxismus heute noch als historische Innovation begreifen. Kurz nach dem Ende der Adenauer-Ära mit ihrem geradezu frontalen Antikommunismus konnte sich jedoch kaum einer der eher diffusen, identitätslosen Intellektuellen der faszinierenden Anziehungskraft dieser als außergewöhnlich empfundenen Praxistheorie entziehen. Eine Affinität, deren Wirkung sich nur durch die Illusion erklären läßt, daß alle Rätsel des kritischen Kritikers mit einem Schlag durch die klassenbewußte Tat des dialektischen Materialisten zu entmystifizieren und damit zu lösen seien. Paul Nizan hat in seinem Roman *Die Verschwörung* am Beispiel von Pariser Studenten zum Ende der zwanziger Jahre diesen »Sog« schon treffend geschildert: »Nichts klang diesen jungen Leuten ... verführerischer ins Ohr als eine Philosophie, die, wie es der Fall der Marxschen war, die künftigen Sieger in der Geschichte ihnen namhaft machte, die Arbeiter, welche, wie sie sich das dachten, den Sieg unfehlbar in der Tasche hatten.«[27]
Ein Faktor, der eine zunehmend größere Rolle in den Diskussionen spielte, war die Dritte Welt. Die Möglichkeit ihrer politischen Thematisierung war nicht zuletzt Folge einer materialistischen Füllung der philosophischen Totalitätskategorie, die ökonomisch gewendet, folgenreiche Interpretationen der Prozesse, die sich in den »Entwicklungsländern« abspielten, zuließ. Durch die rasante Unabhängigkeitsbewegung nationalafrikanischer Staaten gegenüber den alten europäischen Großmächten des Imperialismus zu Beginn der Sechziger Jahre, insbesondere die skandalösen Ereignisse während des Kongo-Krieges, war dies zudem ein ständig aktueller Gegenstand in der bundesrepublikanischen Tagespresse.
Als dann am 18. Dezember 1964 der kongolesische Ministerpräsident Tschombé seinen offiziellen Staatsbesuch in der »Frontstadt Berlin« abstatten wollte, war die Situation reif für die erste bahnbrechende Studentendemonstration in den *roaring sixties*. Zusammen mit dem SDS und einigen anderen FU-Gruppen gab die als *Anschlag*-Gruppe firmierende Berliner Sektion ein Flugblatt heraus, in dem zu einer Schweigede-

monstration gegen den Besuch dieses »Handlangers des ausländischen Großkapitals« aufgerufen wurde.
Rudi Dutschke beschreibt in dem schon klassischen Rowohlt-Bändchen *Rebellion der Studenten* vom Mai 1968 noch einmal den exemplarischen Charakter des Demonstrationsverlaufs: »Wir hatten uns weder organisatorisch noch technisch auf die Demonstration vorbereitet. Sie war ›ordentlich‹ angemeldet, aber ein Verständnis der Demonstration als Kampfinstrument der Bewußtwerdung primär für die an ihr Beteiligten hatten wir damals noch nicht... Von entscheidender Bedeutung ... war die Bereitschaft bei der Mehrheit der Demonstranten zu einer Illegalisierung der Demonstration, war ihre Entschlossenheit zum gemeinsamen Handeln gegen die fetischisierten Spielregeln der formalen Demokratie anzugehen. Es entstand eine spontane Kooperation und Solidarisierung zwischen den verschiedenen Fraktionen innerhalb der Linken. Das militante Auftreten der Demonstranten überraschte die »Hüter der Ruhe und Ordnung« so ziemlich vollständig. Die Agitation und Aufklärung als Prozeß der Selbstaufklärung der Demonstranten trug sinnlichen Charakter. Die Organisation und temporäre Führung bildete sich auch im Prozeß der Aktion selbst heraus... Subversiv wurde sie noch einmal zum Schluß, als es doch noch gelang, das abfahrende Tschombé-Auto mit einem Tomaten-Terror-Bombardement zu überschütten. In dieser Aktion wurden spontan Widerstandsformen gefunden, die erst sehr viel später zur Methode unseres politischen Kampfes wurden.«[28]
Erst hier kamen die politischen Gehalte des subversiven Aktionspotentials voll zur Geltung. Im Unterschied zu Pressereaktionen auf frühere Aktionen, die die eigentlichen Absichten eher mit mitleidsvollem Lächeln quittiert hatten, wurden erstmals wüste Diffamierungen und Beschimpfungen laut. Die Öffentlichkeit, oder was immer sich dafür halten mochte, mußte an einem wesentlich empfindlicheren Nerv getroffen sein, als sie selber vielleicht wahrhaben wollte. Indem die Methode der offensiven Regelverletzung aus dem Eskapismus der Anfangszeit in einen tagespolitisch wesentlich brisanteren Kontext, zumal den der übernervösen »Geteilten Stadt«, versetzt wurde, konnte die demaskierende Funktion solcher Aktionen erstmals auch praktisches Selbstbewußtsein unter den Akteuren freisetzen. Indem objektive Determination und subjektive Antizipation der politischen Absicht situativ identisch wurden, konnte noch im Verlauf der Demonstration ein qualitativer Sprung nach vorn gemacht werden. Moralische Rigorosität, derart in militante Entschlossenheit verwandelt, setzte spontan Aktionsphantasie frei, die wiederum

kollektive Selbstaufklärungsprozesse ermöglichte. Insbesondere die Durchbrechung der Legalität, die unnachgiebige Insistenz auf der Legitimität der eigenen Handlungen ließen einen Mechanismus in Gang kommen, der ansatzweise als Dialektik von Initiierung und Mobilisierung beschrieben werden könnte.

Damit war der Prototyp einer neuen Art von Demonstration geboren, die noch während ihres Verlaufs in selbstbestimmbare Aktionsstrategien überging. Die Zeit der Petitionen und Appelle, der Ostermärsche und Resolutionen neigte sich ihrem Ende zu. Mit der Tschombé-Demonstration hatte man den Auftakt zu einer ganzen Kette antiimperialistischer Demonstrationen gemacht, die eine Initialzündung für eine ganze Generation von Jugendlichen am Ausgang der sechziger Jahre werden sollte.

Mit einem Wort: Die Revolte konnte beginnen.

Subversive Aktion im SDS

Eine der wichtigsten Konsequenzen aus dem Hamburger Konzil lag in dem Entschluß, von den einzelnen »Mikrozellen« aus die jeweiligen Ortsgruppen des SDS zu unterwandern und damit eine Radikalisierung des zwar dissidenten, praktisch aber dennoch eher lammfrommen Studentenverbandes auszulösen.

Für den Bundesvorstand der aus der SPD ausgeschlossenen ehemaligen Nachwuchsorganisation bestand zu diesem Zeitpunkt (1964/65) das vornehmliche Ziel darin, »den SDS soweit zu konsolidieren, daß er selbständig handlungsfähig wurde und imstande war, als Studentenverband in Koalition mit anderen oppositionellen Verbänden und Gruppen in der Öffentlichkeit zu wirken.«[29] Nach den Ostermärschen gegen den Atomtod stand die große Zeit der Kongresse gegen die Notstandsgesetzgebung und den Vietnamkrieg der Amerikaner bevor.

Symptomatisch für die unterschiedliche Wirksamkeit der beiden Ansätze München/Berlin war der Erfolg bzw. Mißerfolg ihrer »subversiven Tätigkeit« im SDS. Während die Berliner Sektion, die im Januar 1965 dem SDS beigetreten war, schnell Fuß fassen konnte und schon nach zwei Monaten mit Rudi Dutschke im »politischen Beirat« vertreten war, muß man den Münchner Eintritt eher als Episode bezeichnen. Zwar konnte es auch dort schon bald gelingen, über die »Thesen zur Situation des SDS« maßgeblichen Einfluß zu gewinnen, doch muß dieser als derart suspekt empfunden worden sein, daß schon bei der ersten sich bietenden

Gelegenheit der Großteil der Gruppe im Frühjahr 1965 wieder ausgeschlossen wurde. So marginal der eigentliche Konfliktverlauf gewesen sein mag, so aufschlußreich ist die Auseinandersetzung um den zukünftigen politischen Kurs im SDS. In äsopischer Tradition hatte das subversive U-Boot all seine Ausführungen in den Thesen aus dem berühmten Marx-Zitat aus den Frühschriften gewonnen, in dem dieser »die rücksichtslose Kritik alles Bestehenden« fordert: »Kritik muß demnach als mit dem Dogmatismus unverträgliches Prinzip Motor der Bewegung sein... Kritik als vorwärtstreibendes Prinzip ist vielmehr praktisch... Kritik in diesem Sinne ist aber auch total, d.h. ... sie verlangt den ganzen Menschen, nicht nur den privaten.«[30]
Obwohl die radikale Intention so vorzüglich in einem Marx-Zitat verpackt artikuliert wurde, konnte sie die fundamentale Bezichtigung als »ultralinke Kritik« durch den amtierenden SDS-Vorsitzenden Schauer nicht verhindern: »Seine Hauptthesen: 1. Der Text sei stilistisch so verdächtig, daß sich eine Unzahl von Mißverständnissen ergeben müsse. 2. Unser Begriff von »Kritik« an der Totalität sei nicht der Marx des *Kapitals*, noch der Marx des *Kommunistischen Manifests*, sondern allenfalls der von 1843. 3. Der oft auftretende Begriff »totale Kritik« und »Negation alles Bestehenden« sei sehr gefährlich, pseudoradikal, unkonkret, eigenbrödlerisch...«[31] Ein solcher Angriff auf die Radikalisierungsbestrebungen durch die *Subversive Aktion*, der sich autoritätshörig nur durch ein geflissentliches Zitieren und Abgrenzen mit dem Klassiker der Klassiker zu retten weiß, war eine exemplarische Reaktion, mit der man überall im SDS das erste Auftreten der Antiautoritären unter Kontrolle zu halten versuchte und die über Jahre hinweg das Standardmuster zur Disqualifikation politisch ungenehmer Positionen darstellte. Ebenso exemplarisch allerdings war auch das Abstimmungsergebnis über den subversiv inspirierten Thesen-Entwurf, der trotz der Wankelmütigkeit Altvaters noch einen knappen Sieg davontrug, der die ersten Anzeichen für einen tiefgreifenden Meinungsumschwung im Gesamtverband signalisierte.
Dennoch konnte der Maulwurfsarbeit im Münchner SDS kein längerfristiger Erfolg beschieden sein, weil die Differenzen dafür zu grundlegend, die Form der Konfrontation zu fundamental war – Provokation war das bevorzugte Kampfmittel in der Keimzelle der *Subversiven Aktion*, nicht Taktik.
Diese wurde hingegen von der Berliner Sektion, in der allerdings Gasché und Nagel immer stärkere Widerstände gegen die Verbandsarbeit entwickelten, vortrefflich beherrscht. Als es auch dort mit den traditionali-

stischeren Fraktionen zum Konkurrenzkampf kam, waren Rudi Dutschke und Bernd Rabehl wesentlich besser als ihre Münchener Kombattanten gewappnet.
Nachdem das militärische »Engagement« der Amerikaner in Vietnam im Laufe des Jahres 1965 immer weiter eskaliert war, führte die antiautoritäre Fraktion im Berliner SDS in der Nacht zum 4. Februar 1966 eine Plakataktion durch, in der sie als »Internationale Befreiungsfront« forderte: »Amis raus aus Vietnam!« Als einen Tag später auch noch eine Demonstration mit einer kurzfristigen Belagerung des Amerika-Hauses endete, bei der die amerikanische Flagge auf halbmast gesetzt wurde, als Folge davon mehrere Akteure verhaftet wurden und eine großangelegte Kriminalisierungskampagne einsetzte, kam es zur offenen Konfrontation. Anstatt sich einer hysterischen Kritik zu beugen, verteidigte Rudi Dutschke die Legitimität der illegalen Aktionen offensiv. Erstmals entwickelte er, von der Focus-Theorie Che Guevaras und Régis Debrays ausgehend, die These, daß auch in den hochindustrialisierten Metropolen die objektiven Bedingungen für die Revolution durch den Focus geschaffen werden könnten. In dieser Situation hätten die Intellektuellen, die sich mit der »leidenden Menschheit, also mit der Dritten Welt und den Befreiungskämpfen in der Dritten Welt verbündeten«, eine historische Rolle. Mit dieser überschwenglichen Interpretation stellen sich die zunächst als »separatistisch« deklarierten Aktionen in einem anderen Lichte dar und werden plötzlich als bahnbrechende Initiativen im antiimperialistischen Kampf begriffen.
Als Demonstrationen und Aktionen dieser Art auch in den anderen Universitätsstädten immer häufiger Schule machten, kam es zu ständig stärker werdenden Polarisierungen mit den traditionellen Flügeln im SDS, die sich zumeist aus illegalen KPD- oder linkssozialistischen SPD-Mitgliedern zusammensetzten. Da die eher traditionelle Verbandsstruktur des SDS – Ortsgruppen, Delegiertenkonferenzen, Bundesvorstand – den antiautoritären Intentionen der *Subversiven* nur ein allzugünstiges Angriffsziel bot, konnten die Folgen nicht lange auf sich warten lassen. In Anbetracht einer gesamtpolitisch veränderten Situation, in der die CDU allein das Ende der Rekonstruktionsperiode nicht mehr bewältigen konnte und mit der SPD die Große Koalition vorbereiten mußte, und einer rasanten Verschärfung der innenpolitischen Situation, die schließlich in den Ereignissen um die Ermordung Benno Ohnesorgs und das Attentat auf Rudi Dutschke am Gründonnerstag 1968 kulminieren sollte, konnte die antiautoritäre Speerspitze *Subversive Aktion* einen so

tiefgreifenden Erosionsprozeß inner- und außerhalb des SDS auslösen, daß seit Mitte 1966 von einer antiautoritären Mehrheit im SDS und seit dem Sommer 1967 von der Existenz eines breiten antiautoritären Lagers – der Außerparlamentarischen Opposition – in allen größeren Städten der Bundesrepublik gesprochen werden konnte.
Die eigentliche Ironie des subversiven Erfolgs dieser Geschichte besteht darin, daß offensichtlich gerade die eher traditionellen Marxisten Dutschke und Rabehl von der *Subversiven Aktion* ausgehend als Antiautoritäre einen tiefgreifenden Radikalisierungsprozeß im SDS auszulösen vermochten, indem sie die Vormachtstellung seines traditionalistischen Flügels durchbrachen. Während die theoretisch reflektierten »Antiautoritären« innerhalb der *Subversiven Aktion* sich gerade aufgrund ihrer konsequenteren Radikalität ins politische Abseits manövrierten, konnte die Außerparlamentarische Opposition zu einer kurzen, aber folgenreichen Aktionsgeschichte am Ende der sechziger Jahre antreten. Eine wahrhaft wundersame Dialektik!

Ich scheine einen kompletten Überbau zu haben, nur eben gar nichts, worauf er sich gründen könnte. Marylin Monroe

Je erfolgreicher die Intervention der Marxisten aus der Subversiven Aktion im SDS geworden war, desto überfälliger und perspektivloser mußte die alte Konstellation der Mikrozellen werden. So entsprach es durchaus der inneren Logik ihrer Entwicklung, daß der lange Zeit latent gebliebene Entmischungs- und Spaltungsprozeß in dem Augenblick virulent wurde, als sich wichtige politische Bezugspunkte außerhalb der Gruppe gebildet und sie bald an Relevanz übertroffen hatten. Der Anlaß zur Auflösung war akzidentiell. Kunzelmanns Versuch, zu Beginn des Münchener Konzils im April 1965 die Gesamtgruppe in Anlehnung an eine Betriebsgruppe zur »Arbeiterpraxis« zu zwingen, wurde mit seinem Ausschluß beantwortet. Dieser wiederum war Anlaß für Dutschke und Rabehl, sich von der Restgruppe zu lösen, da sie den Ausschluß für »sachlich nicht gerechtfertigt« hielten. So zerbarst im Frühjahr 1965 innerhalb weniger Wochen die personell folgenreichste Konstellation für die Rebellion der Studenten.
Indem sich die existentialistischen und die marxistischen Momente immer weiter auseinanderdividiert hatten, die subjektiven Befreiungsversuche und die klassenanalytischen Bestimmungen zunehmend inkommensurabler geworden waren und schließlich zum Ende der Gruppe

führten, zeichneten die Individuen der *Subversiven Aktion* in ihrem Scheitern eine Figur vor, die die Revolte zwar komplexer, strukturell jedoch sehr ähnlich als jugendliche Massenbewegung noch nachvollziehen sollte.

In gewisser Weise war die *Subversive Aktion* die Mikrozelle der Studentenbewegung. Nicht nur im Sinne einer Keimzelle, die die frühe Ausgangsphase einer Entwicklung umfaßte, sondern als Bewegungsform hat sie den Prozeß der großen Rebellion von 1968 vorab schon einmal en miniature durchgespielt: ihre Hoffnungen, ihre Aporien, ihre praktischen Ansätze, ihre Fluchtversuche – kurzum ihre Suche nach einer neuen sozialen Identität.

Der Prototyp dieses Radikalisierungsprozesses ohne Ende war und ist immer noch Dieter Kunzelmann. Er war ebenso der eigentliche Inaugurator der *Subversiven Aktion*, wie er letztlich auch ihr Liquidator war. Auf seiner rastlosen Suche nach einer neuen Identität, hat er immer die Flucht nach vorn angetreten – selbst, wenn sie in Wahrheit ein Schuß nach hinten war. Vom Happeningkünstler der Gruppe Spur zum Aktivisten der Subversiven Aktion, vom Betriebsarbeiter der Gruppe für wissenschaftlichen Sozialismus zum Kommunarden der KI, von den Palästinenser-Lagern im Libanon zu den Stadtguerilleros in der Bundesrepublik und vom Knast in Moabit zum KPD-Funktionär der Ortsgruppe Berlin-West – seine Odyssee hat ihn bisher noch in kein Land geführt, wo die Heimat des Sozialismus sein könnte. Über anderthalb Jahrzehnte hinweg hat er kaum eine Station ausgelassen, die nicht als die linksextremste ihrer Zeit galt. In Dieter Kunzelmann hat die bundesrepublikanische Intellektuellenbewegung ihren »Dr. Kimble« gefunden – in der fortwährenden Sucht, der Radikalste sein zu wollen, auf der ständigen Flucht vor sich selber: Die Personifikation des nicht mit sich identisch werden könnenden Intellektuellen, Kind einer abenteuerlichen Dialektik.

Als den antiautoritären Aktivisten im Sturmlauf gegen die Strukturen der bürgerlichen Gesellschaft – Institutionen, Parteien, Geschlechterrollen, Befehlshierarchien, Verhaltensnormen etc. – der Atem ausgegangen war, folgte schon bald der Kriechgang in die autoritären Organisationen, die sich in einer Art proletarischer Mimesis die gesicherte Identität eines Klassenkämpfers ausborgen wollten. Hatte die Studentenbewegung in ihren antiautoritären Aktionen noch versucht, das Problem der Nichtidentität – emanzipatorische Lebensentwürfe angesichts einer bürgerlichen Berufsperspektive, der Ausübung von Herrschaftsrollen etc. – in einer Flucht nach vorn zu lösen, so boten sich 1969 im Moment der manifestesten Identitätskrise – Zerfall der APO nach dem Scheitern von Notstandsbewegung, Anti-Springer-Kampagne, Aktiven Universitätsstreiks – die übermächtigen Schatten der Vergangenheit zur Flucht nach hinten an, in der organisatorisch-konstruktivistischen Durchbrechung der sozialen Isolation durch die blindwütige Adaptation von Partei- und Revolutionsmustern.

Zeitweilig mutete die «Bewegung« – oder das, was nicht von SPD und DKP absorbiert worden war – wie ein großes bierernstes Maskenfest an, auf dem man sich aus der Geschichte der Arbeiterbewegung wie von einem Kostümverleih ständig neue Mützen und Uniformen lieh und sich so mit fortwährend neuen Attrappen ausstaffierte, um die eigene Identitätslosigkeit zu kaschieren. Der Rotgardist aus Berlin-Spandau, der Machnowist aus Frankfurt-Höchst, der Trotzkist aus Hamburg-Altona und der Maoist aus Castrop-Rauxel – sie alle importierten fortwährend neue Identitätshülsen, entweder aus längst vergangenen revolutionären Zeiten oder fernen Ländern. Die Folge dieses gigantischen Substitutionsversuchs lag, nachdem die antiautoritäre Revolte die Sozialisationsschäden und psychischen Deformationen gerade erst einmal sichtbar gemacht hatte, vor allem in der fast vollständigen subjektiven Verkrüppelung der Akteure selber – von politischen Folgen läßt sich kaum etwas berichten. Denn je geringer der konkrete gesellschaftliche Zusammenhang der jeweiligen Gruppe war, desto mehr mußte sie ihre Praxis zur historischen Attrappe mystifizieren und ihre politische Bedeutungslosigkeit mit einem wahnwitzigen Alleinvertretungsanspruch kompensieren. Was übrig blieb, waren Charaktermasken, die in ihrer eigenen Pathologisierung mittlerweile soweit getrieben worden sind, daß sie die Politik der CSU kopieren, um sich die außenpolitische Gunst der chinesischen KP zu erdienen.

Hatte die »Aufarbeitung der Studentenbewegung« in den neoleninistischen Organisationen zu den am meisten apostrophierten Forderungen gehört, so verriet allein schon der sprachliche Duktus eine hinter der historisch-analytischen Intention verborgene Legitimationsideologie den Wunsch nach Liquidierung der im nachhinein als peinlich empfundenen antiautoritären Bewegung.[32] Unter diesen Umständen konnte es nicht verwundern, daß schon 1968 die Häresien der *Subversiven Aktion* als eher peinliche Vorübung zu der »klassenanalytisch ausgewiesenen Praxis« der diversen marxistisch-leninistischen Kaderparteien angesehen wurden. Selbst Bernd Rabehl hat als einer ihrer Kombattanten in der »Rebellion der Studenten« einen kräftigen Schlußstrich unter die Vergangenheit gezogen, da sich in dieser Gruppierung nur »die alte Borniertheit des kleinbürgerlichen Intellektuellen« reproduziert und sie »keine bewußte gesellschaftliche Dimension« enthalten habe.[33] Die am häufigsten zitierte Schrift wurde Lenins Arbeit »Der Radikalismus, die Kinderkrankheit des Kommunismus«.

Nun gut, wenn die Subversiven von den Kinderkrankheiten einer Bewegung befallen waren, dann müssen sie zumindest noch entwicklungsfähig gewesen sein. Die Neoleninisten hingegen leiden allemal schon unter den Alterskrankheiten, nachdem sie sich freiwillig in das orthodoxe Prokrustesbett begeben haben.

Anschlag auf den Marxismus

Auf das Ausscheren von Kunzelmann, Dutschke und Rabehl im Frühjahr 1965 antwortete die Restgruppe mit einer theoretischen Radikalisierung. Diese kam voll in dem erst ein Jahr später erschienenen Heft 3 des *Anschlag* zur Geltung. Da mit der autokratischen Figur Kunzelmanns auch der permanente praktische Legitimationszwang weggefallen war, unter dem die Diskussionen immer mehr gelitten hatten, konnte der Rest der Gruppe sich in einer umso tiefgreifenderen Problematisierung der einstmals verbannten Praxis-Ansätze Luft verschaffen. In mancherlei Hinsicht liest sich das wie die visionär vorweggenommene Kritik an der »schlechten Aufhebung der autoritären Persönlichkeit« in der antiautoritären Revolte und der Folgezeit: »Hinter der aktivistischen Entschlossenheit beim Aufbau von Betriebskadern und dem Knüpfen von Kontakten mit südamerikanischen Guerillas, die revolutionäre Praxis zur Rechenaufgabe, zum heroischen Idealismus, zur Staatsstreichtechnik verkehrt, steht Verzweiflung. Diese aber ist berechtigt und muß ausgehalten werden. Die jener Praxis beispringende orthodoxe Theorie vertröstet auf eine nur noch zu leistende neue Kritik der politischen Ökonomie, von der man die Erhellung eines dann verwertbaren unaufhebbaren und tödlichen Widerspruchs des Spätkapitalismus, gleichsam als deus ex machina, erwartet... Aber gerade die Sicherheit, die das routinemäßige Aufzeigen des gesamtgesellschaftlichen Prinzips den Analysen vermittelt, ... impliziert die Tendenz zum Konservativen. Der aus einer bestimmten Bewegung einmal gewonnene Begriff legt eine Gewöhnung an spezielle Kausalzusammenhänge und Strukturen ... nahe, die dann im Prozeß der Kritik durch eigene Schwerkraft die Dialektik von Besonderem und Allgemeinem zum sich bestätigenden Zirkel entleeren.«[34]

So kann der *Anschlag* 3, aufmerksam gelesen, auch heute noch manchem eine Zeitbombe sein, deren Ticken er geflissentlich überhört hatte. Fast mutet es einen an, als wäre die end- und heillose Verwirrung der Studentenbewegung im Knäuel der Geschichte überflüssig gewesen, als hätte sich der organisierte Niedergang aus der Identitätskrise eines kurzen Aufbruchs vermeiden lassen können. Jedoch scheint sich die materielle Gewalt jahrelanger Erfahrungsprozesse – und mögen sie noch so schmerzlich und negativ sein – nicht einfach a priori durch theoretische Einsichten und historische Konsequenzen substituieren zu lassen.
Dennoch kann es wohl kaum ein Zufall sein, daß genau ein Jahrzehnt später, im Frühjahr 1976 auf einem Organisationstreffen linker Intellektueller in Hannover, von Peter Brückner ein Referat gehalten wurde, das sich wie die nachträgliche Konkretisierung des in der *Subversiven Aktion* schon lang vorher ausgesprochenen manifesten Zweifels an der sozioökonomischen Logik des klassischen Revolutionsmodells liest. Wie auf einer »Reise in die vergangene Zukunft« liegt schon der Titel »Die Partikularität des Weltgeistes. Ein Beitrag zur Gefährdung des Konsensus« in einer sonderbaren inhaltlichen Nähe zu dem zehn Jahre früher geschriebenen Aufsatz Herbert Nagels in Anschlag 3 »Besinnung auf stillschweigend vorausgesetztes: Totalität«.
Hatte dieser, um die theoretische Traditionalisierung subversiven Gedankenpotentials durch Dutschke und Rabehl rückgängig zu machen, geschrieben: »Die beinahe libidinöse Besetzung solcher Begriffe wie Totalität, Weltanalyse oder gewisser Namen scheint davor zu schützen, gerade das zu erfüllen, was historischer Materialismus auch wollte, den historischen Zug seiner Begriffe zu erkennen, auch solcher wie Proletariat und Totalität.«[35] So hatte jener, um einer erneuten blindwütigen Organisierung nach Maßgabe zweifelhaft gewordener sozialistischer Selbstverständlichkeiten vorzubeugen, formuliert: »Der Weltgeist scheint eine partikulare Gestalt anzunehmen; eine Partikularität die … zumindest dem Systemcharakter der orthodoxen marxistischen Theorie und Organisation widerspricht: ebenso natürlich der Idee von Weltrevolution …«[36]
Gewiß differente Aussagen und, wenn man beide Aufsätze vollständig durchliest, auch völlig unterschiedliche Darstellungsebenen, dennoch aber beide im vollen Bewußtsein von der Fragmentarik eines bisher als systematisch und für revolutionäre Praxis als konstitutiv angesehenen Theoriengebäudes, der Marxschen Kritik der politischen Ökonomie. Einmal zustandegekommen als Produkt einer historischen Depravierung

des Marxismus durch Stalin und den Staatssozialismus und ein andermal als Produkt eines eigenen, kollektiven Erfahrungsprozesses, in dem nacheinander ausnahmslos alle strategischen und organisatorischen Konzeptionen einer schnell alternden Neuen Linken zum Scheitern verurteilt waren.

Hatte der Widerstand gegen die allumfassende Subsumtion unter Totalitätskategorien angesichts eines auf die bloße Befreiung der Produktivkräfte reduzierten Sozialismus seine historische Berechtigung, so gewinnt heute die Insistenz auf der Autonomie einzelner, völlig unabhängig voneinander agierender Befreiungsbewegungen, der »Polyzentrismus systemkritischer Potentiale und Proteste«, immer mehr an aktueller Bedeutung. Der Wandel vom Konkurrenz- zum Monopolkapitalismus, die Ersetzung eines selbstregulativen Marktes durch den Staatsinterventionismus und eine unüberschaubare Welle von Folgephänomenen haben nicht nur einfach »Begriffsschläuche« mit neuen »Bedeutungsweinen« angefüllt, sondern müssen die innere Logik ihrer dialektischen Struktur in Mitleidenschaft gezogen haben, sodaß nur unter Absehung von grundlegenden Modifikationen auch weiterhin ungebrochen von naturdialektisch anmutenden Interpretationsmustern ausgegangen werden kann.

Insbesondere im unablässigen Versuch der Subversiven Aktion, der Gegenwart Authentizität abzuringen, im intransigenten Widerstand gegen alle Kanonisierungs- und Totalisierungsversuche neu gewonnener Interpretationsfiguren liegt ein Potential brach, das politisch rezipiert eine bislang unbekannte Bedeutung in der Denunziation des Marxismus als Herrschaftsmethode gewinnen könnte. Die von Korsch und Lukacs vor einem halben Jahrhundert vorgebrachte Kritik am sozialdemokratischen Revisionismus der II. Internationalen, die in der Anwendung des historischen Materialismus auch auf seine eigene Geschichte bestand, hat sich als unzureichend, stellenweise auch als falsch, weil zirkelschlüssig, herausgestellt.

André Glucksmann geht, durch die Barbarei des Stalinismus getrieben, in der Desillusionierung dessen, was gemeinhin wissenschaftlicher Sozialismus genannt wird, entschieden radikaler vor: »Dieser Sozialismus, der dem menschlichen Herzen so wenig aufgetan ist, erhält seinen Namen von der Vernunft, wenn sie nicht wäre, käme uns ein anderer Name in den Sinn: Faschismus.«[37] In einer nachfolgenden Diskussion wird die Rolle des Marxismus für die westeuropäische Linke präzisiert: »Eine globale Erklärung aller Dinge blieb für die Intellektuellen noch zu verführerisch. Praktisch hatte die Linke in ihrer Revolte bereits erfahren, daß solche globalen Erklärungen nicht mehr möglich sind, oder richtiger: Globale Erklärungen übersehen zu leicht das Besondere, legen sich schnell zu einem bestimmten Begriff von Normalität, Avantgarde, richtigem Handeln fest, befürworten allzugerne die Liquidierung alles nicht unter die jeweilige Herrschaft Subsumierbaren, zunächst gedanklich, nach der Machtergreifung dann praktisch.«[38]

Gerade die Aufrechterhaltung der Totalitätskategorie hat im Marxismus noch immer dafür gesorgt, daß sich die Subjekte einem anonymen Realitätsprinzip, »der historischen Notwendigkeit«, zu beugen hatten, die sich unter der Hand schnell in eine unangreifbare, weil ›vernünftige‹ Herrschaftsmethode verkehrte.

Erst in der Destruktion dieser Totalitätskategorie, der Auflösung der in ihrer Rationalität sedimentierten Zwangsgewalt, liegt die Chance beschlossen, das Besondere nicht nur als eine zeitliche Emanation des Allgemeinen, den Einzelnen nicht nur als empirische Belegstelle eines in ihm sich durchsetzenden historischen Prozesses zu begreifen.

Es gibt keine stählerne Achse der historischen Vernunft, die ihre materielle Gewalt aus der Dialektik von Produktivkräften und Produktionsverhältnissen gewinnt und um deren Mittelpunkt die Subjekte – seien es Individuen oder Klassen, der Bürger, das Proletariat oder wer auch immer – sich wie Marionetten drehen.

Es gibt kein zeitliches Nacheinander in historischen Phasen, die die Kämpfenden selber, weil sie wie auf einer Stufenleiter der Geschichte vorwärtsmarschieren sollen, nur zu Vorläufern ihrer eigenen revolutionären Wünsche macht. Babeuf z.B. wollte in der französischen Revolution weder »die bürgerliche«, noch »die proletarische«, sondern die Revolution erringen.

Dieses Nichtidentische in einer Person, die Undefinierbarkeit revolutionärer Aktualität und die Vertagung der Selbstentfesselung auf ein fernes, ökonomisch determiniertes Revolutionsdatum führt zu einem taktischen Verhältnis zu allen anderen potentiellen Mitkämpfenden und damit auch zu sich selber. In gewisser Weise sind Kommunismus und Sozialdemokratie immer über sich selber erhaben gewesen; agitiert wurde »die Bevölkerung«, organisiert »das Proletariat« etc... So wie »die Massen« nur die Materiatur zur Realisierung der in der Partei gereiften Idee der Revolution darstellen, so kann der Revolutionär, seiner eigenen Rolle eingedenk, anscheinend nur von sich selber abstrahierend Verwirklichung finden. Bucharin, die eigene Liquidation akzeptierend, ist ein trauriges Beispiel für diese Art »Selbstkritik«. »Die traditionellen Kategorien des Marxismus sind Masken wie die autoritären Institutionen und die von ihnen hergestellten Strukturmodelle selber... Die Masken sprechen so lange zu uns, bis sie wieder etwas verbergen. Dann aber müssen sie abgenommen werden.«[39]

Es ist endlich an der Zeit, dem Marxisten die Fiktion einer systematischen Totalitätskategorie, die Illusion einer theoretisch vollends prädeterminierten Praxis zu rauben. Ohne dieses Gleichgewichtszentrum wird ihn sicherlich der Schwindel befallen, der nötig ist, um den Schwindel der Vergangenheit aufzulösen.

Anmerkungen

1 »Wenn man sich so die lange Liste der ›Mitreisenden‹ betrachtet seit 1960/61... naja, Schwamm drüber.«
Dieter Kunzelmann in einem Brief an die Herausgeber (Moabit, 26.5.1973, Subversive Aktion, a.a.O., S. 474)
2 Frank Böckelmann/Herbert Nagel, Subversive Aktion. Der Sinn der Organisation ist ihr Scheitern, Frankfurt 1976, S. 42
3 Walter Hollstein, Der Untergrund, Neuwied 1969, S. 82
4 Subversive Aktion, a.a.O., S. 58
5 Ebd., S. 62
6 Ebd., S. 114
7 Ebd., S. 83
8 Ebd., S. 115
9 Walter Benjamin, Versuche über Brecht, Frankfurt 1966, S. 91
10 Siehe auch: Konrad Balder Schäuffelen in einem Nachwort zu Jiri Kolar, Das sprechende Bild, Frankfurt 1971, S. 153
11 Subversive Aktion, a.a.O., S. 103
12 Ebd., S. 115
13 Ebd., S. 132
14 Ebd., S. 143
15 Ebd., S. 118
16 W. Benjamin, Schriften I,2, Frankfurt 1974, S. 701f.
17 Ebd., S. 133
18 Ebd., S. 134
19 Ebd., S. 248
20 Richtlinien und Anschläge, München 1968, S. 90
21 Lenin, Werke, Band 5, Berlin 1955, S. 385f.
22 Die Neue Zeit, XX, Jg., Stuttgart 1901, S. 79f.
23 Subversive Aktion, a.a.O., S. 104
24 Diese Einsicht wird auch in einer Selbstkritik am Flugblatt zur Wiederwahl Heinrich Lübkes zum Bundespräsidenten geäußert: »Inzwischen aber kritisieren wir selbst dieses Flugblatt, weil es konkret niemanden ansprechen konnte, weil seine Wirkung gleich Null war und vielleicht mehr dem narzißtischen Anlaß entsprang, nämlich das eigene

Bescheidwissen zu dokumentieren, und die Tendenz verbirgt, an absoluter, aber nicht eingreifender Aktion seine Genugtuung zu finden.« Subversive Aktion, a.a.O., S. 160

25 Ebd., S. 157

26 Ebd., S. 158

27 Paul Nizan, Die Verschwörung, München 1975, S. 43

28 Bergmann, Dutschke u.a., Die Rebellion der Studenten, Hamburg 1968, S. 63

29 Hans Manfred Bock, Geschichte des »linken Radikalismus« in Deutschland, Frankfurt 1976, S. 206

30 Subversive Aktion, a.a.O., S. 270

31 Ebd., S. 266

32 Ihnen wäre entgegenzuhalten, was Adorno im Hinblick auf die »Entnazifizierung« in der Bundesrepublik formulierte: »Mit Aufarbeitung der Vergangenheit ist in jenem Sprachgebrauch nicht gemeint, daß man das Vergangene im Ernst verarbeite... Sondern man will einen Schlußstrich darunterziehen und es womöglich aus der Erinnerung wegwischen.« Theodor W. Adorno, Eingriffe, Frankfurt 1963, S. 123

33 Bergmann, Dutschke u.a., Die Rebellion der Studenten, a.a.O., S. 158

34 F. Böckelmann, Die schlechte Aufhebung der autoritären Persönlichkeit, Frankfurt/Main 1971, S. 9f.

35 Anschlag 3, Berlin/München 1966, S. 72

36 Schwarze Protokolle 13, Berlin 1976, S. 46f.

37 André Glucksmann, Köchin und Menschenfresser, Berlin 1976, S. 66

38 Ebd., S. 176

39 Frank Böckelmann, Kommentar zu »Neuer Roter Katechismus«, München 1968, S. 266

Time Is On My Side*

Die Beat-Ära

In der Zeit als die Konfirmanden noch untereinander die Platten von Chubby Checker, Cliff Richard und den Blue Diamonds austauschten, in dieser Zeit machte eine Meldung die Runde, derzufolge in England die Fans einer Musikgruppe vor Begeisterung sogar nicht davor zurückgeschreckt seien, den Lieferwagen einer Schallplattengesellschaft zu überfallen und auszurauben. Den Titel des gleich mehrtausendfach entwendeten Songs *Love Me do* hatte noch niemand im Radio gehört und auch der Bandname war völlig unbekannt. Doch die Nachricht von dieser geradezu verrückt anmutenden Tat hatte die Aufmerksamkeit geweckt. Was mußte das wohl für eine Musik sein?!

Etwa ein Jahr später, es muß wohl schon 1964 gewesen sein, fragte niemand mehr, was für eine Gruppe das sei, ihr Name war inzwischen in aller Munde. Ja, ihre Popularität war so groß, daß sich selbst in einem nordhessischen Kleinstadtgymnasium eigenartige Dinge zutrugen. Ein Knirps aus der Sexta oder Quinta stellte sich in den Pausen regelmäßig auf den Schulhof und trällerte einen Beatles-Song nach dem anderen herunter. Jedesmal bildete sich ein Pulk von fünfzig, hundert anderen Schülern um ihn herum. So zog auch ohne Instrumente ein Hauch von »Beatlemania« durch die sauertöpfisch-biedere Atmosphäre einer katholischen Garnisonsstadt. Für die Gymnasiasten der König-Heinrich-Schule dürften das wohl die ersten »Live-Auftritte« gewesen sein, die sie miterlebt haben.

* Zuerst erschienen in dem von Willi Bucher und Klaus Pohl herausgegebenen Ausstellungskatalog *Schock und Schöpfung – Jugendästhetik im 20. Jahrhundert*, Darmstadt/Neuwied 1986, S. 214-223

Die Obertertianer, die sich in der Öffentlichkeit natürlich über den kleinen Beatles-Imitator amüsierten, konnten sich insgeheim aber ebensowenig der geradezu magischen Anziehung des Liverpooler Quartetts entziehen. Im Physikunterricht beispielsweise verfolgten einige von ihnen mit bloß vorgetäuschter Aufmerksamkeit das Geschehen auf dem Experimentiertisch. Ihre Konzentration war ganz auf das Hörorgan gelenkt. Vor einiger Zeit waren die handtellergroßen Transistorradios in Mode gekommen und mit ihnen die winzigen Kopfhörer, die man unauffällig in die Ohrmuscheln stecken konnte. Wenn man nun den Apparat unter die Bank stellte, das Kabel durch Hemd und Ärmel hindurch zur Hand führte und sich geschickt auf den Ellenbogen stützte, dann war es jedenfalls möglich, auch während des Unterrichts die neuesten Platten aus der englischen Hitparade zu hören. Aber nur über »AFN«, den amerikanischen Soldatensender, oder den »Freiheitssender 904«, der von der DDR als Antwort auf das KPD-Verbot unmittelbar hinter der Grenze zur Bundesrepublik eingerichtet worden war. Denn die westdeutschen Rundfunkanstalten ignorierten den fremdartigen Sound so lang als möglich.
Als es nicht nur bei der umstrittenen Musik blieb, nahm die Heftigkeit der Auseinandersetzungen zu. Die genannten Mittelstufen-Schüler änderten in einer Pause unter großem Feixen, zu allem entschlossen, die Richtung ihrer Haarsträhnen. Statt sie sich wie üblich nach hinten zu kämmen, strich man sie genau umgekehrt in die Stirn und über die Ohren. Der Effekt war umwerfend. Die meisten sahen aus, als würde ihnen ein unmittelbar hinter dem Kopf postierter und deshalb unsichtbar bleibender Ventilator die Haare nach vorn blasen. Mit der Frisur der Pilzköpfe hatte das nur wenig Gemeinsamkeiten, eher erinnerte es an umgestülpte Staubwedel. Die Verlockung, als Möchtegern-Beatle im Unterricht aufzutreten, war zwar groß, die Angst jedoch, sich dadurch eine geharnischte Strafe einzuhandeln, bei den meisten noch stärker. Als es zur nächsten Stunde schellte, griffen fast alle wieder zum Kamm. Bis auf drei. Mit gemischten Gefühlen standen sie zusammen mit den anderen auf, als der Deutschlehrer, der wegen seiner Liberalität überall gepriesen wurde, das Klassenzimmer betrat. Seine Reaktion: Man sei hier schließlich nicht im Zoo und der Unterricht würde erst dann beginnen, wenn auch der letzte sich wieder vernünftig frisiert habe. Keine weitere Frage, keine Diskussion, nur erpresserisches Abwarten, sonst gar nichts. Der Gedanke, sich einfach zu weigern und trotzig auf seiner Frisur zu beharren, kam keinem. Die Autorität des Lehrers galt uneingeschränkt.
Der eher spielerische Versuch, wie ein Beatle auszusehen, war schon

beendet, bevor er kaum richtig begonnen hatte. Und es sollte nicht nur Monate, sondern Jahre dauern, bis es jemand wagte, nach den Sommerferien mit langen Haaren aufzutauchen und sich gegen ein vom Lehrerkollegium produziertes Klima der Einschüchterung und Häme durchzusetzen.
Einige dieser Episoden reichen aus, um eine Atmosphäre wieder wachzurufen, die heute, zwei Jahrzehnte später, kaum noch vorstellbar ist. Aber wie entstand der Beat, woher kam er und warum setzte er ein solches Wunsch- und Angstpotential frei?

Liverpool. Cavern-Club

Was New Orleans für den Jazz, das war Liverpool für den Beat. An der Mündung des Merseys in die Irische See gelegen, ist Liverpool als Hafen für das Industriegebiet von Manchester nicht nur ein bedeutender Umschlagplatz von Waren und Gütern, sondern auch von Kulturen, Sprachen und Temperamenten. Iren, Waliser und Schotten haben die Stadt zusammen mit den Engländern geprägt. Insbesondere der hohe Anteil von Farbigen mag den aus den USA stammenden Rhythm'n'Blues, den Jazz und den Rock'n'Roll hier so schnell eingebürgert haben. Schon Mitte der fünfziger Jahre gab es eine lebendige, vor allem auf nordamerikanischen Importen basierende Musik-Szene. Doch auch Einflüsse aus dem eigenen Land machten sich bemerkbar. Nach den Vorbildern von Ken Colyer und Chris Barber wurde Dixieland, nach dem von Cliff Richard und Tommy Steele Rock'n'Roll und dem von Alexis Korner Blues gespielt.
Eine nicht minder wichtige Rolle für den kulturellen Pulsschlag der Stadt spielten die unterschiedlichen Jugendgruppen, die sich heftig befehdeten. Neben den Rockern aus der working-class mit ihrem Leder- und Nietenkult gab es die eher intellektuellen Beatniks. Wichtiger jedoch waren die Teds oder Teddy-Boys und die Mods (der Name ist das Kürzel für Modernist). Beide Gruppen stammten aus den Mittelschichten. Die Mods und nicht die Beatniks – wie man vom Namen her vielleicht meinen könnte – waren für die weitere Entwicklung von auschlaggebender Bedeutung. Mit ihrer Vorliebe für eine modisch-extravagante, vor allem aus Plastik bestehende Kleidung, ihrer unterkühlten Sonnenbrillen-Ästhetik und ihrem distanziert-selbstironischen Engagement verkörperten sie einen Typus von Jugendlichen, der einige Attribute der modernen Industriegesellschaft selbstbewußt für sich in Anspruch nahm, sie

zugleich aber durch eine ostentative Überhöhung entschärfte. Die meisten modischen Sujets, mit denen typisch britische Beat-Bands später weltweit avancieren sollten, entstammen dem ästhetischen Arsenal der Mods, die zu jener Zeit vor allem noch wegen ihrer gewalttätigen Zusammenstöße mit den von ihnen besonders verachteten Teds Furore machten.

Eines der Zentren der Liverpooler Szene war der Cavern-Club, ein 1957 in einem ehemaligen Luftschutzbunker gegründeter Jazzkeller. Sein dickes Mauergewölbe war für die musikbegeisterten Jugendlichen eine Art Refugium. Hierin konnten sie sich aus dem Grau in Grau der feuchten, kalten und ungemütlichen Hafenstadt zurückziehen und in einer eigenen Phantasiewelt untertauchen. In langen Schlangen pilgerten sie zu den Konzerten ihrer Bands, deren Mitglieder kaum älter waren als sie selber. Dabei wurde die Hör- und Erlebnisintensität gerade durch den unterirdischen Auftrittsort wesentlich gesteigert. Von den meterdicken Wänden prallten die Klänge zurück und drangen verzerrt und verstärkt zugleich in die Ohren ihrer Zuhörer. Durch die Beleuchtung erschienen die Gesichter fast wie weiße Masken und die Körper warfen lange Schatten. Es gab kaum Zwischentöne wie im diffusen Tageslicht auf den Straßen oben. Hier unter der Erde herrschte nur Schwarz und Weiß. So war alles klar.

Nach raschen, wenn auch bescheidenen Erfolgen vergrößerte sich die Szene ständig. Neue Bands schossen wie Pilze aus dem Boden. Hunderte sollen es schon bald gewesen sein und keiner konnte den Überblick behalten. Die Zahl der Zuhörer ging in die Zehntausende – eine Bewegung war entstanden. Und bald darauf war von einem eigentümlichen Klang die Rede, vom Mersey-Sound. Die Kopien eines halben Dutzends populärer Musikstile hatten sich dabei untereinander vermischt, waren mit walisischer Melancholie, irischem Witz und englischer Skurrilität versetzt worden. So entstand aus den eher schwermütigen Klängen des nordamerikanischen Blues ein dynamisch-beschwingter, fast ausgelassen-fröhlicher Klangteppich. Die bekanntesten Gruppen der Merseyside waren Gerry & the Pacemakers, die Swinging Blue Jeans und die Mersey Beats.

Wirklich berühmt aber wurde schließlich nur eine: Die Beatles. 1960 erstmals im Vorort Litherland aufgetreten, verfügten sie mit ihren Engagements auf der Hamburger Reeperbahn schon über gewisse Auslandserfahrungen und galten mit nicht weniger als 292 Auftritten zwischen 1961 und 63 als die heimliche Hausband des Cavern-Clubs. Obwohl sie bei einer Umfrage zur beliebtesten Band gekürt wurden, war es nicht einfach, ihren Stücken etwas Besonderes abzugewinnen. Rund ein halbes Dutzend anderer Bands spielte ähnlich; eher mittelmäßig als ungewöhnlich. Daß dennoch gerade aus den Beatles die »Fabulous Four« wurden und damit aus einem lokalen Phänomen ein zunächst nationales, dann ein beinahe globales, hatte nicht zuletzt außermusikalische Gründe. Manager Brian Epstein und Produzent George Martin waren für den Erfolg der Beatles wohl wichtiger als etwa George Harrison oder Ringo Starr. Anfangs hatten die Beatles noch mit Teddy-Boy-Allüren einen unbekümmerten und aggressiven Rock'n'Roll gespielt. Um aufzufallen, mußten sie, anstatt ihr musikalisches Repertoire zu erweitern, eine eigene Bühnenshow einstudieren. Hier griff Epstein zuerst ein. Jeans und Lederjacken, die Düsterkeit und eine latente Neigung zur Gewalt symbolisierten, wurden durch adrette Samtanzüge ersetzt. Sauber, chic und uniform mußten sie aussehen und auch die Accessoires – wie Krawatten, Manschettenknöpfe, Boots und anderes mehr – mußten stimmen. Neu und etwas anders, letztlich aber doch wie die netten Jungen von nebenan – so sollten sie wirken. Hatten sie vor Epsteins Einfluß wie Vorstadtrocker ausgesehen, die im Zweifel einer Oma auch mal die Handtasche klauen, so wirkten sie nun, als würden sie jeder älteren Dame unaufgefordert über die Straße helfen. Diese weiche Welle setzte sich auch im musikalischen Arrangement durch. Georg Martin, der bislang klassische Aufnahmen geleitet hatte, dämpfte die harten Töne des ursprünglichen Hammerbeats. Der Akzent lag vornehmlich auf dem harmonischen Gesang John Lennons und Paul McCartneys.

Wo früher der dumpf-dröhnende »Big Beat« des Rock'n'Roll zu hören war, da ertönte nun der filigran-glatte, zuweilen auch süßliche »Easy Beat«, der für den Mersey-Sound charakteristisch wurde. Unter dem Einfluß von Epstein und Martin hatten die Beatles einen Stilwechsel vollzogen: Im Erscheinungsbild femininer und im Klangbild softer – das war wohl der gemeinsame Nenner für ein kaum für möglich gehaltenes Erfolgskonzept.

Wichtiges äußeres Erkennungsmerkmal für den neuen Trend in der populären Musik wurden die langen Haare. Es mag dahingestellt sein, ob George Harrisons abstehende Ohren oder das Geltungsbedürfnis seiner frisierenden Hamburger Freundin Astrid Kirchherr dafür den Anstoß gab. Jedenfalls hatte Epstein genügend Gespür dafür, die ungewohnten Frisuren in seinen neuen Look einzubauen und zum vorrangigen Imagemerkmal zu machen. Länge und Glätte der Haare akzentuierten den

femininen Einschlag besonders stark und gaben ihm obendrein eine in ihrer Signifikanz kaum zu übertreffende Symbolkraft. Mehr noch als der melodisch eingängige Beat-Stil konnten so die Pilzköpfe zum internationalen Markenzeichen der Beatles werden. Die betonte Mißachtung des kurzen Herrenhaarschnittes stellte ihr Erscheinungsbild trotz aller Züge von Anpassungsbereitschaft in die Nähe von Skandal und Provokation. Indem sie es wagten, ein sexuelles Stimulans, das die übliche geschlechtliche Polarisierung einzuebnen drohte, als kollektives Erkennungsmal herauszustellen, verbreiteten sie ein prägenitales Fluidum, eine erotisch aufgeladene Atmosphäre. Darin bestand zu einem gehörigen Teil ihre geradezu magische Anziehungskraft, die sie insbesondere auf pubertäre Mädchen ausübten: auf eine diffuse, vermeintlich spielerische und deshalb ungefährliche Weise sexuell innervierend zu wirken.
Die frühen Songs der Beatles – wie etwa *Please Mr. Postman, Hold Me Tight* oder *Can't Buy Me Love* – sind oft als simpel, süßlich und platt beschrieben worden. Das ist sicher nicht ganz falsch. Was aber erklärt ihre geradezu bahnbrechende Ausstrahlung? Das Lied beispielsweise, mit dem sie auch in der Bundesrepublik ihren endgültigen Durchbruch schafften – *She Loves You* – setzt mit einer hohen Geschwindigkeit fast wie ein musikalisches Überfallkommando, ein. Es ist unkompliziert, direkt und unbefangen. Der in einen glatten Gitarren-Sound verpackte mehrstimmige Gesang wirkt mitreißend und verbreitet ein Optimismus ausstrahlendes Kollektivgefühl. Das stakkatoartig hervorgestoßene »Yeah, Yeah, Yeah« hört sich an, als ob aus einem Ventil überschüssige Energie abgelassen wird. Es besitzt einen eindeutig befreiend, fast schon enthemmend wirkenden Klang. Vielleicht wurde es deshalb auch zur Chiffre, zum Synonym für den Beat überhaupt. Gerade die Reduktion auf einen archaisch anmutenden Ausruf macht etwas von der libidinösen Dimension deutlich, in die die Beatles mit ihrer Musik vordrangen.
Die »Good Vibrations«, die von den Bands ausgestrahlt wurden, gingen wie feinste Injektionsnadeln unter die Haut und verströmten dort ein prickelndes Gefühl von Wärme und Wohlbefinden. Was die Searchers mit *Needles And Pins*, dem stechenden Gefühl in eingeschlafenen Gliedern, nur negativ besangen, das stellte sich hier als Lustgefühl ein. Eine besonders wichtige Rolle spielte dabei das Tanzen. Das war weder Paar- noch Gruppentanz, sondern – Negation und Steigerung zugleich – ein kollektiv praktizierter Individualtanz. Der Sound, das Licht, die gleißenden Haare – alles schien elektrisch aufgeladen und durchdrang die Körper zuerst mit vibrierenden, dann mit zuckenden und schließlich völlig

losgelösten Bewegungsformen. Wenn die Bands oft als Einheizer beschrieben wurden, dann müssen ihre Auftritte wie ozeanisch anmutende Verschmelzungsakte gewirkt haben. Die Auflösung aller Konventionen im Tanz ist deutlicher Ausdruck davon. Gegen diese Wogen vermochten auch die Modetänze der damaligen Jahre – Twist, Hully-Gully, Bossa-Nova und wie sie alle hießen – nicht länger zu bestehen.

Im Beat-Konzert konnte sich, sofern der Funke übersprang, eine kollektive Regression vollziehen. Das war nur deshalb möglich, weil den neuen Rhythmen eine intrauterine Erlebnisqualität innewohnte, die von der Rock- und Popmusik späterer Jahre noch wesentlich gesteigert und verfeinert worden ist. Der Cavern-Club war ein künstlicher Mutterleib, in dem man sich dem pulsierenden Beat hingeben konnte. Im Ausspruch eines Fans der damaligen Zeit, Beat sei »Herzklopfen von Verliebten über eine Verstärkeranlage«, drückt sich das Grundmotiv, wenngleich anders interpretiert, deutlich aus. Die modernen Diskotheken haben sich in perfektionierter Weise das überaus erfolgreiche Regressionsmedium zu eigen gemacht. Aus den Live-Konzerten des Caverns ist dort allerdings eine reine Apparatur geworden, bei der ein Knopfdruck genügt, um das auf pränatale Effekte abgestellte Arsenal in Bewegung zu setzen.

Als die Beatles am 3. August 1963 zum letzten Mal im Cavern-Club auftraten, hatten sie einen Boom ausgelöst, der von Liverpool auf London und schließlich ganz Großbritannien übergriff. Mit ihrem Sound, den Pilzkopffrisuren und in der Besetzung – drei Gitarren plus Schlagzeug – waren die »Fabulous Four« zum Phänotyp geworden. Ihnen folgten die Animals, die Kinks, die Searchers, die Yardbirds, die Who, die Rolling Stones, Manfred Mann, die Spencer Davies Group und viele andere mehr. Getragen wurden sie von einer breiten Welle Jugendlicher, die das vom Sicherheitsdenken dominierte Leben ihrer Eltern gründlich satt hatten. Aus ihren bis ins Rentenalter vorgezeichneten Biographien schien der Beat, wenn auch kaum mehr als atmosphärisch, einen Ausbruch zu versprechen. Der pulsierende Rhythmus und die kreischende Kulisse waren mehr als nur aufregend. Der Beat war wie eine Verheißung auf ein noch nicht gekanntes Abenteuer.

Hamburg. Star-Club

Zum Start des ersten Spielfilms der Beatles, »Yeah, Yeah, Yeah« von Richard Lester, hatte der Filmkonzern United Artists 1964 einen bundesweiten Wettbewerb ausgeschrieben, in dem die »deutschen Beatles« gesucht werden sollten. In allen Landesteilen fanden Vorentscheidungen statt. Am 6. September stand dann in Hamburg das Finale bevor. Beteiligt waren die Minstrels aus Stade, die Germans aus Bremen, die Lords aus Berlin, die Krauts und die Echoes aus Frankfurt, sowie die Rivets und die Tornados aus der Gastgeberstadt.

Den Wettbewerb gewannen die Lords, die Band mit dem Berlin-Bonus, über deren Aussprachekünste bundesdeutsche Satireblätter heute noch witzeln.

Die sprachlichen und musikalischen Mängel waren offensichtlich, aber nicht verwunderlich; denn in der Bundesrepublik fehlten Traditionslinien, auf denen der Beat in England basierte, und nicht zuletzt solche einflußreichen Anreger und Vermittler wie Alexis Korner und John Mayall. Deshalb blieb den deutschen Bands zunächst kaum etwas anderes übrig, als die britischen Gruppen zu kopieren und nach einer gewissen Anlaufzeit auf eine eigene Entwicklung zu hoffen. Was dabei herauskam, klang eher eifernd, mechanisch und umambitioniert. Es fehlte das Überbordende, das Ansteckende, der Kick, der gerade die Liverpooler Bands auszeichnete.

Schauplatz des Wettbewerbs »Wir suchen die deutschen Beatles« war der an der Reeperbahn gelegene Star-Club, das unbestrittene Mekka aller deutschen Beat-Bands. Aber auch ausländische Gruppen gastierten hier. Nachdem das ehemalige Stern-Kino auf der Großen Freiheit in einen Musiksaal umgebaut und am 13. April 1962 unter seinem neuen Namen eröffnet worden war, traten mehrere britische Bands auf – darunter die international noch völlig unbekannten Beatles. Das Premieren-Motto lautet: »Die Not hat ein Ende. Die Zeit der Dorfmusik ist vorbei!« Es war das Jahr der Kuba-Krise und der Spiegel-Affäre, ein Jahr vorher war die Berliner Mauer gebaut worden und ein Jahr später wurde Kennedy erschossen. Für Soziologen ist es inzwischen üblich geworden, in jenem Jahr 1962 das Ende der Nachkriegszeit anzusetzen.

Zwar wäre es übertrieben, von Hamburg als einem »deutschen Liverpool« zu sprechen, aber als Hafenstadt war Hamburg besonders prädestiniert, Einflüsse und Anregungen von der britischen Insel aufzunehmen. Hinzu kam mit der Reeperbahn ein Vergnügungsviertel, das Musikgruppen die Gelegenheit zu regelmäßigen Engagements bot. Nachdem in Kaiserkeller, Top Ten und Indra hin und wieder Rockgruppen aufgetreten waren, eröffnete der Star-Club ganz neue Möglichkeiten. Die Bands konnten hier wochenlang hintereinander spielen und hatten dadurch zumeist bessere Verdienstmöglichkeiten. Für die Liverpooler wie eine Reihe anderer englischer Gruppen war deshalb der Star-Club in den ersten Jahren der Beat-Ära eine Art Test-Station. Wer hier seine Bewährungsprobe vor dem Publikum bestand, dem winkte ein Vertrag mit einer der großen Schallplattengesellschaften. So war es kein Wunder, daß neben den Beatles mit Gerry & the Pacemakers, Billy J. Kramer & the Dakotas und den Swinging Blue Jeans bald schon der fast vollständig versammelte Mersey-Sound hier seinen Einstand feierte. Danach folgten die internationalen Rockstars aus den USA: Fats Domino, Chuck Berry, Little Richard, Jerry Lee Lewis, Bill Haley, Chubby Checker, Tommy Roe, Joey Dee – bis auf Elvis Presley traten sie hier zu Beginn der sechziger Jahre alle ein oder mehrere Male auf. Das war natürlich eine Herausforderung an die deutschen Amateurbands. Um ihre Auftrittsfähigkeit zu erproben, wurden seit Januar 1963 regelmäßig sogenannte »Kapellenwettbewerbe« ausgeschrieben. Nach den ersten Plattenerfolgen der Beatles gab es solche Wettbewerbe in allen größeren Städten des Bundesgebietes. An den Wochenenden konnte man nun landauf landab Bands hören, die mit großem Enthusiasmus einzelne Nummern der englischen Hitparade herunterspielten: *The House Of The Rising Sun* von den Animals, *You Really Got Me* von den Kinks, *I Can't Get No Satisfaction* von den Rolling Stones oder *My Generation* von den Who. Nur dauerte es zumeist Monate, bis sie eingeübt und noch länger, bis sie auch wirklich beherrscht wurden. So waren die Auftritte wegen der unüberhörbaren Nachzeitigkeit oft mit einem fast schon nostalgischen Touch versehen. Konnten die deutschen Bands, die zumeist etwas biedere Namen wie Boots, Rollicks, Team-Beats, German Bonds oder auch merkwürdig-skurille wie Big Göff and the Tigers und Piggy and the Jokers trugen, 1965 immerhin die Hits von 1963 nachspielen, so wurden sie von der rasanten Entwicklung der darauffolgenden Jahre endgültig abgehängt und fast durchweg auf ihren ursprünglichen Amateurstatus zurückgeworfen. An diesem Rückschlag hatten wiederum die Beatles als die weiterhin tonangebende Formation maßgeblichen Anteil. Nach ihren großen US-Tourneen beschränkten sie sich keineswegs darauf, Erfolgreiches zu wiederholen, sondern wurden von Mal zu Mal experimentierfreudiger und auch anspruchsvoller. Erstaunlicherweise gelang es ihnen, den Beat über mehrere Jahr hinweg so dynamisch zu gestalten, daß er auch professionelle Musiker, Kritiker und Intellektuelle anzusprechen begann, ohne etwas von seiner Massenpopularität einzubüßen. Hier konnten die deutschen Bands nicht mithalten.

Die Veränderungen, die durch den Beat-Boom in Westeuropa und in den Vereinigten Staaten im Selbstgefühl einer neuen Jugendlichkeit zum Ausdruck kamen, mögen gravierend gewesen sein, in Deutschland jedoch waren sie geradezu umwerfend. Der kleinbürgerliche Normalitätsbegriff der Adenauer-Ära wurde im Gefolge der britischen Neutöner erstmals erschüttert. Was einige Zeit zuvor der aggressiv wirkende Rock'n'Roll, der nie richtig bis in die Mittelschulen vorgedrungen war, nicht vermochte, das schien nun dem weicher und melodischer auftretenden Beat zu gelingen: In der Jugend breitete sich schichtenunspezifisch ein neues genuß- und erlebnissüchtiges Lebensgefühl aus. Die Leitideale des CDU-Staates – Ordnung, Sauberkeit und Sicherheit –, die als Sekundärtugenden dem anal-sadistisch ausgeprägten, autoritären Charakter abgekupfert worden waren, riefen bei den Teenagern nur noch gähnende Langeweile hervor. Gefragt war statt dessen unbekümmerte Sinnlichkeit und eine Lebenslust ohne Gewissensbisse, die in ihren Obertönen insgeheim auch einer neuen Konsumkonditionierung die Melodie vorspielten.

Was sich in den ekstatischen Ausbrüchen eines noch überaus jungen Publikums Luft verschaffte, das war nicht nur Ausdruck pubertärer Wunschphantasien, sondern auch der Überschuß eines tief optimistischen Grundgefühls. Hier suchte eine Generation auf expressive Weise nach neuen, ihr gemäßen Formen – jenseits aller traumatisch-bedrückenden Kriegserinnerungen. Der Blick schien – wie es der Titel des Films über den ersten Auftritt Bob Dylans in England, »Dont't Look Back«, programmatisch verdeutlichte – nur nach vorn gerichtet zu sein. Und die Musik war es, die dem Morgen Flügel verlieh. Im pulsierenden Fluß des Beat-Rhythmus schien die Zeit selber auf der Seite der Jugendlichen zu stehen.

Die Bürger reagierten verschreckt, irritiert, zuweilen auch aggressiv, selbst wenn es sich bei den Angefeindeten um die eigenen Kinder handelte. Obgleich die Beat-Fans im Vergleich zu den Halbstarken der fünfziger Jahre zurückhaltender auftraten, reichte die Provokation doch weiter. Als Massenphänomen war die neue Welle kein soziales Randproblem mehr, auf das man – wie bei den Rockern noch – mit dem Einsatz ädaquater Integrations- und Repressionstechniken reagieren konnte. Der Schock ging vor allem von einer durch Frisur, Kleidung, Sprache, Stil und Habitus zur Schau gestellten Laszivität aus.

Das durch Twist und Beat angestachtelte Bewegungsbedürfnis löste ein neues Körpergefühl, eine Erotisierung des Auftretens auch im Alltag aus. Noch bevor der Mini-Rock von Mary Quant zum Siegeszug ansetzte, trugen die 13- bis 17jährigen Mädchen eng anliegende Kleider, Stöckelschuhe und hochtoupierte Frisuren. Wenn auch noch zumeist in Grau- und Schwarz-Weiß-Tönen gehalten, so war die sexuelle Note doch unübersehbar. Die älteren Generationen reagierten darauf mit einer Mischung aus Neid, Wut, Verachtung und Verboten. Der »Beatle« als männlicher Typ galt als eine Mischung aus Dandy und Gammler, was – in welcher Hinsicht auch immer – eindeutig als Affront anzusehen war. Im Hinblick auf den abgerissen wirkenden Gammler in seinem grauen Pullover und dem olivgrünen Parka wurden die im Umkreis des Antisemitismus lokalisierten Vorurteile – »arbeitsscheues Gesinde«, »Wegelagerer«, »Gelichter« etc. – reaktiviert; für den modisch-kapriziösen, spielerisch-verträumten Dandy wurden partriarchalisch-autoritär geprägte Antipathien – »geckenhaft«, »weibisch«, und »verweichlicht« – hervorgeholt. Langhaarige wurden unfreiwillig zum Blitzableiter für diffuse Aggressionspotentiale. Es war gar nicht harmlos, im Alltag als »Beatle« herumzulaufen, wenn z.B. Kollegen einem jugendlichen Bauarbeiter »die Mähne« mit dem Lötkolben herunterbrennen wollten. Die Brachialgewalt, die hinter solchen Drohungen stand, erinnert nicht zufällig an Strafrituale und Austreibungsexerzitien. Langhaarige junge Männer rührten ganz offensichtlich an die Tabuzone Homosexualität. Die öffentlich zur Schau gestellte Sexualisierung des männlichen Körpers wurde vor allem in bestimmten Bereichen der Arbeitswelt, die durch einen kumpelhaften-rüden Stil geprägt war, als Bedrohung erlebt, die es mit massiven Mitteln abzuwehren galt. Wenngleich eine Lynch- und Pogromstimmung nur in Einzelfällen auch artikuliert wurde, so blieb atmosphärisch fast immer ein Hauch davon spürbar.

Ein Beispiel dafür waren die Schwabinger Krawalle im Sommer 1962. Das abendliche Spiel zweier Gitarristen, nach deren Klängen am Wedekindbrunnen ein barfüßiges Paar twistete, war als »Ruhestörung« angezeigt worden. Bei dem nachfolgenden Versuch der Münchener Polizei, die Gitarrenspieler festzunehmen, kam es zu mehrstündigen Straßenschlachten, in deren Verlauf die Ordnungskräfte wahllos Passanten und andere vermeintliche Missetäter verprügelten. Die Auseinandersetzungen, die sich fünf Tage lang Abend für Abend wiederholten, führten zur Festnahme von 239 jungen Leuten, von denen 41 wegen Landfriedensbruch und ähnlichen Delikten verurteilt wurden.

Was die Schwabinger Krawalle im Großen vorexerziert hatten, das wiederholte sich Mitte der sechziger Jahre in mancher Provinzstadt – und das alles, weil einem nicht unbeträchtlichen Teil der Bevölkerung die Musik, das Aussehen, das Verhalten, schließlich die ganze Richtung nicht paßte. Der Beat ließ den Ruf nach Polizisten, Psychiatern und Pfarrern, diesem ordnungspolitischen Dreigestirn, wieder einmal laut werden.

Radio Bremen. Beat-Club

Im Herbst 1965 traten zum ersten Mal die Rolling Stones zu einer Deutschlandtournee an, das effektvolle Gegenbild zu den Beatles. Die »Bad Boys« des Beats, die von Anfang an auftraten, als seien sie die Inkarnation des Bösen, Schmutzigen und Sexuell-Freizügigen, hatten mit *Good Times, Bad Times*, *Time Is On My Side* und *The Last Time* zwar erste Erfolge verzeichnet, kamen jedoch bei weitem nicht an die massenwirksame Suggestionskraft der Beatles heran. Als John Lennon und Paul McCartney auch Songs mit leiseren, mitunter balladesken Formen produzierten, bauten die Rolling Stones ihr Rebellen-Image als Gegenpol um so entschlossener aus. Als sie am 15. September auf der Berliner Waldbühne vor 20 000 Jugendlichen auftraten und Mick Jagger mit vibrierender Stimme und obszöner Gestik *I Can't Get No Satisfaction* sang, begann das Publikum zu beben. Schon kurz danach mußte die Band, die offensichtlich befürchtete, im Hexenkessel der selbstgeweckten Begeisterung unterzugehen, überstürzt die Bühne verlassen. Daraufhin begannen Hunderte von wütenden Fans Sitzbänke zu zertrümmern und mit Flaschen zu werfen. Es kam zu einer offenen Schlacht mit der Polizei. Für die Presse der Frontstadt war das natürlich ein gefundenes Fressen. Endlich hatten sich die Beat-Fans als das erwiesen, was man schon seit Jahr und Tag von ihnen behauptete – als eine Horde von Rowdys, die selbst vor Gewalttätigkeiten und Ausschreitungen nicht zurückschreckten. Matthias Walden, gefürchteter Kolumnist des Springer-Konzerns, schrieb anschließend, das Waldbühnen-Konzert habe auf Beobachter gewirkt wie die »Szenerie einer öffentlichen Kriminalveranstaltung«.
Die unglaubliche Resonanz, die die Stones-Tournee fand, brachte aber noch einen anderen Effekt. Zum ersten Mal hatte sich dabei mit dem ZDF das Medium Fernsehen für den Beat geöffnet. Damit war der umstrittene Sound ein Stück weit wohnzimmerfähig geworden. Im selben Jahr 1965 entschloß sich auch eine kleine Sendeanstalt mit Profilie-

rungsabsichten, diese Musikrichtung zu einem festen, wenn auch raren Bestandteil des Programms zu machen. Radio Bremen richtete für die ARD den Beat-Club ein und schuf mit dieser Pioniersendung eine Art Brückenkopf im publikumswirksamsten Medium. In einem Studio, das zugleich die düstere Atmosphäre vom Cavern-Club in Liverpool und das dröhnende Getriebe einer U-Bahn-Station in London vermitteln sollte, traten nun die bereits etablierten britischen Bands, aber auch die Newcomer und Trendsetter auf, die verstärkt aus den USA kamen. Damit brach in die bundesdeutschen Wohnzimmer nicht nur das von der Presse als »höllisch« apostrophierte Soundgewitter herein, sondern auch ein optisches Spektakel, das schon vor der Einführung des Farbfernsehens durch ein ganzes Arsenal elektronischer Verfremdungstricks erzielt wurde.

Die auftretenden Gruppen präsentierten sich in den jeweils neuesten modischen Trends von Swinging London. Demgegenüber wirkte die vom deutschen Publikum bevorzugte Mode immer noch wie von gestern. Auf der Insel war inzwischen nicht mehr das Schwarz-Weiß aus der Liverpooler Pionierzeit tonangebend, sondern eine als »Shocking« verkaufte Farbenexplosion aus der Carnaby Street. Die Girls etwa trugen zitronengelbe, locker herunterhängende Minikleider über giftgrünen Strumpfhosen und rosa lackierten Schnallenschuhen; die Boys braun-rot längsgestreifte Jacketts auf buntgeblümten Hemden mit überdimensionierten Kragen und blau-grüne, weit ausgestellte, eng über den Hüften sitzende Hosen mit einem superbreiten Skai-Gürtel. Jede(r) sah mindestens so chemiesüß wie ein figurativ aufgeblähtes Marshmellow aus.

Es brach die Zeit an, in der – von Pop- und Op-Art angeregt – grelle und plakative Plastikfarben mit Signalwirkung dominierten. Den Vogel im innovationsträchtigen Klima Londons schoß natürlich Mary Quant 1965 mit ihrer Kreation der Mini-Mode ab. Besonders der Mini-Rock sorgte für Aufregung. Seine invasionsähnliche Durchsetzung wurde dadurch ungemein erleichtert, daß er so etwas wie ein relativer Begriff war, der je nach Anlaß und Gelegenheit entweder nach oben oder nach unten ausgelegt werden konnte. Er kannte keine Schichten und Klassen mehr, wurde von vorstädtisch-proletarisierten Kleinbürgern ebenso wie von der High-Society getragen. Hatten sich mit den langen Haaren die Geschlechterrollen visuell angeglichen, kam nun mit der poppigen Mini-Mode eine, wenn auch nur textile, Einebnung der Schichtenunterschiede in Gang. Auf den Uni-Sex folgte der Uni-Look.

Als 1967, zwei Jahre später, auch bundesdeutsche Einkaufszentren wie kleine Ausgaben der Carnaby Street auszusehen begannen, galt der Beat bereits als überholt. Mit der Verlagerung des Zentrums von Liverpool nach London ging ein großes Stück Authentizität verloren. Aus der eher amateurhaften Beat- war eine professionelle und artifizielle Pop-Musik entstanden, die durch Studio-Technik, Kommerzialisierung und Internationalisierung der Absatzmärkte von Anfang an gekennzeichnet war. Zusammen mit dem West-Coast-Sound aus Kalifornien wurde die Pop-Musik zu einem globalen Phänomen der Kulturindustrie.

Inzwischen hatte die LP die Single in ihrer Vorreiter-Rolle abgelöst und damit Raum für minutenlange Gitarren- und Schlagzeugsoli geschaffen. Gefragt waren Experimentierfreude, Originalität und technische Raffinesse sowie ein neuer Typus von Band. Dreier-Formationen wie die Cream und die Jimi Hendrix Experience mit ihren deutlich individualistischen Ausprägungen galten plötzlich als das Nonplusultra. Die Bezeichnung Super-Band machte überall die Runde. Ginger Baker, Jack Bruce und Eric Clapton traten zwar ebenso wie Jimi Hendrix noch im Frühjahr 1967 im Star-Club auf und brillierten mit *I Feel Free* bzw. *Hey Joe*, doch die Zeit der Club-Auftritte ging zu Ende. Die Massenresonanz machte riesige Hallen, wenn nicht gar Stadien für die ins Gigantomanische gesteigerten Live-Auftritte notwendig. Damit reduzierte sich zugleich das Feedback, die szenische Interaktion zwischen Band und Auditorium auf phrasenhafte Gags, denen nur noch die Funktion zukam, keine Lücken zwischen den Stücken aufkommen zu lassen. Die Zuhörerschaft erstarrte zur passiv-konsumierenden Masse und die Musiker zur Konfiguration des Stars. Beide isoliert, auf sich zurückgeworfen und damit – trotz allen Trubels – auch einsam.

Am deutlichsten war diese Entwicklung im kometengleichen Aufstieg von Jimi Hendrix zu beobachten. Mit ihm hatte die Rock-Musik eine einzigartige Kultfigur bekommen und war zugleich in eine heroisierend selbstdestruktive Phase eingetreten. Im Vergleich zu seiner Animalität – er bearbeitete seine Gitarre mit den Zähnen, spielte auf dem Rücken, unter den Knien und schlug mit ihr zuweilen auch auf die Verstärkeranlage ein – wirkten die Beatles bieder und die Stones geckenhaft-eifernd. Einer, der dabei war, sagte im Rückblick ebenso fasziniert wie gelähmt: »Hendrix weckte uns alle wie aus einem großen Traum. Als wir die Augen öffneten, war die alte Zeit vorbei, ein neues Kapitel Rockgeschichte aufgeschlagen, das alles Vorherige vergessen ließ.« Als der Wilde mit der Löwenmähne kurz darauf im Beat-Club zu sehen war, gellten Rufe der Empörung durch das bundesdeutsche TV-Publikum. Für kurze

Zeit war noch einmal die bewundernswerte Qualität der Provokation zurückgewonnen, die die Anfänge der Beatles und den Aufstieg der Stones ausgezeichnet hatte.

Die »Fabulous Four« waren mittlerweile zur ungreifbaren Kultband am Pop-Himmel erstarrt. Nach »Rubber Soul« und »Revolver« legten sie mit »Sgt. Pepper's Lonely Hearts Club Band« und »Magical Mystery Tour« zwei konzeptionell ausgefeilte LP's vor, die jedoch die Vitalität aus alten Liverpooler Tagen vermissen ließen. Beides waren reine Studio-Produktionen, deren surreal anmutende Klangcollagen mit einem bislang ungekannten technischen Aufwand aufgenommen worden waren und bei denen sich Produzent George Martin am Mischpult endgültig als die wichtigste Person durchgesetzt hatte. Allein für »Sgt. Peppers's«, der ersten Platte der Rock-Musik, die wie eine Sinfonie als Gesamtkonzeption aufgenommen wurde, war ein Orchester von hundertzwanzig Musikern, eine Vielzahl von Bläserchören und eine elektronische Mammutapparatur aufgeboten worden, die 56 000 Dollar und eine Produktionszeit von vier Monaten verschlangen. So zauberhaft sich die psychedelisch anmutenden umd mit Drogenrauschmetaphorik gespickten Stücke *Lucy In The Sky With Diamonds*, *With A Little Help From My Friends* und *Strawberry Fields Forever* auch anhören mögen, sie stimmen gleichermaßen melancholisch. Als phantastische Werke sind sie in ihrer Vervollkommung zugleich, wie Walter Benjamin es einmal für die Literatur formuliert hat, Totenmasken ihrer Konzeption. Und wer sich das Cover von »Sgt. Peppers's« genau ansieht, der könnte fast meinen, sie hätten es selber geahnt. Da sind in einer grotesken Collage nicht nur Kultfiguren aus Geschichte und Show-Business versammelt, die von Marx bis Marilyn Monroe reichen. Da stehen auch, man glaubt es kaum, neben den vier in Uniform postierten, sich als Lonely Hearts Club Band-Mitglieder ausgebenden Musikern ihre in Wachs gegossenen Ebenbilder aus Liverpooler Tagen in Traueranzügen und schauen mit gesenktem Blick auf das mit Blumen geschmückte eigene Grab.

Die insgeheime Tragik der Beatles und ihrer ungeahnten Produktivität: sie konnten ihre Stücke nicht mehr live aufführen. Unfreiwillig hatten sie sich in ihrer Entwicklungsdynamik zum Anhängsel der Produktionsmaschinerie gemacht. Der letzte Auftritt vor der LP »Sgt. Peppers's« hatte am 29. August 1966 in San Francisco stattgefungen – wie wir inzwischen wissen, ist es auch ihr endgültig letzter gewesen. Mit dem »White Album«, mit »Abbey Road« und »Let It Be« legten sie zwar auch danach weitere LP's vor, mit der fehlenden Live-Praxis aber war der

Band gleichsam das musikalische Lebenselixier verlorengegangen. Die Beatles hatten sich selber überholt. Ihre Musik war reines Artefakt geworden, eine auf Rille reduzierte Klangkunst.
Mit einer winzigen Ausnahme, die es wert ist, festgehalten zu werden. Im Sommer 1967 fand die Live-Uraufführung von »All You Need Is Love« statt. Via Satellit flimmerten George Harrison, John Lennon, Paul McCartney und Ringo Starr – als Sandwich-Männer in sechs Sprachen zur Liebe aufrufend – weltweit über die Monitoren. Dieses Ereignis hat den Charakter eines melancholischen Schlußakkordes. Die Gruppe, der es nur auf der Basis der modernen Massenmedien Funk und Fernsehen gelingen konnte, mit dem Beat einer Generation Jugendlicher global eine gemeinsame Form musikalisch-emotionalen Ausdrucks zu geben, diese Gruppe sagte hiermit in eben diesem Medium Lebewohl.
Nur kurze Zeit später, am 27. August, wurden die vier von einem nicht zu verdauenden Schicksalsschlag getroffen. Völlig überraschend starb an einer Überdosis Schlaftabletten im Alter von nur 32 Jahren ihr Manager Brian Epstein.
Im selben Sommer erschien in New York ein Buch des kanadischen Kommunikationsforschers Marshall McLuhan, der mit der These Aufsehen erregt hatte, daß durch die modernen Medien die Welt zum »elektronischen Dorf« schrumpfe. Der Band trägt den Titel: *The Medium Is The Message.*
Im selben Sommer gab auf der Berliner Funkausstellung Willy Brandt mit einem Knopfdruck das Startzeichen für das Farbfernsehen.
Danach ist der Beat, der seine Zeit in Rhythmen gefaßt hat, zu Ende. Die Jahre, deren Pulsschlag er über Verstärker in einen Wärmestrom von Klängen übersetzt hat, sind vorüber. Sein Optimismus, seine Energie, die Instrumentierung einer kulturrevolutionären Aufbruchsstimmung ist perdu, auflodernd, sich selbst verzehrend. Nun kommt Charles Manson, kommen Altamont, die Tragödien von Hendrix, Joplin und Morrison und schließlich, 1980 in New York, ein Fan namens Mark David Chapman. Ein Revival wird es nie mehr geben.
Wer heute in eine Diskothek geht und sich im Taumel der Gefühle dem Klang- und Lichtgewitter hingibt, der sollte die Augen schließen und sich folgendes vorstellen: Der Raum, in dem ich mich jetzt bewege, ist eine Schale. Wenn ich sie – wie beim Spiel mit den russischen Puppen – entferne, dann kommt unter der Diskothek ein anderer Raum zum Vorschein. Es ist das Studio mit dem Beat-Club. Und hinter dieser Schale komme ich in einen Saal – es ist der Star-Club. Und dahinter werden,

wenn ich die vorletzte Schale entferne, die Kellermauern des Cavern-Club sichtbar. Und dahinter schließlich..., nein, da lasse ich lieber die Finger davon, sonst ist das schöne Spiel kaputt.
Würde ein Epigramm für die Beat-Ära gesucht, dann ließen sich wohl kaum passendere Zeilen als die letzten Sätze der vor zwei Jahrzehnten veröffentlichten Studie *Beat in Liverpool* finden:

»Tauben jagen die Katzen,
Weiße demonstrieren vor dem Schwarzen Haus,
die Toten werden die Lebenden begraben,
für Politiker und Generale ist nur noch im Irrenhaus ein Platz,
Amerika erklärt Rußland den Frieden,
Teenagerliebe wird zum Prinzip öffentlicher Ordnung.«

Autoritärer Staat und antiautoritäre Bewegung*

Zum Organisationsreferat von Rudi Dutschke und Hans-Jürgen Krahl auf der 22. Delegiertenkonferenz des SDS in Frankfurt (September 1967)

Zumindest in einem Punkt ist der SDS im Laufe der Zeit der Frankfurter Schule immer ähnlicher geworden: Der Name trifft nicht mehr das, was seine heute noch spürbare Aura ausmacht. So wie es die Kritische Theorie als theoretisch produktiven Zusammenhang beinahe nur im amerikanischen Exil gegeben hat, so erlebte der SDS seine Hochzeit zwischen 1967 und '69, zu einer Zeit also, in der er seine Auflösung als Transformation mißverstand. Nicht der SDS als Studentenbund steht im Zentrum des Interesses, sondern der SDS als Focus der antiautoritären Bewegung. Die retrospektiv gewendete Neugierde speist sich vor allem aus der Erinnerung an diese schillernde, schwer greifbare Jugendbewegung, die in ihrer politischen Eruptivität lediglich während der Großen Koalition existiert hat. Wenn dennoch die kaum zu leugnende Diskrepanz zwischen einer Bewegung und einer Organisation, deren mehr als bloß auslösende Rolle andererseits natürlich nicht unterschlagen werden darf, nur allzu häufig übersehen wird, dann mag das vor allem an einem Umstand liegen: Mit der Nennung des Namens SDS soll etwas, das offensichtlich nur schwer zu fixieren ist, identifizierbar gemacht werden. Gesichter, Gesten, eine ganze Konstellation von Personen wird in Erinnerung gerufen. Durch den an der Organisationsbezeichnung orientierten Wiedererkennungseffekt verliert die sich zur Mythologisierung geradezu anbietende Bewegung etwas von ihrer Konturlosigkeit, ihrer histori-

* Vortrag auf einem Symposium, das unter dem Titel »Der SDS in der Nachkriegsgeschichte« im Juni 1985 an der Freien Universität in Westberlin stattfand. Zuerst publiziert in: *1999 – Zeitschrift für Sozialgeschichte des 20. und 21 Jahrhunderts*, 2. Jg., Heft 3/1987, S. 76-104

schen Ungreifbarkeit. Die Revolte bleibt nicht nur Chimäre, sie definiert sich als ein oppositioneller Akt, als ein politischer Vorgang, der sich außerdem als transparent genug erweist, um sich den Rationalitätskriterien wissenschaftlicher Darstellbarkeit, dieser Anschein wird jedenfalls erweckt, nicht länger mehr zu entziehen. So wie hier die Organisation als Synonym für einen vermeintlichen Sinnzusammenhang erscheint, so verfahren viele Interpretationen der damaligen Bewegung – Scheinplausibilitäten werden solange aneinandergereiht, bis die Münze Sinn in den Bottich szientifischer Erklärung gefallen ist. Kaum anders geht es zu, wenn Parlamentarismuskritik und Basisdemokratie thematisch gegenüber- und als anspruchsbeladene Abkömmlinge eines radikalen Politikverständnisses vom Ende der sechziger Jahre dargestellt werden; eine aktuell gewendete Interpretation des Begriffspaares impliziert nur allzu leicht die Gefahr des Vordergründigen. Zu befürchten ist die politologische Verflachung der Thematik zur altbekannten Kontroverse über repräsentative und direkte Demokratie, wahrscheinlich noch ein wenig spezifiziert zur Prinzipienreiterei Parlamentarismus versus Rätedemokratie. Doch anstatt, wie in der Politikwissenschaft zumeist üblich, ein Pferd vom Schwanz her aufzuzäumen, soll dies hier vom Kopf her geschehen. Erst am Ende soll etwas über das politische Rüstzeug einer Studentengruppe ausgeführt werden, die keine mehr sein wollte.

Weil es sich im Kern um eine Konfrontation zwischen Staat und Bewegung handelt, wird in den Mittelpunkt das Verhältnis zwischen der Analyse des autoritären Staates und der politischen Bestimmung der antiautoritären Bewegung gestellt. Am Beispiel einer einzigen Rede soll der Problemgehalt eines revolutionär gewendeten Politikanspruchs, der in der Geschichte der Bundesrepublik seine Folgen bis auf den heutigen Tag zeitigt, herausgearbeitet werden. Es geht um das sogenannte Organisationsreferat, das von Hans-Jürgen Krahl und Rudi Dutschke gemeinsam verfaßt und von letzterem auf der 22. Delegiertenkonferenz des SDS am 5. September 1967 in Frankfurt vorgetragen worden ist. Der Text, der mehr als ein Jahrzehnt als verschollen galt, ist erstmals im Januar 1980, kurz nach dem Tod Dutschkes, in der Frankfurter Studentenzeitung *diskus* publiziert worden.[1] Er stellt ein Dokument dar, das inzwischen zwar bekannt, aber längst noch nicht rezipiert worden ist. Das Organisationsreferat der beiden unbestritten führenden Köpfe des SDS repräsentiert auf theoretisch zugespitzte Weise einen historischen Augenblick, den als einzigartige Konstellation zu bezeichnen keinesfalls übertrieben ist. An einem Tag im Herbst jenen Jahres, das inzwischen eine zeitgeschichtliche

Zäsur markiert, schießen Problem und Perspektive, Entwicklung und Sprung, Aufstieg und Niedergang einer fundamentaloppositionellen Bewegung wie in einer Art politischer Mikrologie zusammen. In der Rede reflektiert sich der Widerspruch einer Organisation, in der Organisation die Aporie einer Bewegung und in der Bewegung der Zwiespalt einer Gesellschaft, die im Heute aufgehen will, weil sie vom Gestern nicht loskommt.

Um begreifen zu können, was hier ineinander verschachtelt ist, sich wie ein verhängnisvoller Bann anhört und doch nur Ausdruck politischer Formbestimmung sein kann, wird im folgenden der historische und politische Kontext für die SDS-Generation Mitte der sechziger Jahre kurz skizziert. Denn nur unter der Voraussetzung einer gesellschaftlich tabuisierten Auseinandersetzung mit der nationalsozialistischen Vergangenheit und der Furcht vor einer Reaktualisierung des historischen Traumas läßt sich die Quintessenz des Referats von Dutschke und Krahl entschlüsseln.

Die Verdrängung der Vergangenheit

Jeder, der in der Nachkriegszeit aufgewachsen und irgendwann in den sechziger Jahren politisiert worden ist, weiß, wie hermetisch die politische Verdrängung des Nationalsozialismus funktionierte. Elternhaus und Schule, Universität und Wissenschaft, Justiz und Verwaltung, Staat und Industrie, Kirchen, Gesundheitsfürsorge, Vereinswesen – die gesellschaftlichen Institutionen insgesamt standen nur allzu spürbar unter den Folgewirkungen eines Latenzzusammenhanges, dessen absorbierte Gewaltförmigkeit wie eine stumme, selten aufbrechende Bedrohung erlebt wurde. Die Verheißungen des Wirtschaftswunderlandes schienen durch Tabuisierungen erkauft worden zu sein, die die private wie die öffentliche, die politische wie die kommerzielle Sphäre gleichermaßen durchzogen. Die Republik stand im Schatten einer unbewältigten, nicht einmal artikulierten Vergangenheit. Und die Legitimationskraft eines parlamentarischen Systems, das unter der Kanzlerschaft Adenauers nicht grundlos als »CDU-Staat« bezeichnet wurde, erschien als überaus brüchig. Waren nicht Globke als Staatssekretär, Oberländer als Minister und Gehlen als Geheimdienstchef nur allzu deutliche Beispiele für die Präsenz einer Vergangenheit, die nicht wirklich von der historischen Bühne abtreten wollte? Das Mißtrauen gegen einzelne staatliche Funktionsträger, das durch eine Affäre nach der anderen wachgehalten wurde, steigerte sich

schließlich durch ein Gesetzesvorhaben zur Angst vor dem Staat als Ganzem.
Mit der von den Unionsparteien zielstrebig verfolgten Notstandsgesetzgebung schien sich die Gefahr einer umfassenden autoritativen Neuformierung zu konkretisieren. Das Gesetzesinstrumentarium wirkte wie geschaffen, um mit verfassungsrechtlichen Mitteln den Ausnahmezustand definieren und das Parlament ausschalten zu können. In der Aussicht, daß ein solches Vorhaben einmal Wirklichkeit werden könnte, wurde das alte Trauma vollends reaktiviert. Bestand das Verhängnis des deutschen Parlamentarismus doch gerade darin, daß die Nazis es vermocht hatten, ihre Herrschaft ohne formalen Verfassungsbruch, nämlich durch die Verabschiedung des Ermächtigungsgesetzes, anzutreten. Wesentlich dramatisiert wurde dieser Vorgang noch durch den Umstand, daß sich im Bundestag keine klare Opposition gegen dieses Vorhaben artikulierte. Die SPD, die Adenauers Kurs der Westintegration schließlich doch nachvollzogen hatte, näherte sich auch in dieser innenpolitisch bedeutsamsten Frage mehr und mehr der CDU/CSU an.

Das Schreckgespenst einer Gesellschaft ohne Opposition

Damit schienen wie in einem Zeitraffer verschiedene Entwicklungslinien von anderthalb Jahrzehnten Bundesrepublik zusammenzuschnurren, und die Furcht vor einem vollständigen Verlust an oppositionellen Kräften, rief die Horrorvision von einer allseits angepaßten Gesellschaft wach:
1. Nach jahrelangem Widerstand gegen Adenauers restaurative Regierungspolitik wurden Repression und Selbstintegration der beiden oppositionellen Parteien schließlich zum innenpolitischen Charakteristikum seiner Ära. 1956 erfolgte das Verbot der KPD, die zeitweilig offen zum Sturz der Bundesregierung aufgerufen hatte, und 1959 ging die SPD nach dem Scheitern der Bewegung »Kampf dem Atomtod« mit der Verabschiedung des Godesberger Programms endgültig auf Integrationskurs.
2. Nach dem Rücktritt Adenauers verriet die von Ludwig Erhard aufgegriffene Formel von der »Formierten Gesellschaft« das neue politische Selbstverständnis: Die unversöhnlichen Antagonismen, so sollte es scheinen, seien einem Pluralismus von Kräften gewichen, die schließlich alle am gleichen Strang der Effizienzsteigerung des Wohlfahrtsstaates zögen. Aus dem Klassenkampf, der zu einer antiquierten Erscheinung des 19. Jahrhunderts erklärt wurde, hieß es, sei eine von Werbekampagnen flankierte Konkurrenz von Volksparteien geworden. Nun mußte es sich

selbst die intellektuelle Restopposition, die Schriftsteller im Umkreis der Gruppe 47, gefallen lassen, vom Kanzler, der als Inkarnation des Wirtschaftswunders galt, als »Pinscher« beschimpft zu werden.
3. Die von Herbert Wehner bereits seit Jahren angestrebte Bildung einer »Großen Koalition« machte im Dezember 1966 den Integrationsstand der SPD in den Staats- und Regierungsapparat in aller Schonungslosigkeit deutlich. Damit verflog auch die vorerst letzte Hoffnung auf eine Kurskorrektur der einstmals stärksten Oppositionspartei. Als besonders skandalös galt dabei, daß die SPD für ihre Machtbeteiligung selbst die Rehabilitierung von Franz Josef Strauß, der im Anschluß an die *Spiegel*-Affäre von seinem Amt als Verteidigungsminister hatte zurücktreten müssen, in einer neuen Rolle als Finanzminister in Kauf zu nehmen bereit war.
4. Geradezu als komplementär zur Einebnung der politischen Widersprüche konnte die Entwicklung im Bereich der ökonomischen Interessenorganisationen angesehen werden. Nachdem man sich eines Mannes wie Viktor Agartz längst entledigt hatte, konnte nun die Praktizierung der »Konzertierten Aktion« als Symptom für den Integrationsgrad der Gewerkschaften angesehen werden. Mit der Durchsetzung von Karl Schillers Konzept der innerstaatlichen Ausbalancierung von unter kapitalistischen Vorzeichen unaufhebbaren Widersprüchen schienen nun auch die Gewerkschaften, von Ausnahmen wie der IG Metall einmal abgesehen, das Bild von staatspolitischen Vereinigungen abzugeben.
Indem aus politischen und wirtschaftlichen Interessenorganisationen Einrichtungen wurden, die sich nur noch als Teile eines vermeintlichen Ganzen glaubten begreifen zu können, vervollständigte sich die Nivellierung der Widersprüche so weit, daß die bundesdeutsche Gesellschaft das Aussehen eines korporatistischen Blocks annahm. Die Modi, in denen bislang soziale, ökonomische und politische Konflikte ausgetragen worden waren, schienen von einer strukturellen Funktionsänderung erfaßt zu sein. Nicht mehr die offene Austragung gegensätzlicher Interessen war angesagt, sondern das Einfinden in staatliche Regelungsprozeduren. So konnte 1967 dem kritischen Betrachter ein Bild vor Augen treten, das Herbert Marcuse in der Vorrede seiner Studie zum *Eindimensionalen Menschen* als Schreckgespenst einer »Gesellschaft ohne Opposition« bezeichnet hatte.

Der verbandsinterne Kontext des Organisationsreferates

Für den SDS war die 22. Delegiertenkonferenz, die vom 4.–8. September 1967 in der Frankfurter Mensa stattfand, zweifellos ein Kulminationspunkt. Es war die letzte DK im klassischen Stil. Obwohl von der Form her noch traditionell, standen die Auseinandersetzungen doch schon deutlich im Zeichen der sich seit dem Sommer eruptionsartig ausbreitenden Bewegung. Durch die Dynamik, die nach der Ermordung Benno Ohnesorgs zunächst in West-Berlin und kurz darauf in allen größeren Universitätsstädten die politische Entwicklung bestimmte, wurde die überlieferte Organisationsform in Frage gestellt. Die Verbandsstruktur, die noch an den Prinzipien einer sozialdemokratischen Mitgliederpartei orientiert war, wurde nun von vielen als Hemmschuh für eine weitere Expansion des nach dem 2. Juni in Gang gekommenen Mobilisierungsprozesses angesehen. Bereits auf dem Kongreß nach der Beerdigung Ohnesorgs, der unter dem Titel »Bedingungen und Organisation des Widerstands« am 9. Juni in Hannover stattfand, hatte Rudi Dutschke zur Bildung von Aktionszentren an allen bundesdeutschen Universitäten aufgerufen und programmatisch erklärt: »Wir sind mit unseren Aktionszentren in West-Berlin jetzt schon über eine Woche tätig, das ist der längste Zeitraum wirklicher massenhafter, politischer Kontinuität, die wir je in Berlin gehabt haben, wir haben die Hoffnung, daß diese räteartigen Gebilde an allen westdeutschen Universitäten in den nächsten Tagen gegründet werden, denn die rationale Bewältigung der Konfliktsituation in der Gesellschaft impliziert konstitutiv die Aktion, wird doch Aufklärung ohne Aktion nur zu schnell zum Konsum, wie Aktion ohne rationale Bewältigung der Problematik in Irrationalität umschlägt.«[2]

Nun stand in Frankfurt eine Konfrontation an zwischen den Traditionalisten um die Marburger Gruppe, die noch stark an der illegalen KPD orientiert war, und den Antiautoritären aus West-Berlin und Frankfurt, die vor allem eine Ausweitung der Massenbasis durch exemplarische Aktionen im Auge hatten. In dieser Situation gingen mit Rudi Dutschke und Hans-Jürgen Krahl die beiden informellen Köpfe der antiautoritären Hochburgen ein Bündnis ein und legten zur allgemeinen Überraschung ein gemeinsames Referat, das Organisationsreferat, vor.

Der Text ist im klassischen Dreierschritt aufgebaut: Aus der ökonomiekritischen Analyse werden strategische Schlußfolgerungen für den politischen Kampf und daraus wiederum die erforderlichen organisatorischen Konsequenzen für den SDS gezogen.

I. Die Analyse: Die Bundesrepublik als ein System des »Integralen Etatismus«

Zunächst heißt es zu den bereits angedeuteten verbandsinternen Spannungen: *»Der noch nie dagewesenen Verbreiterung des antiautoritären Protestes nach dem 2. Juni war die überkommene, noch an der SPD orientierte Organisationsstruktur des SDS nicht gewachsen. Die Spontaneität der Bewegung droht die größten Gruppen organisatorisch zu paralysieren. Ihr politisches Verhalten erschien deshalb zum großen Teil reaktiv aufgezwungen, und Ansätze für politisch – initiative Führung waren weitgehend hilflos.«* Um die nicht mehr zu kaschierende Diskrepanz zwischen sozialistischer Organisation und der neuen Protestbewegung zu überwinden, rekurrieren Dutschke und Krahl auf eine Analyse der Wirtschaftskrise und des seit Beginn der »Großen Koalition« sichtbar gewordenen keynesianischen Steuerungsversuchs mit dem Ziel, daraus einen Begründungszusammenhang für die Neufassung des Organisationsproblems gewinnen zu können. In starker Anlehnung an einen Text von Ferencz Janossy, der später unter dem Titel *Das Ende der Wirtschaftswunder*[3] erschien, interpretieren sie die Rezession 1966/67 nicht einfach als Konjunkturschwankung, sondern als Indiz für das Ende der die Nachkriegszeit bestimmenden Rekonstruktionsperiode. Nach Jahren mit ungewöhnlich hohen Wachstumsraten mündeten nun die Akkumulationsbedingungen wieder in eine »objektive Trendlinie« der wirtschaftlichen Gesamtentwicklung ein.

Um diesen von der für den Kapitalismus konstitutiven Krisenanfälligkeit durchzogenen Prozeß wieder unter Kontrolle zu bekommen, sei das System zu Steuerungsversuchen gezwungen, die es zwar als Reformbemühungen ausgebe, die jedoch seine grundsätzliche Schwäche verrieten. Wörtlich heißt es dann: *»Die auffälligste Erscheinung der gegenwärtigen ökonomischen Formationsperiode ist die Zunahme der staatlichen Eingriffe in den wirklichen Produktionsprozeß als Einheit von Produktion und Zirkulation. Dieser Gesamtkomplex der staatlich-gesellschaftlichen Wirtschaftsregulierung bildet ein System des Integralen Etatismus, der im Unterschied zum Staatskapitalismus auf der Grundlage der Beibehaltung der privaten Verfügung über die Produktionsmittel die Gesetze der kapitalistischen Konkurrenz ausschaltet und den ehemals naturwüchsigen Ausgleich der Profitrate durch eine staatlich-gesellschaftlich orientierte Verteilung der gesamtgesellschaftlichen Mehrwertmasse herstellt. In dem Maße, in dem durch eine Symbiose staatlicher und industrieller Bürokratien der Staat zum gesellschaftlichen Gesamtkapitalisten wird, schließt sich die Gesellschaft zur staatlichen Gesamtkaserne zusammen, expandiert die betriebliche Arbeitsteilung* *tendenziell zu einer gesamtgesellschaftlichen. Der Integrale Etatismus ist die Vollendung des Monopolkapitalismus.«* In diesem zentralen Abschnitt ihres analytischen Teils knüpfen Krahl und Dutschke nicht nur an eine These der Kritischen Theorie an, die besagt, daß im Monopolkapitalismus die außerökonomische Zwangsgewalt zur ökonomischen Potenz und damit der intervenierende, dirigierende Staat zum ideellen Gesamtkapitalisten werde, sondern sie spielen damit zugleich auf die spezifische Integrationspolitik an, die seit der »Großen Koalition« mit der Praktizierung der »Konzertierten Aktion« sichtbar geworden und Altmanns bzw. Erhards Formel von der »Formierten Gesellschaft« erst zu füllen in der Lage ist. Sie skizzieren hier unter aktuellen politischen Vorzeichen die Logik eines Vergesellschaftungsmodells, in dem der Staat mit seinen politischen Funktionen eine unmittelbar ökonomische Rolle übernimmt – die der Steuerung des Akkumulationszusammenhanges.

Die neue Qualität dieser Gesellschaftsformation, so fahren Dutschke und Krahl weiter fort, bestehe nun darin, daß das monopolkapitalistische System auch in der Krise ohne offenen Einsatz von Gewaltmitteln auskomme. Indem die unmittelbaren Produzenten die ökonomische Gewalt verinnerlichten, könne der Staat scheinbar eine Liberalisierung seiner Herrschaftsfunktionen vollziehen. Möglich sei diese Perfektionierung der Machtapparatur nur – und darin wird ein zweites Mal an zentraler Stelle auf die Kritische Theorie rekurriert – durch ein gigantisches System der Manipulation. *»Der Ausweg des Kapitalismus aus der Weltwirtschaftskrise beruhte auf der Fixierung an die terroristische Machtstruktur des faschistischen Staates. Nach 1945 wurde diese außerökonomische Zwangsgewalt keineswegs abgebaut, sondern in totalitärem Ausmaß psychisch umgesetzt. Diese Verinnerlichung bedeutet den Verzicht auf manifeste Unterdrückung nach innen und war konstitutiv für den Scheinliberalismus und Scheinparlamentarismus, allerdings um den Preis der antikommunistischen Projektion eines absoluten Außenfeindes... Die manipulativ verinnerlichte außerökonomische Zwangsgewalt konstituiert eine neue Qualität von Naturwüchsigkeit des kapitalistischen Systems.«* Die Ersetzung von Repression durch Manipulation lasse den modernen Kapitalismus in einem veränderten Licht erscheinen, obwohl es an seiner Kontinuität als Unterdrückungszusammenhang keinen Zweifel geben könne.

Die Frage, die sich die beiden SDS-Wortführer aber stellen, lautet: *»Wie paßt der Überbau, außerökonomische Gewalt von Staat, Recht etc. als ein institutionelles System von Manipulation in die Substanz der Warenproduktion, die abstrakte Arbeit selbst ein?«* Diese Problematisierung zielt darauf ab, den Begriff der Manipulation, anstatt ihn als bloßes Phänomen von Kulturkritik herunterzuspielen, als integralen Bestandteil des modernen Produktionssystems materiell zu fundieren. Die Antwort resultiert aus der »globalen Eindimensionalität der Gesellschaft« im Zuge der Entwicklung der Produktivkräfte: *»Wenn der technische Fortschritt der Maschine zwar potentiell die Arbeit abschafft, aber faktisch die Arbeiter abschafft und eine Situation eintritt, in der die Herrschenden die Massen ernähren müssen, wird die Arbeitskraft als Ware tendenziell ersetzt. Die Lohnabhängigen können sich nicht einmal mehr verdingen; die Arbeitslosen verfügen nicht einmal mehr über ihre Arbeitskraft als Ware. Daß am Ende der Rekonstruktion die strukturelle Arbeitslosigkeit nicht mehr im Zusammenhang mit der Funktionsbestimmung der Reservearmee analysierbar ist, ist Indiz dafür. Diese Tendenz ist begreifbar nur im Rahmen der durch den technischen Fortschritt zur Automation bewirkten Konstellationsveränderungen im Verhältnis von lebendiger und toter Arbeit. Wie Karl Korsch und Herbert Marcuse mit Bezug auf Marx andeuteten, bewirkt diese Konstellationsveränderung, daß nicht mehr das Wertgesetz, die objektiv sich durchsetzende Arbeitszeit, den Wertmaßstab abgibt, sondern die Totalität des Maschinenwesens selber.«* Manipulation ist Bestandteil der Maschinerie, darin besteht ihre materielle Fundierung. In das System toter Arbeit integriert nimmt sie die Synthesisfunktion wahr, die bislang der Wertabstraktion oblag. In diesem Gedankengang, der die Ökonomisierung des Überbaus nachweisen soll, vollendet sich das System des »Integralen Etatismus«. Seine wichtigsten Gesichtspunkte lassen sich noch einmal in folgenden Thesen zusammenfassen:

1. Der Staat wird zum Gesamtkapitalisten: Bei Beibehaltung der privaten Verfügungsgewalt über die Produktionsmittel wird das Gesetz der Konkurrenz ausgeschaltet, direkt in die Steuerung des Produktionsprozesses eingegriffen und die Verteilung der Mehrwertmasse dirigistisch geregelt.

2. Ein System der Manipulation, das integraler Bestandteil abstrakter Arbeit geworden ist, besorgt die nötige Massenloyalität: Die außerökonomische Zwangsgewalt wird verinnerlicht, Manipulation tritt an die Stelle von Repression.

3. Die Totalität der Maschinerie eskamotiert die sich objektiv durchsetzende Arbeitszeit als Wertgesetz: Die Automatisierung führt zur strukturellen Arbeitslosigkeit, die lebendige wird durch die tote Arbeit absorbiert, das Maschinenwesen selber gibt den Wertmaßstab ab.

4. Die Ökonomisierung des Überbaus ermöglicht die Übernahme der Synthesisfunktion: Die Zirkulationssphäre wird liquidiert, geistige Arbeit

subsumiert und die Synthesis nicht mehr durch die Wertabstraktion, sondern durch das System der Manipulation wahrgenommen.
Die Quintessenz dieser Hypothesen besteht darin, daß der autoritäre Staat im System des »Integralen Etatismus« seine bislang vollkommenste Gestalt angenommen hat. Trotz der Wirtschaftskrise, die auf der politischen Ebene die »Große Koalition« nach sich zog, habe er, so wird behauptet, seine Herrschaftsapparatur weiter vervollkommnen können. Im Unterschied zum Faschismus, der seine Macht auf den physischen Terror aufbauen konnte, komme das System nun ohne offene Repression aus. Das sei die qualitative Differenz, die zum Ausgangspunkt jeder politischen Schlußfolgerung gemacht werden müsse.

II. Die strategische Schlußfolgerung: Direkte, bewußtseinskonstituierende Aktionen

Wie die objektive Verfaßtheit des Monopolkapitalismus bereits indiziert, unterliegen die Massen dem Bann eines hermetisch abgedichteten Manipulationssystems. Dazu heißt es: *»Wenn die Struktur des Integralen Etatismus durch alle seine institutionellen Vermittlungen hindurch ein gigantisches System von Manipulationen darstellt, so stellt dieses eine neue Qualität von Leiden der Massen her, die nicht mehr aus sich heraus fähig sind, sich zu empören. Die Selbstorganisation ihrer Interessen, Bedürfnisse, Wünsche ist damit geschichtlich unmöglich geworden. Sie erfassen die soziale Wirklichkeit nur noch durch die von ihnen verinnerlichten Schemata des Herrschaftssystems selbst. Die Möglichkeit zu qualitativer politischer Erfahrung ist auf ein Minimum reduziert worden.«* Wenn also der direkte Zugang zur Realität verstellt ist, die Wahrnehmung nahezu fugenlos bestimmten Mustern folgt, die im Sinne der Herrschenden präformiert sind, dann spitzt sich das alte Problem der Bewußtseinskonstitution historisch neuartig in der Frage zu: Wie kann die psychisch verankerte Verblendung durchbrochen, die Verriegelung der Bewußtwerdung aufgeknackt werden? Genauer noch: Wie kann abstrakte Gewalt zur sinnlichen Gewißheit werden?
Für Krahl und Dutschke ist unstrittig, daß es in der alles entscheidenden Frage der Bewußtseinskonstitution – bereits hier klärt sich, ob ein revolutionärer Prozeß zur Emanzipation der Massen führen kann oder aber in eine neue Form der Zwangsherrschaft einmünden muß – prinzipiell neuer Formen des politischen Kampfes bedarf. Das Evidenzerlebnis, so lautet ihre Antwort, könne sich nur in der provokativen, regelverletzenden Tat einstellen: *»Die Agitation in der Aktion, die sinnliche Erfahrung*

der organisierten Einzelkämpfer in der Auseinandersetzung mit der staatlichen Exekutivgewalt bilden die mobilisierenden Faktoren in der Verbreiterung der radikalen Opposition und ermöglichen tendenziell einen Bewußtseinsprozeß für agierende Minderheiten innerhalb der passiven und leidenden Massen, denen durch sichtbar irreguläre Aktionen die abstrakte Gewalt des Systems zur sinnlichen Gewißheit werden kann.« Obgleich kein Zweifel an der Entschlossenheit zur illegalen Tat aufkommen kann, wird die Hoffnung auf einen wirklich durchschlagenden Erfolg, der sich mit dieser Methode der direkten Aktion erzielen lassen könne, doch nur mit äußerster Vorsicht formuliert. Dem revolutionären Handeln wohnt hier unverkennbar so etwas wie eine letzte Chance inne. *»Organisierte Einzelkämpfer«* sollen *»tendenziell einen Bewußtseinsprozeß für agierende Minderheiten innerhalb der passiven und leidenden Massen«* ermöglichen – nicht mehr.

In revolutionärer Hinsicht ist das System des »Integralen Etatismus« von einer grundlegenden Paradoxie gekennzeichnet: Die materiellen Bedingungen für den politischen Kampf sind zwar erfüllt, das Bewußtsein davon ist jedoch verstellt. Um den Nebelschleier, der die Institutionen umgibt, zerreißen zu können, ist es erforderlich, eine in Lateinamerika erprobte Methode des Kampfes zu übernehmen. Die entscheidende Forderung an die SDS-Delegierten lautet: *»Die ›Propaganda der Schüsse‹ (Ché) in der Dritten Welt muß durch die ›Propaganda der Tat‹ in den Metropolen vervollständigt werden, welche eine Urbanisierung ruraler Guerilla-Tätigkeit geschichtlich möglich macht. Der städtische Guerillero ist der Organisator schlechthinniger Irregularität als Destruktion des Systems der repressiven Institutionen.«* Die vom Marxismus unisono verketzerten Akte anarchistischer Einzeltäter erscheinen hier als logische Fortsetzung des auf Kuba erfolgreich ausgefochtenen Guerillakampfes. Dutschke und Krahl scheinen sich der Problematik dieser von ihnen geforderten Veränderung der Kampfweise, ihrer seit Jahrzehnten ungebrochen fortexistierenden ökonomischen Begründungsschwierigkeit durchaus bewußt zu sein. Denn sie sprechen offen davon, daß durch *»die globale Eindimensionalisierung aller ökonomischen und sozialen Differenzen«* die marxistische Anarchismuskritik, die im 19. Jahrhundert Gültigkeit besessen habe, nun revidiert und Bakunin rehabilitiert werden müsse. In der zitierten Passage – das allein macht die Rede schon zu einem bemerkenswerten Dokument – wird erstmals in der Bundesrepublik von der Stadtguerilla gesprochen; sie wird begründet, in ihrer methodischen Notwendigkeit fast deduziert, und sie wird gefordert. Dennoch wäre es verfehlt, hier im nachhinein von einer intellektuellen Vorwegnahme der »Roten Armee Fraktion« (RAF) zu sprechen. Nicht nur, weil es in einem konkret historischen Sinne falsch wäre, sondern auch weil es zwischen dem Aufruf vom Herbst 1967 und der Praxis der RAF in den siebziger Jahren eine unübersehbare qualitative Differenz gibt. Stadtguerilla wird von Dutschke und Krahl noch als Element einer Bewußtseinsstrategie definiert. Der Stellenwert der Militanz ergibt sich aus ihrer propagandistischen Funktion, nicht umgekehrt. Der Sinn einer irregulären Aktion liegt demnach nicht in der materialiter zerstörenden Kraft der Gewalt, sondern in der Konkretisierung abstrakter Gewalt zur sinnlichen Gewißheit, in ihrer durch die Tat erst herzustellenden Erfahrbarkeit. Im Unterschied zur Dritten Welt, wo die Landguerilla sich unmittelbar auf ein Bewußtsein der gesellschaftlichen Mißverhältnisse stützen kann, weil Unterdrückung, Elend und Terror offen zutagetreten, wird die Funktion der Stadtguerilla, als notwendiger Ergänzung ruraler Guerilla-Tätigkeit, in der bewußtseinskonstituierenden Rolle der provokativen, die Hermetik des Manipulationssystems durchbrechenden Tat gesehen. In diesem Sinne heißt es im zitierten Abschnitt auch: *»Die revolutionären Bewußtseinsgruppen, die auf der Grundlage ihrer spezifischen Stellung im Institutionswesen eine Ebene von aufklärenden Gegensignalen durch sinnlich manifeste Aktion produzieren können, benutzen eine Methode politischen Kampfes, die sie von den traditionellen Formen politischer Auseinandersetzungen prinzipiell unterscheidet.«* Die Logik der RAF lag dagegen von Anfang an auf einer anderen Ebene. Obwohl sie die Rhetorik, die Bomben *»auch ins Bewußtsein der Massen«* zu werfen, gepflegt hat, verfing sie sich schon mit ihrem Gründungsakt, der Baader-Befreiung, in den selbst ausgelegten Maschen einer vermeintlichen Logistik. Nicht um einen vermittelnden, bewußtseinsschaffenden Akt ging es ihr, sondern im direkten Sinne um eine Handlung, die sich nur noch an militärischen Kriterien messen lassen wollte.

Durch den Verweis auf diese grundlegende Differenz soll andererseits aber nichts vom eminent praktischen Charakter der zitierten Sentenz zurückgenommen werden. Die handlungsanleitende Intention des »städtischen Guerillero« ist zwar von einem Doppelcharakter der »Agitation der Aktion« geprägt, dieser kann jedoch nicht auf eine bloß verbale Propaganda reduziert werden; seine auch destruktiv-materiale Bedeutung läßt sich keineswegs hinwegdisputieren. Kaum bekannt ist, daß sich Rudi Dutschke und Hans-Jürgen Krahl etwa zur selben Zeit auch an anderer Stelle, obgleich nur marginal, mit der Rolle des Guerillakämpfers befaßt haben. So schreibt Rudi Dutschke in seinem Vorwort zu dem Sammelband *Der Lange Marsch*: »Es muß gelingen, die technische, ökonomische und pädagogisch-kulturelle Intelligenz, deren Bedeutung für die gesamtgesellschaftliche Reproduktion immer größer wird, zu einer befreienden Verweigerungs- und Sabotage-Guerilla in den verschiedenen Sphären der Gesellschaft zu vereinigen.«[4] Und Krahl notiert bei der Lektüre von Lenins organisationstheoretisch entscheidender Schrift *Was tun?*: »Partisanenstrategie in den Metropolen beinhaltet die Organisierung der großen Weigerung, der schlechthinnigen Irregularität. Die Partisanen verweigern die Reaktion auf die administrativ gesetzten Signale. Es gilt die Bewegung von innen her aufzurollen.«[5] Und weiter: »Wir müssen die Bewegung von innen aufrollen, Partisanen in die Familien schicken, um die zur Aggression manipulierten Massen zu neutralisieren, zum Zweck der soziobiologischen Vermittlung einer emanzipatorischen Vitalität müssen wir in die biosoziale Struktur der Gesellschaft, die Familie, eindringen.«[6] Diese Notizen sind übrigens nicht von den Herausgebern in den posthum erschienenen Krahl-Band *Konstitution und Klassenkampf* aufgenommen worden. Anhand der Zitate wird deutlich, daß Krahl und Dutschke sich auch unabhängig vom Organisationsreferat mit Ansätzen zu einer Theorie der Guerilla in den Metropolen beschäftigt haben.

III. Die organisatorische Konsequenz: »Guerilla-Mentalität« im Kampf gegen die Institutionen

Nach den strategischen Schlußfolgerungen, die Dutschke und Krahl aus ihrer Analyse des autoritären Staates ziehen, ist nur zu evident, daß die Organisationsfrage nun nicht mehr auf der Ebene einer üblichen Hochschulgruppe behandelt werden kann. Ihre abschließenden Überlegungen leiten sie mit der beinahe ironisch klingenden Frage ein: *»Hat das alles etwas mit dem SDS zu tun?«* So weit scheint der Abstand zwischen der wirklichen Verfassung des Studentenbundes und der Idee einer *»Urbanisierung ruraler Guerilla-Tätigkeit«* zu sein. Und sie fahren fort mit den Worten: *»Wir wissen sehr genau, daß es viele Genossinnen und Genossen im Verband gibt, die nicht mehr bereit sind, abstrakten Sozialismus, der nichts mit der eigenen Lebenstätigkeit zu tun hat, als politische Haltung zu akzeptieren. Die persönlichen Voraussetzungen für eine andere organisatorische Gestalt der Zusammenarbeit in den SDS-Gruppen sind vorhanden. Das Sich-Verweigern in den eigenen Institutionsmilieus erfordert Guerilla-Mentalität, sollen nicht Integration und Zynismus die nächste Station sein.«* Damit wenden sie sich zwar an die Antiautoritären, die mit dem Ent-

wicklungsstand des SDS unzufrieden sind, stellen aber zugleich die Traditionalisten bloß, für die Alltagsleben und politische Organisation weiterhin getrennt bleiben. Letztere entsprechen dem Selbstverständnis, das für den Studentenverband in der Vergangenheit Gültigkeit besaß: *»Die bisherige Struktur des SDS war orientiert am revisionistischen Modell der bürgerlichen Mitgliederpartei. Der Vorstand befaßt bürokratisch die zahlenden Mitglieder unter sich, die ein bloß abstraktes Bekenntnis zu den Zielen ihrer Organisation ablegen müssen... Demgegenüber stellt sich heute das Problem der Organisation als Problem revolutionärer Existenz.«* Mit diesem Postulat endet das Organisationsreferat. Die Organisationsfrage wird pauschal zum »Problem revolutionärer Existenz« erklärt, wie jedoch der Stadtguerillero als *»Organisator schlechthinniger Irregularität«* seinen antiinstitutionellen Kampf austragen, welcher Mittel und Methoden er sich bedienen, ja was aus dem SDS angesichts einer solch existenziellen Herausforderung überhaupt werden soll, das bleibt offen.
Als einzige Konkretion ist dem Text noch zu entnehmen, daß der Stadtguerillero von der Universität aus operieren soll: *»Die Universität«*, so heißt es einen Abschnitt zuvor, *»bildet seine Sicherheitszone, genauer gesagt, seine soziale Basis, in der er und von der er den Kampf gegen die Institutionen, den Kampf um den Mensagroschen und um die Macht im Staate organisiert.«*
Die strategisch-organisatorischen Schlußfolgerungen aus der Analyse des autoritären Staates lassen sich in folgenden Thesen zusammenfassen:
1. Der »Integrale Etatismus« verunmöglicht die Selbstorganisation der unterdrückten Massen: Sein alle Institutionen durchziehendes System der Manipulation läßt eine emanzipatorische Entfaltung von Interessen, Bedürfnissen und Wünschen historisch nicht mehr zu.
2. Politisches Bewußtsein können nur noch »agierende Minderheiten« ausbilden, denen durch »sichtbar irreguläre Aktionen« Zeichen gesetzt werden: Da sich gesellschaftliche Erfahrung nicht mehr von allein herstellt, müssen »revolutionäre Bewußtseinsgruppen« die Blockierung aufbrechen und die abstrakte Gewalt des Systems zur sinnlichen Gewißheit der Subjekte machen.
3. Dem Stadtguerillero kommt die entscheidende Rolle im Bewußtwerdungsprozeß der Massen zu: Durch die Eindimensionalisierung aller gesellschaftlichen Differenzen wird die Aufnahme des Guerillakampfes in den Metropolen zur Notwendigkeit ebenso wie er durch sie überhaupt erst möglich geworden ist. Der »städtische Guerillero« ist der »Organisator der schlechthinnigen Irregularität« im antiinstitutionellen Kampf.

4. Das »Problem der Organisation« stellt sich für den SDS fortan als »Problem revolutionärer Existenz«: Die Organisationsfrage muß auf einer historisch neuen Stufe behandelt werden. Das bisherige Modell einer Mitgliederpartei ist dem objektiven Entwicklungsstand des Systems unangemessen. Alltagsleben und politischer Kampf müssen sich zu einer Form »revolutionärer Existenz« zusammenschließen.

IV. Die Komplementarität von Etatismus und Aktionismus

Betrachtet man das Organisationsreferat in seiner Gesamtheit, dann ist besonders auffällig, daß seiner Argumentation ein Konstruktionsprinzip zugrundeliegt, das einen Spannungsbogen umschreibt. Auf der Seite der objektiven Analyse steht der »Integrale Etatismus«, auf der Seite der subjektiven Bestimmung der irreguläre Aktionismus. Staat und Bewegung sind bis ins Extrem hinein polarisiert. Die Integralität des einen bestimmt die Irregularität des anderen. Die Gigantomanie des Manipulationszusammenhanges fordert zur ins Absolute gesteigerten Entschlossenheit der Bewußtseinsintervention heraus. Von dem als Monstrosität analysierten System förmlich elektrisiert bezieht die urbanisierte Guerillabewegung ihre Spannung – von dem bis in die Sphäre des Massenbewußtseins hinein perfektionierten Staat, der modernen Fassung des totalen Staates.
Der strukturelle Dualismus, der die Rede durchzieht und von dem die Gedankenführung ihre Emphase, die politische Formbestimmung gleichsam ihre energetische Aufladung her bezieht, ist nicht einfach nur Reflex der bundesdeutschen Gegenwart zur Zeit der »Großen Koalition«, sondern verdankt sich einer historischen Konstellation, in der Vergangenheit und Gegenwart ineinander verschränkt sind, wobei man jene in dieser, wenn auch nicht als dieselbe, so doch als ähnliche, wiedererkennen zu können glaubt. Das Denken Krahls und Dutschkes knüpft bewußt an Vorgaben jüdischer Theoretiker an, deren im amerikanischen Exil radikalisierte Gesellschaftsphilosophie unter dem Schock stand, Auschwitz zwar physisch entronnen zu sein, diese Rettung aber als moralische und intellektuelle Verpflichtung zu begreifen, den Kapitalismus vom logischen Fluchtpunkt des Holocausts neu zu durchdenken. Die Verzweiflung, die der Kritischen Theorie in ihren dichtesten und zugleich charakteristischsten Werken als unverwechselbare Signatur einbeschrieben ist, bestimmt insgeheim den Blickwinkel der Äußerungen der beiden Sprecher des SDS, die heute nach ihrem Tod gleichermaßen als Personifikationen der antiautoritären Revolte gelten, bis ins Detail ihrer Argumentation hinein prägt.

Ein Aphorismus wie der folgende, der das strikte Gegenteil eines leicht dahingeworfenen Apercus ist, hätte als Motto des Organisationsreferates dienen können: »Wenn der Sozialismus unwahrscheinlich ist, bedarf es der umso verzweifelteren Entschlossenheit, ihn wahr zu machen.« Der Satz stammt aus einem Brevier, das wie eine Art linker Katechismus im SDS zirkulierte, aus der *Dämmerung* von Heinrich Regius[7]. Der Autorenname ist bekanntlich ein Pseudonym des früheren Direktors des Instituts für Sozialforschung, Max Horkheimer. Von ihm stammt auch der für das Organisationsreferat so zentrale Begriff des »Integralen Etatismus«. Er hat ihn in seinem 1942 in Kalifornien verfaßten Aufsatz »Autoritärer Staat« verwendet, um mit ihm eine Fortentwicklung des monopolkapitalistischen ebenso wie des staatssozialistischen Systems zu charakterisieren, das seine Machtmittel soweit perfektioniert hat, daß es im Gegensatz zum Faschismus ohne Terror auskommt. An zentraler Stelle heißt es dort: »Die konsequenteste Art des autoritären Staats, die aus jeder Abhängigkeit vom privaten Kapital sich befreit hat, ist der integrale Etatismus oder Staatssozialismus. Im integralen Etatismus ist die Vergesellschaftung dekretiert. Die privaten Kapitalisten sind abgeschafft... Der integrale Etatismus bedeutet keinen Rückfall, sondern Steigerung der Kräfte, er kann leben ohne Rassenhaß.«[8] Die historisch neue Qualität von Herrschaft äußert sich Horkheimer zufolge jedoch nicht allein in den Agenturen des Staatskapitalismus, sondern auch in den proletarischen Organisationen, die einst angetreten waren, um ihn abzuschaffen. Mit besonderer Intransigenz kritisiert er deshalb die Sozialdemokratie und die Gewerkschaften, in denen sich der »Geist der Administration« ausgebreitet habe, die die Spontaneität bloß noch »als Ergebnis ihrer eigenen Mache« duldeten und letztlich eine »Volksgemeinschaft« eigener Art anstreben. Wirkliche Opposition in der Form einer politischen Massenpartei habe nur unter konkurrenzkapitalistischen Bedingungen existieren können. Deshalb müsse der autoritäre Staat gegnerische Massenparteien auch nur als Mitkonkurrenten im Kampf um die Macht fürchten: »Sie rühren nicht ans Prinzip.«[9] Versuche, wirkliche Freiheit herzustellen, sähen dagegen anders aus: »Diese Versuche, die ihrem Wesen nach keine Bürokratie dulden, können nur von den Vereinzelten kommen.«[10] Horkheimer hat offensichtlich die Assoziation Vereinzelter in einer Gruppe vor Augen, wenn er vom »bewußten Willen der Illegalen« schreibt, den »antiautoritären Zielen« und der »Avantgarde«, die noch hoffen lasse. Die Hoffnung jedoch auf eine wirkliche Beendigung des autoritären Staates steht auf Messers Schneide. Heißt es doch: »Die Möglichkeit heute ist nicht geringer als die Verzweiflung.«[11] Mit besonderer Schärfe kritisiert er die sozialdemokratische Auffassung vom Fortschritt, die die Revolution »auf den intensiveren Übergang zum Staatskapitalismus« reduziert habe. Von der Kritik, die in eine bestimmte Vorstellung geschichtlicher Notwendigkeit einmündet, nimmt Horkheimer auch Hegel und Marx nicht aus. Mit Bitterkeit heißt es: »Die Berufung auf ein Schema von gesellschaftlichen Stufen, das die Ohnmacht einer vergangenen Epoche post festum demonstriert, war im betroffenen Augenblick verkehrt in der Theorie und niederträchtig in der Politik.«[12] Ganz anders hingegen die Kritische Theorie: »Sie kehrt sich gegen das Wissen, auf das man pochen kann. Sie konfrontiert Geschichte mit der Möglichkeit, die stets konkret in ihr sichtbar wird. Die Reife ist das Thema probandum und probatum. Obgleich der spätere historische Verlauf die Girondisten gegen die Montagnards, Luther gegen Münzer bestätigt hat, wurde die Menschheit nicht durch die unzeitgemäßen Unternehmungen der Umstürzler, sondern durch die unzeitgemäße Weisheit der Realisten verraten.«[13] Überall spürbar ist das Verdikt gegen Realpolitik, die das System der Unfreiheit unablässig perpetuiere. Von entscheidender Bedeutung ist dabei der Gedanke, daß Freiheit nicht materialistisch abgeleitet werden könne. Zu konstatieren seien nur die gesellschaftlichen Bedingungen, nicht aber auch ihre Möglichkeiten, diese seien dem befreiten Akt der Subjekte selber vorbehalten. »Die Differenz von Begriff und Realität begründet die Möglichkeit der umwälzenden Praxis, nicht der bloße Begriff.« Dialektik sei nicht mit Evolution zu identifizieren, jeder Gedanke an ein Hinüberwachsen in eine andere Gesellschaft, an einen graduellen Übergang zum Sozialismus, sei deplaziert: »Das Ende der Ausbeutung ... ist keine Beschleunigung des Fortschritts mehr, sondern der Sprung aus dem Fortschritt heraus. Das Rationale ist nie vollständig deduzierbar. Es ist in der geschichtlichen Dialektik überall angelegt als der Bruch mit der Klassengesellschaft.«[14] Durchgängig hält Horkheimer an der Differenz von Begriff und Wirklichkeit fest, an der Undeduzierbarkeit einer befreiten Gesellschaft, an dem durch nichts aus der Welt zu schaffenden voluntaristischen Moment in der geschichtlichen Aktion der Subjekte. Sein Aufsatz endet mit den, die Diskrepanz zwischen Geschichte und Denken zum Humanum erklärenden Worten: »Solange die Weltgeschichte ihren logischen Gang geht, erfüllt sie ihre menschliche Bestimmung nicht«.[15]

Horkheimers Aufsatz »Autoritärer Staat« ist erstmals in einem Typoskript erschienen, das er zusammen mit Adorno zur Erinnerung an Benjamin herausgegeben hat und das 1942 unter deutschen Emigranten in den USA zirkulierte. Das äußerlich bescheiden, fast ärmlich wirkende Heft trug den Titel *Walter Benjamin zum Gedächtnis* und publizierte erstmals auch dessen von Hannah Arendt überbrachte »Thesen über den Begriff der Geschichte«.[16] Es ist zu vermuten, daß Horkheimer seine Überlegungen zum System des »Integralen Etatismus« unter dem unmittelbaren Eindruck von Benjamins Selbstmord an der französisch-spanischen Grenze in den Pyrenäen, vielleicht sogar unter dem schlechten Gewissen leidend, im Gegensatz zu seinem Mitarbeiter den Häschern der Gestapo entkommen zu sein, verfaßt hat. Auffällig ist, daß Horkheimer in keinem seiner anderen Texte sich in einem solchen Maße von Benjamins Gedanken hat beeinflussen lassen. Auffällig ist aber auch, daß Horkheimer weder davor noch danach in einer solchen Unerbittlichkeit und Schärfe über Sozialdemokratie, Gewerkschaften und Staatssozialismus geurteilt hat, insbesondere was deren fatale Auffassung von Geschichte, Fortschritt und Dialektik anbetrifft.

Und genau in dieser ideologiekritischen Attacke sehen Krahl und Dutschke die Aktualität von Horkheimers Ausführungen. Für sie gibt es angesichts des Integrationsgrades der politischen und ökonomischen Organisationen der Arbeiterbewegung sowie der Liquidation der Zirkulationssphäre keinen logischen Ort mehr für eine immanent ansetzende Opposition. Die Frage, die sie sich stellen, lautet: Wie kann in einem System, dessen Logik auf den Begriff des »Integralen Etatismus« zu bringen ist, überhaupt noch politisch gehandelt werden? Und ihre Antwort heißt: Je hermetischer das System abgeschlossen ist, desto entschlossener müssen seine Institutionen – irregulär und provokant zugleich – angegriffen werden. Allein der »irregulären Aktion«, auf diese Formel läßt sich ihre Überzeugung wohl bringen, wohne eine letzte Chance zur Aufsprengung des Systems, dieses falschen Kontinuums zwischen Vergangenheit und Gegenwart inne.

Einem Kerngedanken aus Marcuses *Eindimensionalem Menschen* folgend gehen sie davon aus, daß mit der Totalisierung der Maschinerie Rationalität selber in ein System vergegenständlichter Irrationalität, in ein technologisches Wahnsystem umgeschlagen ist. Darin materialisiert sich ihrer Ansicht nach, daß die direkte Aktion auch nicht mehr völlig rational zu deduzieren ist: Nunmehr können lediglich die Bedingungen ihrer Möglichkeit expliziert werden. Gerade weil die Befreiung einen Vorgriff auf die künftige Gesellschaft darstellt, kann sie keiner Logik des Bestehenden mehr folgen und muß sich, alles Abbildhafte abstreifend, ihre eigene entwickeln. Es dürfte wohl kaum ein Zufall sein, daß Krahls Lieblingszitat aus Kleists Aufsatz »Über die allmähliche Verfertigung der Gedanken beim Reden« stammt. Der preußische Dichter verwandelt darin ein geflügeltes Wort aus Rabelais' *Gargantua* in die Formel »L'idee vient en parlant« und charakterisiert so einen Modus des erst prozessual sich Herausbildenden: »Aber weil ich doch irgendeine«, so heißt es an einer Stelle des Kleistschen Textes, »dunkle Vorstellung habe, die mit dem, was ich suche, von fern her in einiger Verbindung steht, so prägt, wenn ich nur dreist damit den Anfang mache, das Gemüt, während die Rede fortschreitet, in der Notwendigkeit, dem Anfang nun auch ein Ende zu finden, jene verworrene Vorstellung zur völligen Deutlichkeit aus, dergestalt, daß die Erkenntnis, zu meinem Erstaunen, mit der Periode fertig ist.«[17] So wie hier, ein Vertrauen in die Spontaneität der Entwicklung voraussetzend, die Idee im Akt des Sprechens entsteht, so soll sich das politisch Projektierte erst im Prozeß der Aktion genauer ausbilden, in einem präzisen Sinne überhaupt erst konstituieren. Diese Modalität bestimmt die grundlegende Undeduzierbarkeit der direkten Aktion. Danach kann immer nur die Bedingung ihrer Möglichkeit, nicht aber sie selber ausgedrückt werden.

Die Idee der direkten Aktion lebt in ihrem Kern aus der existentiellen Empörung über den Faschismus und – kaum geringer – über seine Verdrängung in der Nachkriegszeit. Die Erschütterung über die Greueltaten, die zum Teil verdeckt und abstrakt blieben, die Unfaßbarkeit des Grauens, soll als sinnliche Erfahrung konkretisiert und damit zugleich auch vergegenwärtigt werden. Die direkte Aktion soll die dünne Haut der demokratischen Maskierung zerreißen und das wirkliche Gesicht dieses Staates, aber auch dieser Gesellschaft zeigen. Dieser Vorstoß reicht bis in die als soziopsychische Agentur des Staates verstandene Familie hinein. Obgleich diese Seite im Organisationsreferat, das nur die ökonomische Struktur des autoritären Staates zum Gegenstand hat, nicht entwickelt wird, muß die subjektive Dimension immer mitgedacht werden, wenn das, was Dutschke und Krahl unter antiautoritärer Bewegung verstehen, nicht einseitig oder verkürzt ausfallen soll.

V. Der antiinstitutionelle Kampf als Grundposition

Von den in der Mensa der Frankfurter Universität versammelten Delegierten wurde das Organisationsreferat wie ein Überraschungscoup aufgenommen. Allein die Tatsache, daß sich mit Dutschke und Krahl die beiden Wortführer der ansonsten rivalisierenden SDS-Hochburgen West-

Berlin und Frankfurt zusammengetan hatten, erweckte schon den Anschein, als handle es sich dabei um eine Verschwörung. Der Beitrag selber, der ja bis dato unangetastete Traditionen in Frage stellte, wirkte stark polarisierend. Der Bonner Delegierte Hannes Heer scheute sich in seiner Polemik nicht, den von Jürgen Habermas in Hannover erhobenen Linksfaschismusvorwurf aufzugreifen und ihn Rudi Dutschke ein weiteres Mal – diesmal aus den eigenen Reihen – entgegenzuhalten. Das wiederum empörte Christian Semler so sehr, daß er seinem Vorredner einen kubanischen Kracher unter den Sitz warf. Was immer auch von weiteren kontroversen Reaktionen heute noch bekannt sein mag, ganz unbestritten dürfte sein, daß das Organisationsreferat nicht unerheblich zur Klärung der Mehrheitsverhältnisse beigetragen hat. Bei den abschließenden Wahlen zum Bundesvorstand setzten sich die Antiautoritären jedenfalls deutlich gegen die Traditionalisten durch. Die Gebrüder Karl-Dietrich und Frank Wolff wurden neue Bundesvorsitzende und trugen in den nachfolgenden Monaten zu einer weiteren Radikalisierung des Verbandes bei.

Der SDS wurde zum Aktionsfocus einer sich weiter ausbreitenden Bewegung, die als APO beinahe Tag für Tag für Schlagzeilen sorgte. In ihr setzte sich eine Grundposition durch, die unter dem Schlagwort des antiinstitutionellen Kampfes ein offensives Selbstverständnis markierte. Sein gedanklicher Konnex ist an keiner anderen Stelle so zwingend herausgearbeitet worden wie im Organisationsreferat. Die Entfaltung eines konstitutiven Zusammenhangs zwischen einem sich in moderner Gestalt verabsolutierenden Etatismus und der direkten, bewußtseinskonstituierenden Aktion wäre nicht möglich gewesen ohne Rudi Dutschkes Idee der Übertragung des Guerillakampfes aus der Dritten Welt in die Metropolen und Hans-Jürgen Krahls Vorstellung von einer schleichenden Inthronisierung des autoritären Staates, der auf offene Repression verzichtet und den Verfassungsbruch selber verfassungsrechtlich integriert. Für die antiautoritäre Bewegung, das ist die politische Schlußfolgerung aus dieser Analyse, konnte es keine Partizipation mehr am, sondern nur noch eine Konfrontation zum System geben.

Da Parlamente und Parteien ihrer inneren Logik nach als mediatisierend-manipulative Agenturen des autoritären Staates betrachtet wurden, konnte es für den SDS auch keine Beteiligung an den Bundestagswahlen 1969 geben. Verweigerung, Obstruktion und Sabotage allein galten als Prinzipien revolutionären Handelns, das sich den antiinstitutionellen und zugleich antietatistischen Impetus zueigen gemacht hatte. Während des Wahlkampfes im Spätsommer 1969 wurde von SDS-Mitgliedern ein Flugblatt verbreitet, das einen Text der »Kommunistischen Arbeiter-Partei« aus den zwanziger Jahren reproduziert und die antiparlamentarische Stoßrichtung noch einmal holzschnittartig zusammenfaßt. Es heißt darin ganz unvermittelt im Stile eines Katechismus politischer Ge- und Verbote: *»Du sollst nicht wählen: Der Parlamentarismus ... ist ein Machtmittel des Kapitals. Die Waffen der Arbeiterklasse sind: Direkte Aktion! Massenkampf! Alle Macht den Räten – Nieder mit dem Parlament – Übt Wahlboykott.«*

VI. Nachbemerkung

Welche Schlußfolgerungen lassen sich heute, mit einem zeitlichen Abstand von zwei Jahrzehnten, aus den im Organisationsreferat geäußerten Überlegungen und der für die antiautoritäre Bewegung konstitutiven Komplementarität von Etatismus und Aktionismus ziehen.

1. Die Idee der Stadtguerilla stammt, was den bundesdeutschen Zusammenhang anbetrifft, aus dem SDS. Daran kann es heute kaum noch einen Zweifel geben. Bislang wurde weithin die Ansicht vertreten, daß sich erste Ansätze zur Entwicklung bewaffneter Zirkel im Auseinanderfallen der APO, insbesondere im Zusammenhang mit der Randgruppenkonzeption gezeigt hätten. Das mag für die Phase der praktischen Konstituierung auch zutreffen. Die gedankliche Inkubation ist hingegen, wie das Organisationsreferat unmißverständlich zeigt, wesentlich früher anzusetzen, wahrscheinlich für den Sommer 1967, eine Zeit also, zu der die außerparlamentarische Bewegung noch nicht einmal ihren Höhepunkt erreicht hatte. Allerdings kann die theoretische Begründung der Stadtguerilla durch Dutschke und Krahl nicht einfach post festum zur intellektuellen Vorstufe der RAF deklariert werden. Auf die konzeptionellen Differenzen ist ja bereits hingewiesen worden. Ebenfalls festzuhalten ist, daß die RAF nicht aus dem SDS hervorging. Diejenigen, die im nachhinein als »erste Generation« bezeichnet werden, sind zwar zum Teil vom SDS beeinflußt worden, waren jedoch, bis auf wenige, keine Mitglieder und spielten – von der publizistischen Rolle Ulrike Meinhofs und der juristisch-propagandistischen Rolle Horst Mahlers einmal abgesehen – keine politische Rolle im wichtigsten Studentenverband der Nachkriegszeit.

2. Obwohl die Kritische Theorie, insbesondere was Adornos Position anbetrifft, auf der historischen Unmöglichkeit emanzipatorischer Praxis bestanden hat (mit der Ausnahme Marcuses), ist dennoch nicht zu leug-

nen, daß ein bestimmter Zug ihres Denkens, der sich in der für die Kritischen Theoretiker wohl schwierigsten, weil hoffnungslosesten Zeit, während der Judenvernichtung im Zweiten Weltkrieg, ausbildete, bei der intellektuellen Geburt der Stadtguerilla Pate gestanden hat. Wenngleich keinerlei Legitimation für den Aufbau bewaffneter Kader bei einem der der Frankfurter Schule zugerechneten Theoretiker aufzufinden ist, so wäre die gedankliche Schärfe und das sie durchziehende attentistische Moment in der antiautoritären Fraktion des SDS nur schwer vorstellbar ohne die theoretischen Vorarbeiten Walter Benjamins, Max Horkheimers, Herbert Marcuses und selbst Theodor W. Adornos. Da die Rezeptionsgeschichte jedoch alles andere als einlinig, sondern durchaus vermittelt, vielschichtig, mitunter auch indirekt und vertrackt verlaufen ist, muß an dieser Stelle jedoch ausdrücklich davor gewarnt werden, aus dem bloßen Nachweis abstrakter Zusammenhänge konkrete Verantwortlichkeiten oder gar Schuldvorwürfe ableiten zu wollen. Die 1977 im Zusammenhang mit der Schleyer-Entführung von Filbinger und Rohrmoser erhobenen Vorwürfe entbehrten jedenfalls jeglicher Grundlage und lassen sich auf äußerst durchsichtige politische Motive zurückführen. Die dadurch auf den Plan gerufene Replik von Wellmer und Habermas, später auch von Marcuse, ist politisch zwar angemessen, geht aber an der hier aufgezeigten Problemdimension vorbei und stellt insofern auch keine wirkliche Klärung des überaus komplexen Verhältnisses zwischen antiautoritärer Bewegung und Kritischer Theorie dar.

3. Das antiautoritäre Denken, das trotz seiner Dominanz in der Revolte nirgendwo schriftlich fixiert oder gar in einer bündigen Weise theoretisiert worden ist, war von einem starken dezisionistischen Impuls durchdrungen. Die Insistenz auf dem »Hier und Jetzt«, die Übernahme von Marcuses Aufruf zur »Großen Weigerung« und dessen Idee vom »Qualitativen Sprung« mögen zwar im Sinne einer materialistischen Dialektik interpretierbar sein, lassen jedoch die Entschlossenheit zur Entscheidung als ihr Grundmotiv mehr als bloß durchscheinen. Wenngleich eine direkte Identifikation bestimmter Theoreme Carl Schmittscher Prägnanz bei nur wenigen, allerdings nicht gerade irrelevanten Autoren möglich ist, so hat doch die Furcht, den politischen Kairos zu verpassen, unverkennbar die Atmosphäre der 68er Revolte bestimmt. Die dezisionistische Zuspitzung von Argumenten, die aus dem theoretischen Fundus des alten Instituts für Sozialforschung zusammengeklaubt wurden, war überall spürbar. Und vielleicht ist es auch kein Zufall, daß Walter Benjamin, in dessen Schriften die attentistischen Motive bis hin zur zentralen

Denkfigur einer »Dialektik im Stillstand« eine eigentümliche Prägnanz gewonnen haben, gerade in diesem Zusammenhang zum insgeheimen Lieblingstheoretiker avancierte.

4. Die in ihrer vermeintlichen Kompromißlosigkeit vielfach bewunderte Liquidation des Liberalismus war eine der verhängnisvollsten Folgen des antiautoritären Denkens; daran ist auch die Kritische Theorie, in der die entsprechenden Argumente ausgebildet vorlagen, nicht unschuldig. Auswirkungen hatte das vor allem auf den Umgang mit Positionen und Formen bürgerlicher Politik. In der Konfrontation mit dem ohnehin unterentwickelten liberalen Selbstverständnis gab es für den SDS nur ein Ziel – den Liberalen als politische Gefahr zu entlarven. Die Böll, Kogon, Augstein, Richter usw., die für eine andere Republik stritten, wurden nicht selten als »liberale Scheißer« diffamiert, deren Rolle für eine residuale Öffentlichkeit man sich gerne bediente, deren Meinung man aber als Form chronischer Selbsttäuschung abtat. Der Liberalismus – und damit das demokratisch-republikanische Erbe, das ohnehin keinen Fürsprecher in irgendeiner der Parteien hatte – wurde nicht aufgehoben, sondern liquidiert. In dieser Hinsicht war die Position des SDS und der antiautoritären Bewegung von einer fatalen Scheinradikalität gekennzeichnet.

5. Eine andere Folge des antiautoritären Denkens war die innere Terrorisierung der Bewegung, ihr autoritäres Umkippen in neoleninistische, maoistische und stalinistische Kadergruppen. Die undurchschaute »Dialektik des antiautoritären Bewußtseins«, die auch heute noch den meisten ihrer Beobachter Rätsel aufgibt, führte schließlich von der Liquidierung des Liberalismus mit selbstzerstörerischer Konsequenz zur »Liquidierung der antiautoritären Phase«[18]. Der Haß, der gegen das bürgerliche Erbe freigesetzt worden war, fiel in überraschend kurzer Zeit auf seinen Träger zurück und verwandelte sich in Selbsthaß. Die antiautoritäre Bewegung wurde nun als Verlängerung des Liberalismus in der Linken identifiziert, der es sich unter dem Vorwurf der Kleinbürgerlichkeit zu entledigen galt, um die im Klassenkampf scheinbar einzig Sicherheit garantierende Linie einer leninistischen Kaderorganisation einnehmen zu können. Binnen zweier Jahre hatte es der Antiautoritarismus schließlich vermocht, sich weitgehend selbst zu verzehren.

6. Obwohl es heute keine linke Fraktion oder Strömung mehr gibt, die sich noch ungebrochen auf die antiautoritäre Bewegung beruft, so ist ihr politisches Selbstverständnis dennoch folgenreich geblieben. Insbesondere über die Sponti-Milieus der siebziger Jahre sind zentrale Motive des

antiautoritären Denkens weitervermittelt worden und schließlich in popularisierter Form in die Alternativ- und Ökologiebewegung eingewandert. Insofern stellt es auch keine Überraschung dar, daß die zur Dichotomie neigende Auseinandersetzung unter den Grünen – Parlamentarismus versus Basisdemokratie, Fundamentalopposition versus Realpolitik etc. – immer noch von dem das antiautoritäre Denken prägenden Dualismus Staat-Bewegung bestimmt ist. Vor diesem Hintergrund dürfte es nicht vermessen sein, die Behauptung aufzustellen, daß nicht wenige der die Linke in der Gegenwart bedrängenden politischen Formprobleme wohl kaum eine genauere Klärung erfahren können ohne eine Selbstvergewisserung der 68er Revolte.

Anmerkungen

1 Rudi Dutschke/Hans-Jürgen Krahl, Organisationsreferat, in: diskus – Frankfurter Studentenzeitung I/1980, S. 6ff.; wieder abgedruckt unter dem nichtautorisierten Titel »Das Sich-Verweigern erfordert Guerilla-Mentalität« in: Rudi Dutschke, Geschichte ist machbar, West-Berlin 1980, S. 89ff. Alle kursiv gesetzten Texte stammen aus diesem Text.
2 Bedingungen und Organisation des Widerstandes. Der Kongreß in Hannover, West-Berlin 1967, S. 81f.
3 Ferencz Janossy, Das Ende der Wirtschaftswunder, Frankfurt 1968
4 Rudi Dutschke, T. Käsemann, F. Schöller, Vorwort, in: Regís Debray/Fidel Castro/K.S. Karol/Gisela Mandel, Der lange Marsch, München 1968, S. 19
5 Hans-Jürgen Krahl, Ausgewählte Werke, Helsinki 1970, S. 53
6 Ebenda, S. 51
7 Heinrich Regius (d.i. Max Horkheimer), Dämmerung, Zürich, 1934
8 Max Horkheimer, Autoritärer Staat, in: M.H., Gesellschaft im Übergang, Frankfurt 1981, S. 19
9 Ebenda, S. 21
10 Ebenda, S. 28
11 Ebenda, S. 28
12 Ebenda, S. 23
13 Ebenda, S. 23
14 Ebenda, S. 25
15 Ebenda, S. 34
16 Walter Benjamin, Thesen über den Begriff der Geschichte, in: W.B., Gesammelte Schriften Bd. 1/2, Frankfurt 1974, S. 691ff.
17 Heinrich von Kleist, Über die allmähliche Verfertigung der Gedanken beim Reden, in: Heinrich von Kleist, Sämtliche Werke und Briefe Bd. 2 (Hrsg. von Helmut Sembdner), München 1970, S. 319f.
18 Exemplarisch dafür: Joscha Schmierer, Die theoretische Auseinandersetzung vorantreiben und die Reste bürgerlicher Ideologie entschieden bekämpfen, in: Negt/Roth/Schmierer/Krahl, Strategie und Organisationsdebatte, Hannover o.J., S. 84ff.

Die Schleyer-Entführung: 44 Tage ohne Opposition*

Die Linke im Zirkelschluß von RAF und Staat

> »Unser aller Bewährungsprobe steht noch aus: den Bürgerkrieg ernst nehmen, das heißt Ernst machen gegen die Krieger. In diesem Kampf darf es keine mildernden Umstände geben. Nur dieses: Das Grundgesetz in der linken, die Waffen in der rechten Hand.«
>
> *Bild*-Zeitung vom 8.9.77

I.

Die Attentate dieses Jahres – zuerst Buback, dann Ponto und jetzt Schleyer – bedeuten die Fortsetzung eines Kampfes, der von seinen Kombattanten als antiimperialistisch ausgegeben wird, mit Mitteln, die auch nach deren eigenen Kriterien nur noch die Bezeichnung »konterrevolutionär« verdienen. Selbst ein als unbekehrbar geltender Anhänger des Dualismus von Form und Inhalt dürfte angesichts des Ablaufs der letzten 44 Tage nicht mehr glauben können, daß die mit unerbittlicher Logik realisierten Taten die einstmals proklamierten Ziele unbeschädigt lassen. Mehr noch, die Zweck-Mittel-Kalkulation der RAF hat ihre eigenen Absichten einem Zersetzungsprozeß ausgesetzt, der, selbst wenn weitere Taten folgen sollten, nicht mehr zu stoppen sein dürfte.

Die Entführung Schleyers, die mit einem vierfachen Mord in Köln begann – es ist unabdingbar, darauf zu beharren, daß es Mord und nichts anderes war –, hat sich, von der wahnwitzigen Ignorierung der allgemeinpolitischen Situation, in der sich die Bundesrepublik gegenwärtig befindet, einmal abgesehen, vor allem durch zwei Punkte ausgezeichnet:

1. Von ihrer Zwecksetzung, dem Ziel der Entführung her, hat sie sich einzig und allein auf die Rekrutierung der eigenen Militanten bezogen. An keinem Punkt war ein Interesse ersichtlich, das über diese Selbstbe-

* Zuerst publiziert in dem Band *Der blinde Fleck – Die Linke, die RAF und der Staat*, Frankfurt 1987, S. 9-24. Der Text ist allerdings ein Jahrzehnt zuvor, im Herbst 1977, unter dem unmittelbaren Eindruck des nicht erklärten, aber zum Teil praktizierten Ausnahmezustandes verfaßt worden.

zugnahme hinausgegangen wäre und damit Außenstehenden mehr als eine bloß mentale Bezugnahme geboten hätte. Wäre der Präsident des Bundesverbandes der Deutschen Arbeitgeberverbände entführt worden, um höhere Lohnforderungen durchzusetzen, dann hätte das, so ist zu vermuten, auch nichts an der breiten Ablehnung, auf die die »Kommandoaktion« gestoßen ist, geändert, zumindest aber eine andere, politischere Ebene der Auseinandersetzung geschaffen. Da dies nicht geschah, muß die Schleyer-Entführung von ihrer Zielsetzung her als autistisch bezeichnet werden.

2. Und dies ist der schwerwiegendere Punkt: Die Ermordung von vier »in Uniform gesteckten Proletariern« (Rosa Luxemburg) war die einkalkulierte Vorausbedingung für die Funktionsfähigkeit des Entführungsaktes. Damit wird in der Tat selbst – und das macht den politischen Selbstmord der Guerilla aus – die entscheidende Differenz von Herrschern und Beherrschten, letztlich der Klassenunterschied, noch einmal reproduziert. Während Schleyer trotz seiner Rolle, eine der hervorstechendsten Kontinuitäten zwischen faschistischer Vergangenheit und kapitalistischer Gegenwart zu personifizieren, im handlungsimmanenten Sinne einen Austauschwert repräsentiert und demzufolge sein Leben wertvoller als das seiner Beschützer, Fahrer, also Bediensteten ist, gilt das Leben dieser vier nichts. Ohne auch nur ein Wort zu verlieren, werden sie im technizistischen Sinne des Vollzugs ausgelöscht. Die Täter von Köln waren Vollzugs- und Vollstreckungsbeamte ohne Uniform. Damit ist die RAF selbst mit jenem terroristischen Staat eins geworden, den sie mit solcher Unerbittlichkeit zu bekämpfen vorgibt.

Die Logik der Tat – Entführung zur Freipressung von Gefangenen – kann nur nach der Logik des Äquivalententausches verstanden werden. Der Fahrer und die Begleitbeamten wurden ermordet, um in den Besitz eines Austauschwertes zu gelangen: 1 Schleyer sollte ebensoviel wert sein wie 11 im Gefängnis einsitzende Genossen. Damit wägt man aber nicht nur einen gegen elf auf, wodurch jeder einzelne Genosse 1/11 des Schleyer-Werts bzw. Schleyer elfmal soviel wert wie ein einzelner Genosse ist, sondern man schließt von vornherein die vier Bediensteten als Personen, die des Austauschs wert genug sind, aus. Konstitutiv geht also in die Entführungssituation, die doch nur Mittel zum Austausch sein will, ein, daß sie ein elementares Prinzip verletzt, das die Voraussetzung für ein Gelingen darstellt. Ein Äquivalententausch kann nur dann vollzogen werden, wenn er von Gewalteinwirkung freibleibt. Da aber die RAF von der Annahme ausging, sie müsse die vier Begleiter umbringen,

um Schleyer in ihre Gewalt bekommen und damit einen Tauschakt eröffnen zu können, hat sie sich zugleich der entscheidenden Bedingung seiner Möglichkeiten beraubt.
Aus diesem Grunde hat die Bundesregierung auch noch im immanenten Sinne der Tauschlogik über die Guerilla gesiegt. Sie hat, im Unterschied zur Lorenz-Entführung, die Ermordung der Begleiter a priori als Bruch eines möglichen Tauschaktes, der wechselseitigen Freilassung von Lebenden auffassen und damit eine qualitativ andere Logik als die Guerilla – die Gleichwertigkeit bzw. Gleichbehandlung von Bundesbürgern – zur Voraussetzung ihrer Handlungen, ob legal oder illegal, machen können. Insofern hat die Guerilla selbst dem Staat die Legitimation für das Nichtakzeptieren des Äquivalententausches geliefert. Weil es für den Tod nicht nur kein Äquivalent gibt, sondern dieser dem Tausch die Bedingung seiner Möglichkeit entzieht, konnte es die Bundesregierung sich leisten, selbst ein hochkarätiges Entführungsopfer wie Schleyer als Nichtäquivalent gegenüber elf Gefangenen anzusehen und jeden ernsthaften Schritt in Richtung auf einen Austausch zu sabotieren.

II.

»Während Habermas eine grundlegende Legitimationskrise im Spätkapitalismus aufdeckte, schossen und bombten die RAF und ihre Nachfolgeorganisationen sie praktisch mit jeder weiteren ›Aktion‹ zu.« (Wolfram Schütte in der *Frankfurter Rundschau* vom 17.11.77)
Darin liegt sicher das Fatale, das jede Möglichkeit der Einflußnahme der Guerilla auf die Linke, der Linken auf die Guerilla und beider auf die Gesellschaft im Kern ausgeschlossen hat. Die Chance, nach dem Tod von Holger Meins zumindest auch einige christliche, liberale und republikanisch orientierte Kräfte in eine Auseinandersetzung über die Gefahren der Isolationshaft miteinzubeziehen, wurde postwendend durch den Mordanschlag auf Drenckmann, dessen Infamie – durch die Blume geschossen – grenzenlos war, zunichte gemacht. Die Chance, nach der Abhöraffäre Traube eine öffentliche Debatte über den Verfassungsschutz zu initiieren, wurde durch den Mord an Buback und seinen Begleitern gründlich vertan; der Mord führte ganz im Gegenteil zur Quasi-Legitimation illegaler Geheimdienstpraktiken. Und das in einer Zeit, in der die politische Konzeptionslosigkeit der SPD-FDP-Regierung unter Helmut Schmidt immer offensichtlicher wurde. Die Morde an Ponto – mit freundschaftlichen Grüßen vorgetragen – und Schleyer sowie seinen Begleitern – mit einem Kinderwagen als Straßenfalle – ermöglichten es

dem Bundeskanzler, seine Legitimationskrise durch eine Politik der Angst zu kompensieren. So hat eine Serie von Attentaten nicht nur, indem sie die Funktionsträger von Staat, Banken und Großindustrie wortwörtlicher nahm als diese sich selbst – auf Buback folgte Rebmann, auf Ponto Friedrichs und auf Rebmann und Friedrichs würden gegebenenfalls diese oder jene folgen – jeder Politik in diesem Lande, die auf Öffentlichkeit, Bewußtseinsbildung und Handlungsvermögen beruht, den Boden entzogen, sondern, was noch entscheidender ist, die moralische Integrität der unabhängigen Linken, die tagespolitische Niederlagen ungebrochen überstehen ließ und eine unerschöpfliche Reserve für Überlegung, Mut, Phantasie und Ausdauer war, im Keim zerstört. Die RAF scheint damit etwas geschafft zu haben, was die Neue Linke trotz aller Kindereien, Mängel und Unzulänglichkeiten nicht vermocht hat: die moralischen Wurzeln ihres Politikvermögens abzukappen.
Die Aktionen der RAF präformierten das politische Umfeld der auf unglückselige Weise auf sie fixierten Linksradikalen nach dem Double-Bind-Muster, das das entscheidende strukturelle Ergebnis neuerer amerikanischer Untersuchungen über die Entstehung der Schizophrenie im familiären Bereich darstellt. Jedesmal, wenn sich den Linksradikalen die Möglichkeit bot, ihr Kritikpotential in die öffentliche Auseinandersetzung einzubringen, wurde ihnen diese Chance, die politische Isolation zu durchbrechen, im nächsten Augenblick von einer Kommandogruppe der RAF desto entschiedener wieder zerstört. Das Ergebnis ist eine grundlegende Schizophrenie in der Handlungsorientierung, die in ihrer Konsequenz nun zu einer 44 Tage umfassenden Paralyse geführt hat, von der niemand weiß, welche weiteren Folgen sie noch zeitigen wird.

III.

»Das Wasser wird steigen, sein Schiff wird schwimmen und fahren ...« Diese kühne Prognose über den präfaschistischen Staatstheoretiker Carl Schmitt wagte *Capital*-Chefredakteur und *FAZ*-Leitartikler Johannes Gross bereits am Ende der Adenauer-Ära. (*Deutsche Zeitung* vom 11.7.63) Jetzt fährt es wieder; das Staatsschiff zu Wasser gelassen von Helmut Schmidt; von Stapel gegangen mit der Schleyer-Entführung. Nun ist es wieder in die stürmische See des politischen Ausnahmezustands gestochen. Damit hat zugleich der im sauerländischen Plettenberg lebende Carl Schmitt etwas von seiner ideologischen Quarantäne verloren. Sein Epigone Gross, der sich im Feuilleton des »hochdistinguierten Revolverblattes FAZ« mit philosophischer Bemühung für eine neuerliche Lektüre von Schmitts Hauptwerk *Der Begriff des Politischen* stark macht, versucht eine Renaissance dieses abgehalfterten »Partisanen« einer totalitären Staatsauffassung einzuleiten. Mit dem Coup von Mogadischu betreten die wirklichen Vertreter einer Theorie des bewaffneten Kampfes, das staatlich geschützte Killer-Kommando GSG 9, die Bühne der in letzter Zeit so oft beschworenen »geistigen Auseinandersetzung mit den Feinden der Demokratie«. Die tätigen reichen den geistigen Partisanen die Hand und wünschen dem Terrorismus viel Erfolg, dem Staatsterrorismus wohlgemerkt. Nach drei Jahrzehnten »ruhevollen Daseins«, so schreibt Gross, trete der Krieg, die zwangsläufige Konsequenz alles Politischen, der auch die Bundesrepublik nicht entrinnen könne, als »letztes Monument in die Geschichte ein« (*FAZ* vom 22.11.77).

Da schließt sich dann einer der Kreise, die 1945 abbrachen, wieder in aller Aktualität. Die autoritäre Maxime, daß ein Staat nur Staat sein könne, wenn er die Möglichkeit habe, sich gegen einen Feind zu bewähren, wird mit dem Tod Schleyers, den Bundeskanzler Helmut Schmidt vor dem Altar »unseres Staates« geopfert hat, erneut lebendig. Denn man müsse schließlich wieder lernen, »daß ein demokratischer Staat kein Scheißstaat ist, der sich alles gefallen lassen muß« – so unser wehrhafter Frontkanzler, der stolz darauf ist, seine soldatische Gesinnung wiedergewonnen zu haben.

Im Ausnahmezustand nach der RAF-Kommando-Aktion von Köln, die dieser Einstellung zum öffentlichen Durchbruch verholfen hat, regierte durch das eiserne Schmidtsche Kalkül hindurch auch eine Politik-Auffassung, die jener von Gross protegierte Carl Schmitt in seiner am Ende der Weimarer Republik erschienenen Schrift wohl am scharfsinnigsten zusammengefaßt hat. In diesem totalitären *Der Begriff des Politischen* führt er, in der Tradition des Hobbesschen *Leviathan* stehend, aus, daß ebenso wie in anderen Gebieten auch die Politik auf eine letzte Antinomie, einen grundlegenden und unversöhnlichen Widerspruch zurückgeführt werden muß, wenn man ein fundamentales, nicht weiter ableitbares Kriterium für »staatsmännisches Handeln« gewinnen wolle. Analog zu den Antinomien, die für das Moralische (Gut und Böse), das Ästhetische (Schön und Häßlich) und das Ökonomische (Nützlich und Schädlich) zu gelten haben, konstatiert er ein solches Kategorienpaar für die Politik: »Die Unterscheidung zwischen Freund und Feind«. Dieser grundlegende Dualismus ermöglicht es ihm, die gesamte Legitimationsideologie der bürgerlich-liberalen Staatslehre als bloßen Vorwand politischen Handelns zu entlarven. Die Berufung auf Begriffe wie »Humanität«, »Recht« oder »Frieden« sei in Wirklichkeit nur die Tarnung eines Kampfes zwischen unterschiedlichen Herrschaftsinteressen.

Daß eine solche Philosophie im »Normalfall« des parlamentarischen Systems keine Chance hat, liegt auf der Hand. Ihre hohe Zeit kommt erst im Ausnahmezustand, im sogenannten Ernstfall. Erst die Situation eines unausweichlichen »Entweder-Oder« zwinge zu einer »Entscheidung über den Ernstfall«, einer Entscheidung, die den »charakterlosen Normalfall« beende und an seine Stelle den Ausnahmezustand setze, in dem die autoritäre Gewalt des Souveräns, der den Bürger wieder zu seiner uneingeschränkten Subordinationspflicht zwinge, voll zur Geltung komme. Der existentielle Charakter dieser Konfliktsituation, in der zwischen Ausnahme und Normalität, das heißt wesensmäßig zwischen Krieg und Frieden entschieden werden müsse, führe zu einer Bewährungsprobe, in der sich die entscheidungsfähigen gegenüber den entscheidungsschwachen Kontrahenten als Sieger herauskristallisierten. Dieses Konfliktmuster ist das ontologische Grundmodell der Schmittschen Herrschaftsphilosophie. Das aller Politik ontisch zugrundeliegende Freund-Feind-Schema führt früher oder später zum Ernstfall, dieser löst den Ausnahmezustand aus und jener führt letztlich zum Krieg. »Von dieser extremsten Möglichkeit her«, so Carl Schmitt in seinen eigenen Worten, »gewinnt das Leben des Menschen seine spezifisch politische Spannung«.

Wenn man die Grundstruktur der Schmittschen Argumentation zusammenfaßt, dann wird deutlich, daß ihre einzelnen Elemente in den aktuellen Handlungsmaximen von Helmut Schmidt, dem Bundeskanzler in der Not, wieder auftauchen. Die Argumentationskette läßt sich in folgende Teile aufgliedern: 1. Das Dasein ist von einer elementaren Antinomie, einem tragischen Konflikt, bestimmt. 2. Da diese Antinomie den letzten Grund allen Handelns ausmacht, existiert keine Möglichkeit, auf eine andere Ebene auszuweichen, um dadurch eine neue Handlungslogik zu gewinnen: Eine Entscheidung wird damit unausweichlich, die Dezision ist geboten. 3. Wird die Wahl in dieser zugespitzten Situation richtig getroffen, so ist es eine für den Einsatz kriegerischer Mittel; denn nur die Kriegshandlung – der bewaffnete Kampf als die Wahrheit aller Politik – ist der antinomischen Konstellation, die das Dasein ausmacht, angemessen.

Um sich bei der Analogiesetzung Schmitt-Schmidt nicht unnötig dem Vorwurf ideologischer Klitterung auszusetzen, sei eine längere Passage aus der neuesten Regierungspostille der Republik, dem *Spiegel*, die dieser dem »Volkskanzler« gewidmet hat, zitiert: »Auch daß seinem Handeln als Kanzler in diesen sechs Wochen der Schleyer-Entführung unversehens eine ›im antiken Sinne tragische‹ Dimension zugewachsen sei, nämlich die Unausweichlichkeit von Schuld und Versäumnis, ist Helmut Schmidt durchaus bewußt. Nur reagiert er darauf nicht wie ein Humanist, sondern sozusagen soldatisch. Jene tragische Unausweichlichkeit, so sagt er, sei ihm ›schon im Krieg als Soldat‹ geläufig gewesen; als ›Antinomie‹ zwischen dem militärischen Einsatz an der Front, zu dem er sich mit vaterländischen Gefühlen bekannte, und dem damit eben unvermeidlich verbundenen Beitrag zur Ausbreitung des nazistischen Unheils, das er mit Abscheu durchschaute... Sich selber mißt er in solchen Situationen einfach ›bessere Nerven als anderen‹ zu; will wohl auch anerkannt wissen, daß, im Unterschied zu anderen, sein ›Denkapparat besser funktioniert‹ als in normalen Zeiten. Und insofern hat er sich sogar wohl gefühlt. Den Kanzler Schmidt plagt nämlich schon lange der Alptraum eines Staates, in dem die politisch verantwortlichen Figuren nur noch wie Marionetten hampeln, weil der Handlungsspielraum immer mehr eingeengt wird durch eine Flut von Verordnungen und Gesetzen. In der Ausnahmesituation der Schleyer-Entführung aber war der Entscheidungsspielraum vergleichsweise geräumig; da kam es auch wieder auf so etwas wie politisches Ingenium an, mindestens auf Einfälle; da gab es wieder die Möglichkeit, durch Ideen und durch die Fähigkeit der Überzeugung ein Ergebnis zu erzielen. Die Gelassenheit, die ihm selber dabei zugewachsen ist, will Helmut Schmidt der Nation nun als Beispiel geben. Er vermag und versucht zwar auch jetzt nicht, charismatisch darzustellen, daß allein mehr und nicht weniger Demokratie den freiheitlichen Rechtsstaat letztlich vor dem Terrorismus retten kann. Desto deutlicher ist sein Bemühen, aus dem Management von Mogadischu so etwas wie Wegweisung und Sinngebung abzuleiten.« (*Spiegel* Nr. 47 vom 14.11.77, S. 36f.)

Obwohl sich hier im Grunde jeder Kommentar erübrigt, soll auf einen Gesichtspunkt eingegangen werden. Vielen Beobachtern mag sich in den 44 Tagen der Schleyer-Entführung der Eindruck aufgedrängt haben, daß die Bundesregierung alles andere als entscheidungsfähig gewesen sei. Das Bild eines entscheidungsschwachen, ständig zaudernden Kabinetts stünde in einem offenkundigen Widerspruch zu der hier dargelegten Interpretation. Nun, wer die vom Presse- und Informationsamt der Bundesregierung selbst herausgegebene Dokumentation zur Schleyer-Entführung durchliest, dem wird nicht nur auffallen, daß diese Verteidigungsschrift staatlichen Handelns für den Ernstfall in Wirklichkeit eine gebündelte Anklageschrift mit dem Entführten als Hauptankläger ist, sondern auch, daß der Anschein, keine Entscheidung zu fällen, zu den am sorgfältigsten inszenierten Kalkülen der Bundesregierung gehört, in dessen Zusammenhang die Nachrichtensperre eine zentrale Rolle einnimmt. Der Anschein nämlich, eine Handlungstaktik des Hinauszögerns einzuschlagen, wird in dem Moment hinfällig, in dem eine zweifelsfreie Entscheidung zu erkennen ist. Dies ist schon am Abend des ersten Entführungstages, dem 5. September, der Fall. Die Entscheidung des Bundeskanzlers und des Justizministers, den Generalbundesanwalt mit der Fahndung nach den Tätern zu beauftragen, wird vom Presse- und Informationsamt mit den Zeilen kommentiert, daß »die erste politische Entscheidung« gefallen sei. Sie lautet: »Forderung der Entführer nicht erfüllen«. Ein Zweifel an dieser Entscheidung für den Staat und gegen den Entführten hat im Ernst zu keinem Zeitpunkt existiert. Allem, was sich in den Tagen und Wochen darauf an Scheinoperationen ereignete, lag eine völlig andersartige Entscheidungsbasis zugrunde, die Frage nämlich: Ist ein militärisch-polizeiliches Eingreifen möglich und wenn ja, wann, wo und wie? Der Coup von Mogadischu indiziert das ohne jeden Zweifel. Hätte es eine Möglichkeit gegeben, Schleyer durch den Einsatz einer Kommandogruppe zu befreien, so hätte man ganz sicher schon in seinem Falle die Auseinandersetzung gesucht. Was dem entgegenstand, war, um es im Jargon des Staates zu formulieren, »ein polizeilich-erkennungsdienstliches Problem«. Denn was immer das Ergebnis hätte sein können – und Schleyer selbst läßt keinen anderen Schluß als den seines umstandslosen Todes zu – der staatliche Nutzeffekt wäre auf einer Ebene immer derselbe gewesen: Allein, daß der Staat sich in Aktion gezeigt hat, genügt völlig, um ihn als wehrhaft zu erweisen. Mogadischu demonstriert das in aller Deutlichkeit: Trotz des dadurch ausgelösten Todes von bisher neun Menschen hat es selbst die Witwe Schleyers nicht fertiggebracht, sich dem schmachvollen, mediengerechten Schauspiel einer Fraternisierung mit dem Bundeskanzler und dessen blutiger Entscheidungslogik zu entziehen. Das Ergebnis für die Bundesregierung ist ein bisher unbekannter Loyalitätsbeweis seitens der Bevölkerung, die in Tausenden von Zuschriften und Dankesbeweisen das staatliche Verhalten überaus hoch gratifiziert hat.

Den Identifikationseffekt hat wohl niemand anders so genau auf den Punkt gebracht wie der schon eingangs erwähnte Carl Schmitt-Epigone Johannes Gross. In der letzten von ihm moderierten ZDF-Sendung sagte

er sinngemäß, das deutsche Volk könne sich seit der Befreiungsaktion von Mogadischu endlich wieder mit einer Tat identifizieren, die wohl als erste erfolgreiche Operation deutscher Militärs seit dem Ende des Zweiten Weltkrieges im Ausland bewertet werden dürfe.
Worauf das Volk so lange hat verzichten müssen, das scheint es nun endlich bekommen zu haben: Ein paar Feinde – ein bißchen Ehre. Diesem glücklichen Umstand hat denn auch Bundesinnenminister Maihofer in seiner Begrüßungsrede vor den heimgekehrten »Helden von Mogadischu«, den Mannen des Sonderkommandos GSG 9, voll Rechnung getragen: »Danke! Besser kann man es nicht sagen, um all das zu fassen, was im Dank unserer Nation in diesem Moment mitschwingt und was wir Ihnen auch in dem schlichten Liede zum Ausdruck bringen wollen, das wir das Lied der Deutschen nennen. – Wir sind stolz auf Sie!«

IV.

»Autoritärer Staat bedeutet, und das aktualisiert sich mit den Notstandsgesetzen, daß die Demokratie ohne politisch rechtlichen Legitimationsbruch in den Ausnahmezustand übergehen kann. Man kann ja demokratische Instanzen, etwa das Parlament, nicht nur terroristisch zerschlagen, sondern auch manipulativ ins Instrumentarium der autoritären Exekutive integrieren.« (Hans-Jürgen Krahl)
Der Streit darüber, ob wir einen neuen Faschismus vor Augen haben oder einen alten oder aber gar keinen, in welchem Stadium dieser oder jener denn sein könnte und in welcher Form er sich dann durchsetzen oder auch scheitern wird, verdeckt Strukturen, die sich in diesem System allemal reproduzieren und deren Schärfe sich nur von Zeit zu Zeit verändert. Dieser Streit ist ein sophistischer; er verdeckt die politischen Gefahren eher als sie zu analysieren. Wenn nicht alle Zeichen trügen, dann befinden wir uns in einer Situation, in der es fraglich ist, ob der Vorwurf, den wir gegenüber der Generation unserer Eltern erhoben haben, daß sie den Faschismus wenn nicht gar unterstützt, so doch mit Gleichgültigkeit, bestenfalls mit Ängstlichkeit hingenommen haben, nicht uns selber noch zum Vorwurf gemacht werden kann. Eine Sozialdemokratie, die den ersten Ausnahmezustand in der Bundesrepublik letztlich verantworten muß, hat den ihr vorgesteckten Rahmen des Krisenmanagements überschritten und ist in eine ihr neue Rolle nationaler Identitätsformierung geschlüpft, die sie mit »Sinngebung« ernsthaft auszufüllen gewillt scheint. Was Carl Schmitt vor vierzig Jahren schon einmal programmatisch als Primat der Staats- gegenüber der Verfassungsrä-

son verkündete, das schickt sich nun Helmut Schmidt wieder zu verwirklichen an. Durch das »Schleyer-Opfer« hat er demonstriert, daß die Bundesrepublik »kein Scheißstaat« ist. Was hier offenbar nur mit der Reaktivierung militärischer Sekundärtugenden durchgestanden werden konnte, das ist die autoritäre Praxis eines Staates, der durch eine sozialdemokratische Regierung angeführt wird. Dieser hat 44 Tage erfolgreich demonstriert, daß im Ausnahmezustand keine extralegalen Funktionsträger unterhalb von Staat und Verfassung mehr benötigt werden. Vielmehr bringt die staatliche Exekutive selber Organe hervor, die die von ihr beschworenen rechtsstaatlichen Prinzipien einfach unterlaufen.

Auf zentraler Ebene zur Vereinheitlichung von Polizeimaßnahmen und zur Umgehung föderativer sowie parlamentarisch-öffentlicher Prozesse, also im Sinne von Zentralisierung und Geheimhaltung dient die Innenministerkonferenz. Sie verknüpft in nuce alle Elemente, die für den Aufbau einer geheimen, staatlichen Polizeigewalt in Frage kommen.

Während dieses Gremium ständig einberufen werden kann, wird ein weiteres, das mit weitaus höheren Kompetenzen ausgestattet ist, nur im Ausnahmezustand gebildet. In Anlehnung an militärische Frontoperationen wird es »Krisenstab« genannt. Weil sich in ihm eine Allfraktionsexekutive bündelt, die ihre Beschlüsse außerhalb von Verfassung und öffentlich-parlamentarischer Kontrolle faßt, kann er getrost als ein Supraorgan bezeichnet werden. Seine Entscheidungen sind übergeordnet und werden – wenn nötig – durch den »rechtfertigenden Notstand« § 34 legitimiert. Damit ist dem Parlament die letzte Einflußmöglichkeit, nämlich die Definitionsgewalt darüber, welche Situation als »Notstand« bezeichnet wird, geraubt. Ein solcher Schritt ist selbst in der Notstandsregelung nicht vorgesehen, er ist schlichtweg verfassungswidrig.

Eine erste wichtige Aktivität nach dem Attentat bestand in der Verhängung einer vollständigen Nachrichtensperre. Jenseits allen Legitimationsgebarens hatte sie die Funktion, der Öffentlichkeit im Fortlauf der Ereignisse jede Kontroll- und damit den Rest an Einflußmöglichkeit zu entziehen. Dies war deshalb von so großer Bedeutung, weil die Handlungslogik der Exekutive eindimensional von der Durchsetzung der Staatsräson bestimmt war. Die Krisenstabssitzungen erweckten den Eindruck permanenter Aktivität, in Wirklichkeit war das Handeln von Stillhalten und Hinauszögern bestimmt – von der Entscheidung, die GSG 9 in Mogadischu einzusetzen, einmal abgesehen. Der Erfolg dieser Dauerinszenierung war nur durch die Nichttransparenz der Entscheidungslage, d.h. durch die Ausschaltung der Öffentlichkeit, zu garantieren. Eine weitere

Funktion der Nachrichtensperre bestand in der präventiven Konsensherstellung für die Zeit danach. Es galt ja, die unmittelbar gefällte und in keinem Moment revidierte Grundsatzentscheidung – die Forderung der Entführer nicht zu erfüllen – im nachhinein legitimieren zu können, insbesondere deshalb, weil sie mit hoher Wahrscheinlichkeit den Tod des Entführten zur Folge haben mußte. Aus dieser Überlegung heraus bestimmt sich auch die Funktion der vom Presse- und Informationsamt der Bundesregierung herausgegebenen »Dokumentation zu den Ereignissen und Entscheidungen im Zusammenhang mit der Entführung von Hanns Martin Schleyer und der Lufthansa-Maschine ›Landshut‹«. Um dem Krisenstab das uneingeschränkte Entscheidungsmonopol zu sichern, wurden als erstes die Opposition integriert und als zweites die Massenmedien zur Akzeptanz der Nachrichtensperre genötigt. Im Falle der Rundfunk- und Fernsehstationen war letzteres aus naheliegenden Gründen nicht sonderlich schwierig. Daß jedoch auch die privatrechtlich organisierten Presseorgane dieser Form der Gleichschaltung durch eine geschlossene Front der Selbstzensur entgegenkamen, also den staatlich definierten Ausnahmezustand kritiklos zu akzeptieren bereit waren, gehört zu den bedenklichsten Phänomenen der 44 Tage überhaupt.

Ein weiterer Tiefpunkt war schließlich die Sanktionierung der von der Bundesregierung verfolgten Handlungsstrategie durch das Urteil des Bundesverfassungsgerichts, das den Erlaß einer Einstweiligen Anordnung auf Freigabe der Häftlinge ablehnte.

Da also auch die Judikative keine Ausnahme in der Akzeptanz des von der Bundesregierung definierten Ausnahmezustands gebildet hat, kann die Zeit der Schleyer-Entführung ohne Übertreibung als Modellfall für den »übergeordneten Notstand« in die noch junge Geschichte dieser Republik eingehen. Eindeutiges Resultat dieser Tage ist, daß die Staatsräson wieder absoluten Vorrang vor der Verfassungsräson genießt, daß die Organe der parlamentarischen Demokratie außer Kraft gesetzt und die Macht von einem in der Verfassung nicht vorgesehenen Supraorgan »Krisenstab« wahrgenommen wird und daß die organisierte Öffentlichkeit sich widerspruchslos zu parastaatlichen Funktionsträgern degradieren läßt.

Frage: Warum muß eine bewaffnete Gruppe, die vom Staat selber nicht als politische, sondern als »kriminelle Vereinigung« definiert wird, die als gesellschaftlich einflußlose »Bande verbrecherischer Elemente« angesehen wird und deren Verbrechen neben einer Reihe überaus alltäglicher Delikte in der Ermordung als gegnerisch betrachteter Einzelner besteht, warum muß eine solche Gruppe, die ja mit dem kriminalistischen Aufwand eines vor Entführung und Mord nicht zurückschreckenden Serientäters verfolgt werden könnte, dessen Publizität sich in einem Beitrag von »XY-Ungelöst« erschöpft, als Herausforderung des Staates angesehen werden?

V.

So absurd es auch erscheinen mag, für den spätestens seit dem Machtantritt Helmut Schmidts grassierenden Legitimationsschwund der SPD waren die Attentäter von Köln zusammen mit den Flugzeugentführern von Mallorca die Retter in der Not – zumindest vorläufig. Insbesondere mit der Entführung der Lufthansa-Maschine wurde dem sozialdemokratisch geführten Staat die Möglichkeit einer neuen »sinngebenden« Selbstinterpretation geboten. In Form des Einsatzkommandos GSG 9 konnte er sich als heldenhafter Beschützer gegenüber den bedrohten Mallorca-Urlaubern profilieren. Der theatralische Effekt dieser symbolüberladenen Aktion hätte von einem professionellen Dramaturgen kaum besser in Szene gesetzt werden können.
Nachdem bereits die Untat von Köln die Gelegenheit geboten hatte, sich mit den ermordeten »einfachen Beamten aus dem Volke« zu identifizieren, wurde die Welle des Mitgefühls durch die Bedrohung der Mallorca-Urlauber noch gesteigert. Der in der Vergangenheit gegenüber der RAF erhobene Vorwurf, daß sich ihre Aktionen ganz im Gegensatz zu ihrer eigenen Propaganda gegen die Bevölkerung richteten, wurde durch die Entführung der »Landshut« tatsächlich belegbar. Soweit die Verblendung der RAF.
Was nun die Identifikationsmöglichkeit der Bevölkerung betrifft, so konnte die GSG 9 durch die Geiselbefreiung in der Rolle eines selbstlosen Retters in der Not auftreten. Damit wurde ein lange verblaßtes und nur noch latent vorhandenes Bild vom Staat als großem Bruder, der einen in der Not beschützt, schlagartig reaktiviert.
Unter diesem Eindruck stellte sich auch die unnachgiebige Position der Bundesregierung in der Schleyer-Entführung plötzlich in einem anderen Lichte dar. Das Standhalten gegenüber den Forderungen der Entführer und die Entschlossenheit in der Geiselbefreiung konnten als Ausdruck ein und derselben Position aufgefaßt werden, weshalb hätte da ein Gedanke an Nachgeben aufkommen sollen? So wurde die kompromißlose Haltung, die völlig unterschiedliche Folgen in den beiden Entführungsfällen zeitigte, in der Wahrnehmung identisch – kühl, vernünftig

abwägend und letzten Endes effektiver im Sinne der Wahrung von Menschenleben.
Das macht den polizeistaatlichen Sieg der SPD in seiner massenpsychologischen Funktion aus: Mit dem Coup von Mogadischu konnte sie ein jahrelang anwachsendes Identifikationsdefizit, das sich infolge einer bloß noch pragmatisch orientierten Politik der Krisenbewältigung in der Bevölkerung ausgebreitet hatte, vorerst kompensieren. Bestätigt wird das nicht nur durch die Presseberichterstattung über den Hamburger SPD-Parteitag, die dort ein »ganz neues Schmidt-Gefühl« konstatiert und dem Kanzler im Komparativ – »Helmut ist menschlicher geworden« – Humanität attestiert, sondern vor allem durch das Ergebnis einer von der Bundesregierung in Auftrag gegebenen Infratest-Umfrage, wonach die Koalition von SPD und FDP nach langer Zeit zum ersten Mal wieder vor der Opposition in Führung liegt – und zwar mit 51% gegenüber 47% durchaus deutlich.

VI.

Was die Tragik der Guerilla ausmacht, ist, daß sie immer mehr die Züge des Monstrums angenommen hat, das sie zu bekämpfen begann und zu bekämpfen immer noch vorgibt. Ohnmächtig vor Wut gegenüber den Greueltaten der US-Amerikaner in Vietnam und der unverhohlenen Kollaboration unserer demokratischen Repräsentanten im Parlament, verwandelte sie den symbolischen Protest in direkte Aktionen gegen militärische Stützpunkte der US-Armee. Die Befreiungsbewegungen der Dritten Welt durch die Guerilla in den Metropolen zu unterstützen, das war die Absicht. Jedoch konnte das Resultat aus einer sich ständig verstärkenden sozialen Isolierung einerseits und einer zunehmenden Abstraktifizierung der Militanz andererseits nur die Reduktion des Kampfes auf der Ebene von militärischen Auseinandersetzungen sein. Das Handeln nahm immer mehr die Form von verschwörerischen, geheimdienstähnlichen, konspirativen Operationen an. So hat sich die RAF aus ihrer eigenen Logik heraus mehr und mehr auf die Ebene staatlicher Konfliktlösungen begeben. In der Form des Kampfes war sie den Geheimdienstorganisationen zum Verwechseln ähnlich geworden: In der BRD operierten nunmehr CIA, KGB, MAD, BKA und die RAF. Das war die Niederlage schon lange vor den Toten von Stammheim.

VII.

Der Einzige, der in den 44 Tagen der Entführung als Mensch reagierte, war der Entführte selber. Hanns Martin Schleyer, der SS-Offizier, der als rechte Hand Heydrichs fungiert hatte, verwandelte sich im Anblick des Todes in einen hilfesuchenden Menschen. Er, der 1942 nur aus Zufall beim Attentat auf Heydrich davongekommen war, hätte sicher eine Rache »verdient« gehabt, für die sein Tod niemals ein Äquivalent hätte sein können. Den Platz im offenen Mercedes-Coupé, den er in Prag nur an einem Tag freiließ, hat er im Grunde auch nach Kriegsende nie aufgegeben – die führende Position im Management der Daimler-Benz AG.

Schleyer – diese Personifikation des Modells Deutschland, der Kontinuität zwischen SS-Technokratie und Unternehmermanagement, zwischen reichsdeutscher Barbarei und bundesrepublikanischem Fortschrittswahn – enthüllte dennoch im Herbst des Jahres 1977 ein menschliches Antlitz. Dieser moderne Barbar war der einzige, der eine Spur Humanität zeigte. Im Augenblick seiner vollständigen Ohnmacht offenbarte er bislang unbekannte Züge. Der Bruch, den er in diesem Moment vollzog, dokumentiert einen winzigen Differenzpunkt in der unglückseligen deutschen Kontinuität, den sonst niemand auszudrücken in der Lage war.

Die Unmenschlichkeit wurde diesmal statt dessen repräsentiert

– durch die Bundesregierung, die ein größeres politisches Interesse am Leichnam Schleyers als an ihm als lebender Person hatte;

– durch die RAF, die auch nach dem Scheitern ihrer Entführungsaktion nicht den Funken an Souveränität besaß, um Schleyer laufen zu lassen und

– durch die Bevölkerungsmehrheit, deren Libido offensichtlich immer noch eine strukturell ähnlich manipulierbare Masse darstellt wie vor vierzig Jahren.

VIII.

Während in einer Bundeswehrhochschule junge Offiziere wieder anfangen, Juden unter dem Heruntergrölen deutscher Lieder symbolisch zu verbrennen;

während ein Fraktionsvorsitzender in einem bundesdeutschen Senat dazu auffordert, die Gedichte eines Autoren zu verbrennen, der seit seiner Flucht vor den Nazis immer noch in der Emigration lebt;

während in Südamerika ein bundesdeutscher Rechtsradikaler und Kanzlerkandidat in spe die Militärdiktaturen in Brasilien, Argentinien und

Chile besucht und dort von einem der größten Massenmörder der Gegenwart die Ehrendoktorwürde der Rechte empfängt;
während in Südafrika ein hessischer Rechtsradikaler und Kandidat für das Amt des Ministerpräsidenten von den Oberhäuptern der rassistischen Terrorregimes Rhodesien und Südafrika empfangen wird, in denen Gefangenenmorde und militärische Überfälle auf Schulen und Kindergärten zum Alltag des Schreckens gehören; während all dies geschieht, starren wir als Linke immer noch wie das berüchtigte Karnickel auf die Schlange Staat, verharren nicht nur in selbst mitproduzierter Agonie, sondern lassen uns auch noch von ehemaligen Kampfgenossen herunterziehen in ein ungekanntes Psychograb der Depression.
Wir müssen diesen Zirkel verlassen, wenn wir nicht länger mehr unbegriffenes Objekt unserer eigenen Politik bleiben wollen.
Denn das ist doch das Tragische an diesen Aktionen, daß sie gerade in dem Augenblick, in dem die Akteure vermeinen, Subjekte ihrer eigenen Handlungen zu sein, erst vollends zu Objekten der dadurch ausgelösten Handlungszwänge werden. Handlungszwänge, aus denen es nur einen Ausweg gibt – den Knast im Leichenwagen zu verlassen. Das Prinzip hat gesiegt, die Akteure sind auf der Strecke geblieben.
Das ist die Wahrheit von Stammheim. Und wer auf andere Varianten spekuliert, der ist auf dem besten Wege, in das Karussell einzusteigen, aus dem es – wie gesagt – nur einen Ausgang gibt. Schließlich und nicht zuletzt ist das auch unmittelbare Folge aus der Maxime der RAF, die Gudrun Ensslin auf den bedenkenswerten Nenner »Kampf oder Tod« gebracht hat.
»Wer sich nicht wehrt, stirbt. Wer nicht stirbt, wird lebendig begraben.« (ebenfalls Ensslin) Ergo: Die Alternative heißt »Kampf oder Tod« und nicht »Leben oder Tod«. Denn, wer lebt, ohne zu kämpfen, ist in Wirklichkeit tot und das muß noch schlimmer sein als der körperliche Tod, da dieser nicht mehr wahrzunehmen ist, im Gegensatz zum Tod des Lebendigen, der einem fortwährend präsent ist.
Die überlebende Entführerin von Mogadischu antwortete auf die Frage, ob sie denn keine Angst vor dem Tod habe, daß sie schon lange Zeit vorher gestorben sei.
Das entschlossene Akzeptieren der Mordthese gegenüber den Toten von Stammheim indiziert die katastrophale Schwäche der Linken, die die Inszenierung ihrer eigenen Opfermentalität benötigt, um sich über ihre trostlose Wirklichkeit hinwegtäuschen zu können. Die Mordthese ist Ausdruck der eigenen Todessehnsucht.

Diese Linke wird entweder wie Phönix aus der Asche ihrer eigenen Vergangenheit emporsteigen oder aber in der Tat nicht mehr als Asche sein, weil sie sich insgeheim hat begraben lassen.
Die Stunde der Fahndung ist vorbei. Gehen wir wieder auf die Straße.

Autonomie oder Getto?*

Thesen zum Verhältnis von Alternativ- und Fluchtbewegung

> »Wenngleich die Ambivalenz, welche die ganze Bewegung durchdringt, ihre Isolation von der Gesellschaft – eine Vorbedingung ihrer radikalen Funktion – zu einer unreifen Personalisierung, zur Beschäftigung mit Privatproblemen führt..., sind diese Kommunen nicht nur ein Refugium..., sie sind Inseln einer Zukunft, der Testboden humaner Beziehungen zwischen Menschen. Die Tatsache, daß diese ganze Sphäre, wie jede andere Gesellschaftssphäre, ebenso die Zufluchtstätte einiger Kranker und Verrückter geworden ist, hebt nicht ihre politische Rolle und Funktion auf. Aber dieses politische Potential wird nur in dem Grade aktiviert werden, indem es in politisches Bewußtsein übersetzt ist und indem es diesen Kommunen gelingt, die neue Sensibilität, das Private und die individuelle Befreiung der ›Anstrengung des Begriffs‹ zu unterwerfen.«
>
> Herbert Marcuse

Obwohl die bundesrepublikanische Linke augenblicklich nichts mehr kennzeichnet als der fast vollständige Mangel eines sozialrevolutionären Ansatzes, versucht dennoch ein Teil von ihr auch unter den lähmenden Vorzeichen staatlicher Repression nicht auf die Revolutionierung der Verhältnisse zu verzichten. Waren mit dem Scheitern des SPD-Reformismus zugleich auch die politischen Voraussetzungen für eine radikale Interventionsstrategie im Produktionsbereich verlorengegangen, so antworteten die undogmatisch-spontaneistischen Gruppen auf die Erfolglosigkeit von Betriebs- und Stadtteilkämpfen mit der Radikalisierung ihres eigenen Lebenszusammenhanges. Hatte die innenpolitische Entwicklung in der Bundesrepublik ohnehin den anfangs apostrophierten »langen Marsch durch die Institutionen« nicht zugelassen und damit die Herausbildung einer »revolutionären Berufsperspektive« schon im Keime erstickt, so sollte nun der Schaffung einer eigenen Reproduktionsbasis eine zentrale Rolle zukommen. Angesichts einer staatlich geschlossenen Gesellschaft versprach man sich von diesen beiden Initiativen, den

* Zuerst publiziert in dem vom Autor herausgegebenen Sammelband *Autonomie oder Getto? – Kontroversen über die Alternativbewegung*, Frankfurt 1978, S. 8-67

fortschreitenden Identitätszerfall der radikalen Linken auffangen zu können. Zum zentralen Gegenstand der politischen Bemühungen wurden die Fortsetzung des Emanzipationskampfes und die Absicherung des eigenen Sozialzusammenhanges unter veränderten Bedingungen.
Unter diesen, weitgehend durch die restriktive innenpolitische Entwicklung der sozialliberalen Koalition bedingten Umständen und bei der gleichzeitigen Bedeutungslosigkeit der zunehmend pathologisierten K-Gruppen auf der einen und der wieder weitgehend integrierten linken Fraktionen in SPD und DKP auf der anderen Seite, geriet vor allem das *Sozialistische Büro* in den Blickpunkt der Öffentlichkeit. Als einzig ernst zu nehmender organisatorischer Ansatz der unabhängigen Linken, der der Zwickmühle von Reformismus und Revisionismus zu entgehen versuchte, schien er den zersplitterten und paralysierten Kräften vor allem mit seiner Antirepressionskampagne Rückhalt und Stabilität zu verleihen. Jedoch stellte sich schon bald heraus, daß mit einem bloßen Abwehrkampf keine wirkliche politische Identität erhalten und auch kein Zusammenhalt bewahrt werden kann.
Wenngleich das SB als Sammelbecken heterogener politischer Strömungen nicht einfach auf die linkssozialdemokratische Herkunft seiner Gründungsmitglieder zu reduzieren ist, so läßt sich dennoch der konstitutive Einfluß dieser Position auf seine gesamte Politik keineswegs verleugnen. Der vor allem moralisch bestimmte Kampagnensozialismus, der am Beginn seiner Entwicklung in der Antiatom- und Antinotstandsbewegung im Vordergrund stand, prägt auch heute noch in entscheidenden Zügen das Bild dieser Organisation. Ja, fast scheint es so, als hätte die restriktive politische Entwicklung in diesem Lande nicht unerheblich mit dazu beigetragen, daß ihr wirklicher Charakter offener als bisher in Erscheinung treten konnte. Die Reduktion auf radikaldemokratische Positionen, die in der politischen Repression des Staates ihre quasiobjektive Rationalität findet, scheint keineswegs zufällig zu sein, sondern vielmehr etwas von der tatsächlichen Substanz ihres Selbstverständnisses auszudrücken. Zwar hat sich das SB immer als Organisationsform für jene Gruppierungen und Ansätze angeboten, die aus der Studentenbewegung stammen, sein Selbstbewußtsein jedoch hat es daraus zu keinem Zeitpunkt bezogen. Die Kampf- und Erfahrungsmomente der antiautoritären Bewegung gingen niemals konstitutiv in seine politische Identität ein; sie taugten immer nur als radikales Ferment für ganz andere strategische Absichten, in die es sie zu integrieren galt. Wenn für die Studentenbewegung die »Trauer um den Tod des bürgerlichen Individuums«

bestimmend gewesen ist, dann war es für einen großen Teil des SB die Trauer um die verlorengegangene Integrität der SPD. Die wirkliche politische Identität blieb immer an der Vorstellung einer real existierenden Arbeiterbewegung – und das hat in der Bundesrepublik fast immer Stillstand bedeutet – fixiert und hofft dementsprechend unverdrossen weiter auf Polarisierungsprozesse, die in der SPD und den Gewerkschaften in Gang kommen sollen. Deshalb ist das SB auch geradezu zwangsläufig neben sporadischen Kampagnen und der bürokratischen Verwaltung anderswo stattfindender Politik durch nichts mehr als einen Zustand des permanenten Abwartens gekennzeichnet. Seiner Logik zufolge kann es im eigentlichen Sinne noch nicht aktiv werden, da es dazu eben die Ansätze radikaler Arbeitergruppen benötigt, die hier aber kaum existieren. So steht es in gewisser Weise über allen Aktivitäten, unter allen Gruppierungen, neben allen Ansätzen, jedoch niemals im Zentrum der Praxis selber. Dies zu tun gibt zwar die sogenannte »Arbeitsfeldkonzeption« programmatisch vor, in Wirklichkeit handelt es sich hierbei aber um eine leicht durchschaubare politische Rationalisierung der eigenen Berufspraxis, die ja wohl kaum irgendwo mit einer revolutionären identisch sein dürfte. Ein Realitätsprinzip, das ansonsten immer schon gegenüber dem Lustprinzip gesiegt hat, stellt sich hier überdies auch noch als Fiktion heraus. Anstatt eine materialistische Klärung für die übergroße Mehrheit seiner im Hochschul- und Sozialbereich tätigen Mitglieder herbeizuführen, wird insgeheim immer nur die potentielle Bedeutung der Arbeiterklasse beschworen. Die Propaganda, undogmatisch und offen zu sein, ist zumindest insofern eine Täuschung, als sie an einem ehernen Grundverständnis, das noch ungebrochen am Primat von Proletariat und Betriebsarbeit festhält, keinen wirklichen Zweifel zuläßt. Unterhalb des basisdemokratischen libertären Selbstverständnisses steckt ein dogmatischer Bodensatz, der die politische Mentalität seiner aktiven Mitglieder prägt. Ausdauer, Zähigkeit, Kleinarbeit und Widerstandskraft mögen ansonsten notwendige Momente jeder politischen Praxis sein, hier bekommen sie jedoch eine sozialistische Weihe, in deren Schutz eine ansozialisierte Arbeitsmoral fröhliche Urständ feiern kann. *Sozialistisches Büro* – das ist der Sozialismus, der aus der protestantischen Ethik kommt. Ein Sozialismus, der allein schon deshalb nur schwer zu neuen Ufern führen kann, weil er blind einen Sozialcharakter mitschleppt und unbewußt fördert, der in der Geschichte immer mit Industrialisierung und Fabrikgesellschaft verschwistert war. Auf die neuen Qualitäten, die das historische Niveau der Studentenbewegung ausgemacht haben, wird hier oft schon von vornherein verzichtet: bisweilen dienen sie lediglich zur Erleichterung der »harten« politischen Arbeit. Selbst als Organisation, als synthetisierende und identitätsstiftende Kraft muß das SB letzten Endes fiktiv bleiben. Als Sammelbecken hat es zwar zunächst einmal die Möglichkeit zur produktiven Konfrontation unterschiedlicher Positionen; sobald sich aber die heterogenen Gruppierungen einmal praktisch aufeinander beziehen müssen, fallen sie zumeist umstandslos auf sich selber zurück. Hinter fast jeder einzelnen Position verbirgt sich auch ein Hegemonialanspruch, der fortwährend auf die gesamtorganisatorische Vorherrschaft spekuliert und damit eine produktive Auseinandersetzung oft schon im Keim verunmöglicht. Seine organisatorische Einheit bewahrt das SB nur solange, wie es Politik verwalten kann, das heißt mehr oder weniger unverbindlich und appellativ bleibt. Sobald es aber dazu gezwungen ist, sich konkreter auf bestimmte Konfikte einzulassen und praktisch zu verhalten, verliert es auch seinen Zusammenhang. Gerade dann, wenn die Probe aufs Exempel seiner Absichtserklärungen gemacht werden soll, versagt es. Bisher jedenfalls war das SB vor allem ein Projektionsgegenstand für eine Unzahl unerfüllter politischer Hoffnungen. Sicherlich wäre die hiesige Linke ohne es noch ärmer, dennoch aber besteht kaum ein Grund, von ihm die Verwirklichung der auf es gerichteten Hoffungen zu erwarten. Auf absehbare Zeit scheint es weder in theoretischer, geschweige denn in praktischer Hinsicht der Ort zu sein, an dem eine produktive Auseinandersetzung mit den hierzulande wirklich existierenden Bewegungsansätzen – Frauen-, Studenten-, Ökologie- und Antikernkraftwerksbewegung – möglich ist. Dazu steht die Organisation zu weit daneben, sitzen die Dogmen in ihr noch zu tief und haben sich ihre Mitglieder zu sehr aufs Abwarten – worauf eigentlich ? – eingerichtet. Das *Sozialistische Büro* verkörpert das Dilemma mit dem Sozialismus in der Bundesrepublik eher, als es diesen herbeiführt. Es ist ein frommer Wunsch, der sich anscheinend kaum säkularisieren läßt.

Die Priorität des Interessens- und Erfahrungszusammenhanges, die vom SB nur plakativ beschworen wird, steht im Zentrum jener Ansätze, die etwas pauschal als Alternativbewegung bezeichnet werden. Spätestens seit dem Tunix-Treffen in Berlin haben sie ein öffentliches Interesse gefunden, das selbst über den Kommunikationszusammenhang der Linken hinausreicht. Mit dem Aufbau alternativer Projektmodelle (Buchläden, Druckereien, Werkstätten, Landkommunen etc.), der Organisierung des eigenen Lebenszusammenhanges, der Entfaltung eines Systems von Gegenökonomie, letztendlich der »Politik in erster Person« stellen sich für sie die Probleme von Widerstand, Kampf und Antizipation nicht länger mehr unter den jeweiligen Bedingungen der Klassengesellschaft, sondern vornehmlich im Medium subjektiver Erfahrung und konkreter Alltagspraxis. Anstelle eines gezielten Angriffs auf die Strukturen des kapitalistischen Systems tritt nun mit dem Aufbau eines alternativen ökonomischen Systems die Entfaltung der Subjekte, die schon heute qualitativ anders möglich sein soll, in den Mittelpunkt der Auseinandersetzungen. Erfolgskriterium ist nicht mehr die soziale Wirksamkeit eines Klassenkampfkonzeptes, sondern der Entwicklungsgrad positiver Lebensentwürfe und der darin eingeschriebenen Möglichkeiten zur Selbstbefreiung. Damit will die Alternativbewegung in einer existentiellen Krise der Neuen Linken eine Antwort auf Integration und Repression finden, indem sie eine eigene soziale Identität zu entwickeln versucht, die die historisch neuen Bedürfnisqualitäten, die das spätkapitalistische System selbst schon mitproduziert hat, zu ihrem zentralen Gegenstand macht. Sie will

– auch im Kampf gegen Berufsverbote und Arbeitslosigkeit die generelle Ablehnung von kapitalistischen Rollenfunktionen und damit verbundenen Herrschaftsformen, sowie der taylorisierten Arbeit als Entfremdungs- und sozialen Unterdrückungszusammenhang nicht aufgeben;

– auch die unter kommunistischen und sozialdemokratischen Vorzeichen sich fortsetzende Entsubstantialisierung eines Politikbegriffs, der immer mehr in Widerspruch tritt zu qualitativ anders möglichen Lebensformen, in einer Öffnung nach seiner materialistischen Bedürfnisbasis hin abfangen;

– eine immer wieder aufs neue einrastende, schlecht abstrakte Organisationsdebatte, die zentralistisch subsumierend verfährt, in den Kontext des gegenkulturellen Lebenszusammenhanges stellen, ohne dabei von der Unterschiedlichkeit und Vielschichtigkeit dezentraler Organismen abzusehen;

– sich nicht im Abwehrkampf gegen Repression die Ebene der Auseinandersetzung vom Staat und seinen Herrschaftsagenturen vorschreiben lassen, sondern im Entwurf alternativer Lebensformen die Voraussetzung für eine sozialrevolutionäre Strategie entwickeln, in deren Verlauf die persönliche Emanzipation anstatt von ihrer Bedürfnisbasis abgeschnitten, weiter forciert werden soll;

– in den Mittelpunkt des Kampfes nicht mehr substitutionalisierend die

Interessen des Proletariats, einer bloß kategorial definierten Klasse stellen, in die man ohnehin nur durch einen Akt intellektueller Dezision gelangen kann, sondern die Bedürfnisse der im Kampf involvierten Subjekte selber.

Nun stellt sich allerdings die Frage, ob sich tatsächlich die »Große Verweigerung« positiv in die Organisierung des eigenen Lebenszusammenhanges umkehren läßt, ob das Ende des langen Marsches durch die staatlichen mit dem Aufbau eigener Institutionen, die vollständige politische Isolation mit der Kehrtwendung in eine Autonomie-Position der relativen Stärke beantwortet werden kann. Wie weit läßt sich der Kapitalismus transzendieren, ohne daß dies die Abschaffung seiner ökonomischen Strukturen zur Voraussetzung haben muß? Kann die Alternativbewegung wirklich einen neuartigen Ansatz zur Revolutionierung der spätkapitalistischen Metropolen begründen oder ist sie nur eine Zerfallserscheinung, eine subkulturelle Fluchtbewegung, die in der Umstandslosigkeit ihres Bedürfnisansatzes letztendlich zur politischen Wirkungslosigkeit verkommen muß?

Unleugbar ist mittlerweile, daß hiermit zwar ein erster Versuch unternommen wurde, aus der historischen Scheinalternative von Sozialdemokratie und Kommunismus auch konkret hinauszugelangen, indem mit der praktischen Erprobung eigener Projektansätze begonnen wurde. Jedoch ist gerade der Aufbau von gegenökonomischen Strukturen an massive Grenzen gestoßen und ein anderes Selbstverständnis, das eine historisch neue Form sozialer Identität antizipieren soll, konnte überhaupt nur auf der Basis ideologischer Kurzschlüsse realisiert werden. Aus diesem Grunde ist es unbedingt erforderlich, eine Diskussion zu eröffnen,in der die organisatorischen Prinzipien und perspektivischen Absichten der Alternativbewegung auf ihre sozialrevolutionären Möglichkeiten hin untersucht werden. Denn nur die Rekonstruktion des jeweiligen sozialpolitischen Kontextes vermag Kriterien zu begründen, nach deren Maßgabe sich die Spielräume zu bemessen haben, die den Konstitutionsrahmen alternativer Projekte markieren.

Dazu sechs ketzerische Thesen, die am Beispiel der Frankfurter Scene die bislang vorherrschende Begriffslosigkeit der Alternativbewegung auf den Begriff bringen sollen, ohne allerdings damit gleichzeitig Rückgriffe auf einen scheinbar vorhandenen Fundus »sozialistischer Allgemeinverbindlichkeiten« zu ermöglichen, die die zutagegetretenen Widersprüche zwar entschärfen, jedoch keineswegs lösen würden.

I. Die Alternativbewegung als Entmischungsprodukt der APO

Die Herauskristallisierung der Alternativbewegung verdankt sich einem komplementären Entmischungsprozeß einer zwar widersprüchlich zusammengesetzten, aber dennoch mehr oder weniger einheitlich agierenden »Außerparlamentarischen Opposition«, mit dem SDS als organisatorischem Kern. Ergebnis dieses sich am Ende der sechziger Jahre abspielenden Prozesses war die folgenreiche Auflösung des antiautoritären Aktionszusammenhanges in jeweils voneinander separierte politische Erscheinungsformen, in denen entweder Organisationsprinzipien oder Emanzipationsgehalte einseitig verabsolutiert wurden. Trotz der gravierenden Unterschiedlichkeit dieser Erscheinungsformen beruhen beide gleichermaßen auf einem Moment des warenproduzierenden Kleinbürgertums, der entweder die historisch schon möglichen Befreiungsakte nicht aufzugreifen in der Lage ist oder aber die dementsprechend aktuell notwendigen Realisierungsbedingungen einfach mißachtet. In doppelter Hinsicht ist er durch eine komplementäre Form »revolutionärer Ungeduld« gekennzeichnet. Die Parteiansätze täuschen mit der Geschlossenheit der politischen Organisation eine schon verwirklichte Synthese der sozialen Bereiche vor, ohne daß diese auch nur ansatzweise aus ihren empirischen Widerstandsmomenten eine die gesellschaftliche Totalität antizipierende Form der Organisation herauskristallisieren könnten: damit vollzieht sich die Formbestimmung des Organisationstypus, ohne auch nur den Keim empirisch daseiender Bedürfnisstrukturen und Bewußtseinsformen in sich zu vereinigen, nach Maßgabe eines dezisionistischen Aktes, der in fataler Weise einer der beiden existierenden Varianten des »realen Sozialismus« verpflichtet ist. Die spontaneistischen Mobilisierungsformen hingegen täuschen mit der Praktizierung alternativer Lebensformen eine Konkretionsebene vor, die substantiell erst dann erreicht werden kann, wenn die die Erscheinungsformen konstituierenden ökonomischen Antagonismen außer Kraft gesetzt sind. Solange jedenfalls die sich wie auch immer formierende Klassengesellschaft noch fortexistiert, solange wird jedes einzelne soziale Phänomen – und mag es noch so exklusiven Charakters sein – bis in seine letzte Verästelung hinein von diesem zentralen Widerspruch stark geprägt sein. Befreiung im emphatischen Sinne dürfte kaum möglich sein, solange dieses System als totalitätskonstituierendes Realitätsprinzip andauert. Es ist zwar richtig, den Gang in die bloß politischen Organisationen als gleichzeitigen Niedergang der Emanzipationsgehalte zu desavouieren und von vornherein die widersprüchliche Einheit von »Politik und Leben« zu postulieren: jedoch muß dieser Versuch, aus dem Zirkel von Spontaneität und Organisation, Punktualität und Kontinuität, Aktualität und Geschichte auszubrechen, solange gegenkulturelle Figur bleiben wie er nicht aus seinem Getto heraustritt und in veränderter Form gesellschaftlich interveniert. Deshalb ist auch der Aufbau alternativer Lebenszusammenhänge und gegenökonomischer Projekte nicht schon per se abzulehnen, sondern lediglich ihre Verselbständigung zu pseudoautonomen »Widerstandsinseln«, das Ausblenden aller anderen sozioökonomischen Widersprüche. Die erste These lautet, daß erst dann ein strategischer Ansatz zur sozialen Revolution in Westeuropa vor der Gefahr der wechselseitigen Verselbständigung in organisatorischer oder emanzipatorischer Hinsicht gefeit ist, wenn er dazu in der Lage ist, die systemkonforme Kanalisierung von Massenbedürfnissen aufzufangen und sie zur Basis einer revolutionären Politik zu machen, in der die konkrete Entwicklung befreiter Lebensformen zugleich eine Perspektive gesamtgesellschaftlicher Umwälzung besitzt. Erst wenn die Differenz von Politik und Leben ausgehalten und produktiv gemacht wird, läßt sich sowohl dem Kurzschluß einer voreiligen Identität, als auch der vollständigen Unterwerfung des einen dem anderen gegenüber entgehen.

II. Gegenökonomie: Ein Schritt vor, zwei Schritte zurück

Ohne die um die sogenannte Ökokrise kreisende und am explosiven Thema Kernenergie sich auch innerhalb des Systems scheidende Problematisierung bislang gesellschaftlich nicht weiter hinterfragter Standardbegriffe wie Technik, Rationalität und Fortschritt wären die inzwischen von der Subkultur hervorgebrachten Ansätze zur Entwicklung einer alternativen Bewegung mühelos und mit aller Eindeutigkeit auch von der Linken als rückschrittliche Fluchttendenzen gebrandmarkt worden. Seitdem aber die von den multinationalen Konzernen zum Teil absichtlich mitproduzierte »Erdölkrise« Ende 1973 einen massenpsychologischen Schock auszulösen vermochte und zudem eine früher nur in Spezialistenkreisen geführte Debatte um eine alternative »soft technology« Eingang in die Massenmedien gefunden hat, treffen sie auch innerhalb der ehedem interventionistisch am »proletarischen Subjekt« fixierten radikalen Linken auf größere Resonanz. Vor allem die schon seit einem Jahrzehnt im Medienbereich arbeitenden Kollektive wie Verlage, Druckereien, Buchvertriebe und -läden besitzen einen Vorschuß an praktischer

Erfahrung in Sachen alternativer Ökonomie, der mittlerweile auch in anderen Bereichen der Produktions- und Zirkulationssphäre Anwendung findet. Wenngleich auch die alternativen Projekte dem Doppelcharakter der Arbeit unterworfen bleiben und jeder Versuch, das Geld als Lohnform abzuschaffen, zwangsläufig im verschleierten Äquivalententausch münden muß, so unterscheiden sie sich dennoch in zwei bedeutsamen Punkten von der Produktionslogik kapitalistischer Betriebe. Einmal versuchen sie durch die unnachgiebige Insistenz auf dem Gebrauchswert die Prinzipien einer tauschwertorientierten, profitmaximierenden Logik zu unterlaufen und zum anderen in der Veränderung der Verkehrsformen, insbesondere der Aufhebung geschlechtsspezifischer Rollenfunktionen, sowie der Trennung von Hand- und Kopfarbeit die hierarchischen Prinzipien und sonstigen Herrschaftsformen in Frage zu stellen. Jedoch so ehrenswert die Intentionen und so entschlossen die einzelnen Umsetzungsversuche auch sein mögen, über kurz oder lang stellen sich tiefgreifende Widersprüche in ausnahmslos jedem genuinen alternativen Projekt ein, die den Kollektivzusammenhang in eine existenzbedrohende Zerreißprobe zwischen Marktmechanismen einerseits und Emanzipationsansprüchen andererseits führen. Nicht ohne Grund ist bei den zumeist manufakturiell organisierten Alternativbetrieben, die sich zwangsläufig durch einen niedrigen Entwicklungsstand der Produktivkräfte auszeichnen – wie Rolf Schwendter zwingend nachgewiesen hat –, die Selbstausbeutung der Ware Arbeitskraft ein strukturelles ökonomisches Prinzip, demzufolge die Mehrwertschöpfung eine besonders große Rolle einnimmt. Der Zirkel, in dessen Rahmen hier jeder Transzendierungsversuch einer kapitalistischen Ökonomie befangen bleiben muß, besteht darin, daß entweder die alternative Ökonomie versucht, auf dem »freien Markt« konkurrenzfähig zu werden, indem sie die Selbstausbeutung der Ware Arbeitskraft bis an deren physische Grenzen vorantreibt, also mit der Überbetonung des variablen Kapitals das zumeist mangelnde konstante Kapital an Gebäuden, Werkzeugen, Rohstoffen etc. auszugleichen versucht und damit den Anspruch alternativer Verkehrsformen – von der Insistenz auf dem Gebrauchswert ist dann zumeist schon längst keine Rede mehr – zum bloßen Lippenbekenntnis werden läßt. Oder aber man versucht die Veränderung der Verkehrsformen bei zumeist niedrigem Qualifikationsniveau praktisch voranzutreiben, so daß der Betrieb wegen mangelnder Rationalisierung und Arbeitsteilung nicht länger mehr konkurrenz- und damit praktisch auch nicht mehr aus eigener Kraft existenzfähig bleibt. Um einen Bankrott zu vermeiden, wird nun zumeist unter politischen Rationalisierungen eine Serie permanenter Subventionierung notwendig; als Kreditgeber müssen sich meist Genossen »opfern«, die infolge ihres berufichen Status über ein relativ hohes Einkommen verfügen. So eignen sich – eingeweihten Kreisen zufolge – linke Professoren sowohl im objektiven wie auch subjektiven Sinne »besonders vorzüglich« für derartige Transaktionen; zum einen gelten sie politisch als »Kriegsgewinnler«, weil sie im Gegensatz zu anderen ehemals politisch aktiven Studenten als Marxisten Karriere an der Hochschule machen konnten, und zum anderen zeichnen sie sich aufgrund ihrer »mangelnden Praxis an der Basis« zumeist ohnehin schon durch ein schlechtes Gewissen aus, von dem sie sich mit einem großzügigen Kredit oder einer angemessenen Spende leicht loskaufen können. Diese Schilderung eines typischen Beispiels aus der zumeist anonym verbleibenden Schattenzone der Gegenökonomie deutet den Zynismus an, mit dem die alternativen Charaktermasken zum Teil bewußt operieren; diejenigen, die noch die Naivität aufbringen, an den umstandslos emanzipatorischen Charakter zu »glauben«, gelten häufig als die einfältigen Idioten, die nicht den »nötigen Durchblick« besitzen und sich in der Arbeit meistens als besonders »nützlich« erweisen. So stellt sich auch unter den Vorzeichen einer radikalen Infragestellung von Herrschaftsformen leicht ein undurchschaubarer Zwangszusammenhang ein, der neue Gewalt- und Unterdrückungsformen hervorbringen kann. So häufen sich die Fälle, in denen sich »Genossen« untereinander bei Androhung von Gewaltanwendung oder öffentlicher Bloßstellung die erforderliche »materielle Solidarität« erpressen. Ohne die komplexen Zusammenhänge von Gegenökonomie und alternativen Lebensformen umfassend skizzieren zu können, läßt sich dennoch in aller Eindeutigkeit feststellen, daß die Alternativbewegung aufgrund ihres weitgehend undurchschauten ökonomischen Konstitutionsprinzips der einfachen Warenproduktion zugleich einen neuen Typus von Sozialcharakter hervorbringt, den der subkulturell nachsozialisierten alternativen Charaktermaske.

Die zweite These lautet daher, daß der Aufbau alternativ organisierter Projekte und die damit ansatzweise möglich gewordene Entwicklung eines subkulturellen Lebenszusammenhanges zwar nicht per se in das Gegenteil ihres offen verkündeten emanzipativen Anspruchs umschlagen muß, man sich jedoch davor hüten sollte, die Gegenökonomie zur Basis einer historisch neuartigen, weil autonomen Revolutionsstrategie hochzustilisieren. Sicher gewinnt die Schaffung einer unabhängigen Reproduktionbasis, die durchaus die strukturell bedingte höhere Ausbeutung der

Ware Arbeitskraft zum Teil mit der Erhaltung und Stabilisierung einer radikalen Form von Gegenidentität wettmachen könnte, angesichts der zunehmenden psychischen und mittlerweile auch schon physischen Verelendung der wissenschaftlichen Intelligenz ständig an Bedeutung. Jedoch sollte dabei von vornherein klargestellt werden, daß die materielle Reproduktion und der Entwurf einer befreiten Zukunft innerhalb des auf der entfalteten Warenproduktion beruhenden kapitalistischen Systems, zumal angesichts einer weitgehend vorangeschrittenen Transformation des Konkurrenz- zum Monopolkapitalismus, nicht miteinander identisch werden können: wäre dies hingegen der Fall, so könnten wir getrost schon jetzt von der Abschaffung der Klassengesellschaft ausgehen. Nur das begriffliche Aushalten der spezifischen Differenz von Gegenökonomie und alternativem Leben kann vor dem Trugschluß einer umstandslos möglichen neuen Identität mit all ihren fatalen Folgeerscheinungen bewahren.

III. Unter der Hülle der Emanzipationsphilosophie: Sozialdarwinismus

Obwohl es einer der zentralen Aktionsgehalte der antiautoritären Revolte war, davon auszugehen, daß subjektive und objektive Veränderung, Selbstbefreiung und politischer Kampf untereinander vermittelt sein müssen, so ist der tatsächliche Ablauf doch wohl eher durch ein ständiges Auseinanderbrechen der in diesem Anspruch miteinander verbundenen Extreme charakterisiert gewesen als durch eine wirklich stattgefundene »Dialektik der Befreiung«. Die schier unvermittelbaren, ja sich geradezu ausschließenden Positionen im exemplarischen Konflikt zwischen der Kommune I und dem Berliner SDS, in dem Orgasmusschwierigkeiten gegen den Vietnamkrieg und die Verbandspolitik einer Studentenorganisation gegen die Revolutionierung der Verkehrsformen vice versa ausgespielt wurden, drückt diese Diskrepanz noch am gravierendsten aus, die dann im organisatorischen Ausschlußverfahren nur zum Schein gelöst wurde. Danach ist es in der Geschichte dieser im Laufe nur eines Jahrzehnts so ungeheuer rapide gealterten Neuen Linken kaum noch zu derartigen Brüchen gekommen, da die strikte Auseinanderdividierung von subjektiven und objektiven Momenten in der Motivation zum politischen Kampf eine folgenreiche Desillusionierung der einstmals vertretenen emphatischen Ansprüche hinterließ. Heute jedenfalls kommt einem schon der Gedanke, daß die wechselseitig bis zur Pathologie auseinandergetriebenen Zerfallsprodukte erneut mit gemeinsamen Ansprüchen in einen Zusammenhang treten könnten, wie eine Zumutung vor. Würde die AA-Kommune beispielsweise die Absicht kundtun, im *Kommunistischen Bund Westdeutschland* eine aktionsanalytische Zelle zu gründen, so hätte das bestenfalls Gelächter oder Mitleid zur Folge. Das Maß an Integrationsfähigkeit, das noch die Kommune I hingegen dem SDS zuzutrauen imstande war, als sie ihre radikalen Selbstveränderungsansprüche noch im organisatorischen Rahmen lösen zu können glaubte, muß einem im nachhinein als geradezu naiv erscheinen. Nachdem das, zunächst einmal kurzfristig doppelte Scheitern der Revolte nach außen – Antinotstandsbewegung, Springerkampagne, Hochschulrevolte, Randgruppenkonzeption – und nach innen – Kommunebewegung, kollektive Lern- und Produktionsformen, sexuelle Revolte, Kinderladenbewegung etc. – zu einer existentiellen Krise der gesamten Bewegung und ihrer Akteure ausgewachsen war, reagierten die verschiedenen Zerfallspartikel mit einer Realitätsflucht in zum Teil schon vorhandene, nach Möglichkeit geschichtsträchtige Identitätshülsen. Das Ergebnis war die eingangs skizzierte komplementäre Depravierung von Organisations- und Emanzipationsformen zum hölzernen Dogmatismus der K-Gruppen einerseits und den begriffslosen Mobilisierungsriten der Spontis andererseits. Die von beiden Richtungen unternommenen Interventionen im Betriebs-, Stadtteil- und Hochschulbereich scheiterten in jeweils verschiedenen Verlaufsformen. Die erneuten Reaktionsbildungen bestanden in nochmaligen Verhärtungen der ohnehin schon vorgegebenen fatalen Tendenzen. Während die K-Gruppen ihre diversen Parteiansätze vollends zu bloßen Außenposten Chinas, Albaniens und der Sowjetunion entselbständigten, um damit ihre eigene Wirkungslosigkeit als »Avantgarde des Proletariats« zumindest an der Seite des jeweils »welthistorischen Siegers« zu kaschieren, so verselbständigten sich viele Spontis zur lebensreformerischen Subkulturbewegung, indem sie sich nach den ohnehin gescheiterten Interventionen vorsätzlich noch einmal von den letzten Randposten der Außenwelt abschnitten, um sich desto verbissener im eigenen Getto als autonomem Bezirk einzurichten.

Die Entfaltung eines eigenen gegenkulturellen Sozialgefüges, der »Scene«, ist so schon von vornherein als ambivalent zu bezeichnen. Zwar kann sie zunächst einmal das Auseinanderbrechen der im politischen Kampf entstandenen Strukturen verhindern und bis zu einem gewissen Grad Spielräume zur Erprobung alternativer Lebensformen ermöglichen: diese müssen jedoch im revolutionären, gesellschaftsumwälzenden Sinne wirkungslos bleiben, solange sie ihre eigene soziale Wirklichkeit nicht in ein bestimmtes Verhältnis zum gesellschaftlichen Kontext und dessen Widersprüchen setzen. Mit dem trotzigen Beharren auf der Dezentralität und Autonomie der einzelnen Widerstandsformen allein wird sich in diesem Lande jedenfalls nicht mehr verändern, als sich nicht ohnehin schon ändert und das wahrlich nicht zu unseren Gunsten. Die ideologische Verklärung des in die Enge der sozialen Isolation getriebenen Linksradikalismus zur Autonomieposition einer unabhängigen, historisch neuartigen Stärke gerät in die Nähe eines alternativ praktizierten Selbstbetrugs. Statt eine Gefahr für das System zu werden, nimmt die kommunitäre Bewegung in zunehmendem Maße die Form einer Sozialagentur an, die das Überleben der Drop-Outs abzusichern hat. Eine solche Bewegung jedoch, die sich zum privaten Überleben zurückzieht, ist im sozialrevolutionären Sinne zweifelsohne zum Sterben verurteilt. Die dem *Sozialistischen Büro* so gerne vorgeworfene Sozialarbeitermentalität läßt sich in der Alternativbewegung noch am ehesten lokalisieren; lediglich mit dem Unterschied, daß erstere gesellschaftliche Außenseiter als Sozialfälle begreifen, während letztere sich selber zum Sozialfall machen. Die Tatsache allein, daß im Schatten des universitären Gettos, aus dem die studentische Linke seit einem Jahrzehnt auszubrechen versucht, nun ein alternatives aufgebaut wird, verändert nichts und läuft lediglich auf eine Umdeklarierung der totalen politischen Isolation hinaus. Daß Getto damit Getto bleibt und daran auch keine noch so laut vorgetragene Propaganda etwas ändern kann, beweisen die Strukturen, die sich dort im Laufe der letzten Jahre herausgebildet haben. Im fast bruchlosen Übergang von einem ständig abrufbereiten Reservoir mobilisierungsbereiter Spontis zur eigenökonomisch fundamentierten Alternativbewegung werden sowohl Charakterformen als auch Autoritätsstrukturen zementiert, die je weiter der Wirkungskreis der sich eigendynamisch verselbständigenden Gegenökonomie reicht, desto anonymer und damit unangreifbarer werden.

Wie Krahl in der »Dialektik des antiautoritären Bewußtseins« den Umschlag von der antiautoritären zur ML-Bewegung zu begreifen versucht, so wäre heute dieser Prozeß am Beispiel der Alternativbewegung gegen seinen damals skizzierten historischen Strich zu verfolgen. Lediglich mit der Differenz, daß der aus dem Begriff der einfachen Warenproduktion derivierte Sozialcharakter des Kleinbürgertums sich mittlerweile auch den Schein einer längst verlorengegangenen ökonomischen Basis zurückzugewinnen sucht. Der Gegenstand der damals geleisteten Kritik hat sich gewissermaßen nachträglich materialisiert, indem er sich die entsprechende ökonomische Basis gegeben hat. Hatte sich der naturwüchsige Zustand der Spontibewegung ohnehin schon in den Zeiten der zyklischen Zusammenrottung und des wilden Auseinandertreibens auch unter den Vorzeichen einer emphatischen Solidarität in Wirklichkeit durch den Krieg aller gegen alle ausgezeichnet, so gewinnt dieser in der sich nun selbst geschaffenen Sphäre der einfachen Warenproduktion auch langsam seinen ökonomischen Sinn. Durch das umstandslose Identischsetzen von ökonomischer Reproduktion und revolutionärer Intention formiert sich jede Verhaltensweise innerhalb des Gettos von ihrem Kern her nach der Doppelstruktur der Ware. So gehört zu den auffälligsten Widersprüchen des Scene-Alltags, daß auch nur jede sich »alternativ«, »spontan« oder »befreit« gebende Geste künstlich bis zur Theatralik gesteigert werden muß, um durch diese Inszenierung die schon vorherrschende stille Gewaltförmigkeit, die Unterminierung alternativer Lebensformen durch ihr unerkannt zugrundeliegendes ökonomisches Prinzip, zu überspielen. Die sich als Genossen X und Y gegenüberstehenden Mitglieder ein und desselben Projekts können aufgrund des Zwangs, sich materiell ausreichend reproduzieren zu müssen, nicht mehr einfach davon abstrahieren, daß sie sich als Konkurrenten gegenüberstehen, die sich tendenziell entweder in der Höhe des Lohns oder aber in der Verausgabung ihrer Arbeitskraft übers Ohr hauen müssen. Das ist eine zwangsläufige Folge der Unterkapitalisierung fast aller Betriebe und der daraus resultierenden weitgehenden Konkurrenzunfähigkeit auf dem »freien Markt«. Kaum anders, wenngleich auch komplexer wird es, wenn sich Genossen zweier verschiedener Projekte gegenüberstehen, womöglich aus dem gleichen Zusammenhang linker Literaturproduktion. Dann wird unter der Hand versucht, die existenzbedrohende Situation dadurch zu entschärfen, daß die Liquidität durch einen verdeckten Preisaufschlag im »genossenschaftlichen Zwischenhandel« wiederhergestellt wird und damit im Grunde genommen der finanzielle Druck solange weitergegeben wird, bis sich der Zirkel im linken Nebenmarkt vollendet und die defizitäre Grundstruktur zur direkten Gewaltandrohung bzw. -anwendung eskaliert. Dieser offen kriegerische Naturzustand des Kapitals, der die Phase der ursprünglichen Akkumulation gekennzeichnet hatte, kehrt nun im Stadium des Monopolkapitalismus unter der doppelten Bedingung einer von außen aufgezwungenen und innen selber noch einmal künstlich nachvollzogenen Abkapselung wieder und treibt eine Form sozialer Wirklichkeit hervor, die sich nur als Sozialdarwinismus auf den Begriff ihrer begriffslosen Praxis bringen läßt. Diese an den Lehren Darwins orientierte biologische Variante der bürgerlichen Soziologie hatte in der zweiten Hälfte des 19. Jahrhunderts den Kapitalismus zu rechtfertigen versucht, indem sie den Kriegszustand des Kapitals zum Naturgesetz verklärte, demzufolge sich nur die Stärkeren gegen die Schwächeren durchsetzen und damit im fortwährenden Kampf ums Dasein der Krieg den eigentlichen Zustand der Gesellschaft darstellen soll.

In den beiden oben angeführten Fällen ist es im Grunde genommen völlig gleichgültig, mit welchem Bewußtsein, welchen Interessen und Wünschen die betreffenden Genossen miteinander konfrontiert werden. Solange sie mit ihrer Existenz vollständig an den jeweiligen alternativen Betrieb gekoppelt sind, fungieren sie zunächst einmal als Vertreter dieses Einzelkapitals und verkörpern zugleich dessen Logik auch in den Sozialbeziehungen. Durch diese Verquickung aber, in der die persönliche mit der institutionellen Existenz eines einzelnen Projekts punktuell identisch wird – nämlich in der Frage der materiellen Reproduktion – muß sich die alternative Gegenidentität zwangsläufig zu einer alternativen Charaktermaske entleeren. Daran ändert auch nichts ein zeitweilig egalitäres Verhalten der Genossen untereinander – eher ist es noch eine Bestätigung, die einen strukturellen Bruch der bürgerlichen Gesellschaft in Arbeit und Freizeit, Geschäftemacherei und Vereinskumpanei noch einmal reproduziert. Schritt für Schritt dringt die eigendynamisch verselbständigte Gegenökonomie in jede Ritze des Alltagslebens ein und zerfrißt mit ihrer Verwertungslogik fast jeden alternativen Ansatz, so daß über kurz oder lang nur noch seine ideologische Hülse übrigbleibt.

Die naturwüchsig propagierten Scene-Strukturen haben ihrerseits im Laufe der Zeit ein eigenes System von Werten und sozialen Normen hervorgebracht, das mit Zwangsläufigkeit all jene ausschließt, die nicht unmittelbar dazu bereit sind, sich diesen Charakterformationen zu beugen. Darunter fallen in fataler Koinzidenz sowohl äußere Anzeichen einer »normalen«, systemkonformen Erscheinung, als auch die einer virulenten psychischen Krise. Insbesondere wenn die »psychischen Störfälle« bzw. Ausfallerscheinungen von den Wohngemeinschaften nicht mehr ausgehalten und auch von anderen »Sozialnischen« nicht mehr aufgefangen und stabilisiert werden, bildet sich ex negativo ein neuer Stärketypus heraus, der seine eigene Kontur in der Abgrenzung zum psychischen Defekt gewinnt und damit ein gängiges Identitätssyndrom der übrigen Gesellschaft reproduziert. Wer aus bestimmten Zusammenhängen nicht herausfallen will, trägt deshalb präventiv in Kleidung und Gestik offen und mit Nachdruck die Verletzung aller gesellschaftlichen Werte zur Schau. Jedoch indem er dies tut, bildet er zugleich einen neuen, »positiven« Sozialcharakter aus, den des subkulturellen. Wenngleich dieser sich in der Erscheinung von dem des bürgerlichen unterscheidet, so kann er dennoch dem Zwang einer eigenen Normsetzung nicht vollends entkommen und bildet im Unterschied zu eben jenem anderen Habitus zugleich auch neue Aussonderungs- und Unterdrückungsmechanismen heraus.

Ein anderes krasses Symptom für das Auseinanderklaffen von Anspruch und Wirklichkeit in der Alternativbewegung ist die Existenz von ganz manifesten informellen Strukturen. So gehört schon seit Jahren die in der Gegenreaktion auf die Über- und Blindorganisierung der Parteiaufbauer sich abzeichnende Weigerung, formelle Strukturen zu akzeptieren, die untergründige und gerade wegen ihrer mangelnden Transparenz so unangreifbare Herausbildung informeller Strukturen zu den widersprüchlichsten Phänomenen innerhalb der Scene. Gerade die Naturwüchsigkeit der Mobilisierungs- und Aktionsformen hat komplementäre Hierarchien und Autoritätsformen herausgebildet, die im eklatanten Widerspruch zur postulierten Revolutionierung der Verkehrsformen stehen. Die Anzahl der Vorinformierten, die »Entscheidungsbefugnisse« innehaben, steht dabei in einem umgekehrt reziproken Verhältnis zu denen, die die Entscheidungen praktisch umsetzen sollen. Die Träger von Informationskanälen sind in derart unorganisierten Gruppen zugleich nicht nur im potentiellen, sondern auch im faktischen Sinne identisch mit politischen Machtinhabern, da diejenigen, die von den zentralen Informationskanälen ausgeschlossen sind, entweder keine oder zuwenig Informationen besitzen, um damit an Entscheidungsprozessen partizipieren zu können, und deshalb schon von vornherein auf den Status politischer Objekte reduziert sind. Folge dieser strukturellen Diskrepanz ist die Herauskristallisierung von linksradikalen Stars, die in einer spezifischen Art und Weise ihre wankelmütige Gefolgschaft auf den jeweils zuvor ausbaldowerten »Vordermann« zu bringen versuchen. Das, was die informelle Elite exklusiv beschlossen hat und mit der gezielten Verbreitung des Spontaneitätsmythos zu legitimieren versucht, wird von den Stars auf den Teach-ins inklusiv »vermasst«. Die Aphasie der Menge wird dabei nur schwach getüncht von der expressionistischen Rhetorik der immergleichen Redner. Seitdem diese Strukturen im Übergang von der Sponti- zur Alternativbewegung auch noch eigenökonomisch einbetoniert wurden, muß einem der »Demokratische Zentralismus« der Parteiaufbauer im Vergleich zu den autoritären Gehalten mancher unorganisierter Gruppen geradezu wie ein Waisenkind vorkommen. Die komplementär zur Naturwüchsigkeit ihrer Sozialbeziehungen produzierten informellen Strukturen gleichen zuweilen denen einer subkulturell verbrämten Kleinstadtmaffia; entgegen aller propagandistisch verbreiteten Öffentlichkeitsansprüche nehmen sie den Exklusivcharakter eines alteingeschworenen Clans ein, der alternativ residiert und dessen Strukturen unangreifbarer zu sein scheinen als die Erbfolge der Monarchie. Die dritte These lautet: Je weiter sich Ökonomie und Politik, Leben und Kampf in der Alternativbewegung zu einem undurchschaubaren Geflecht durchdringen, eine desto höhere Sensibilität müssen im Grunde genommen alle darin Involvierten aufbringen, um die verdeckt produzierten, von ihrer Legitimationsbasis her kaum angreifbaren Herrschaftsformen schon im Keim aufzuspüren und zu bekämpfen. Nur die Offenlegung des praktizierten ökonomischen Prinzips, die Herstellung einer egalitären Informationsbasis und plenar sowie öffentlich durchgeführte Entscheidungsprozesse können das vollständige Umkippen der Alternativbewegung in ein kleines Chicago verhindern.

IV. Jargon der Unmittelbarkeit: Lebensphilosophischer Agnostizismus

Die klassenanalytische Katharsis der antiautoritären Bewegung hatte geradewegs in die Katastrophe der reinen proletarischen Position geführt. Dem vor allem durch den Heidelberger SDS in geschichtsblinder Analogie zu Lenins Ökonomismuskritik an der russischen Sozialdemokratie erhobenen Ruf nach »Liquidation der antiautoritären Phase« folgte in klassischer Reaktionsbildung von Teilen der Bewegung zunächst einmal das selbstironische Akzeptieren des Vorwurfs »Spontaneist« zu sein und sich damit des Verdachts schuldig zu machen, an einer der »kommunistischen Kinderkrankheiten« zu leiden. Doch die sich allmählich zum Positivum eines neuen Selbstverständnisses verfestigende affirmative Wendung des Sponti-Vorwurfs signalisiert einen eklatanten Kurzschluß im Bewußtsein der Betroffenen. Denn ganz offensichtlich entweicht man der Zwangsgewalt der wechselseitigen Bornierung keineswegs, indem man einfach das akzeptiert, was einem vorgeworfen wird. Gerade die Selbstdefinition ex negativo markiert im Prozeß des Austauschs des emanzipations- gegen das organisationsbornierte Moment den Versuch, eine Seite der Verdinglichung mit ihrer anderen heimzuzahlen. Im Zwang zur Unmittelbarkeit muß paradoxerweise jeder Sponti in eben dem Zirkel gefangen bleiben, den ihm der Marxist-Leninist indirekt vorschreibt. Das macht bei allen innovierenden Momenten den Kern seines Selbstbetrugs aus: Schon deshalb nicht mehr spontan sein zu können, weil die Spontaneität ohnehin fortwährend im reaktiven Sinne herausgefordert wird.

In die sich als Reaktionsbildung auf die ML-Bewegung herauskristallisierten und selber schon wieder zu Riten erstarrten Mobilisierungsformen und Aktionszusammenhänge der Spontibewegung gingen zwei zentrale Momente ein, die gerade deshalb so verhängnisvolle Auswirkungen haben konnten, weil sie geschichtslos aus dem Bewußtsein verdrängt wurden. Dies war zum einen der Versuch, dem politischen Zwangsverhalten und dem daraus resultierenden Realitätsverfall der K-Gruppen durch die Insistenz auf dem »Hier und Jetzt« zu entweichen, und zum anderen die Abkehr von der Position des kritischen Kritikers, indem der Primat der Praxis und des Kampfes unabdingbar wurde. Beide aus dem Abgrenzungszwang enstandenen Fluchtpunkte mündeten am Ende des sogenannten Interventionismus gleichermaßen in einen Beschwörungszwang, der sich im verbalen Ritus des immergleichen Gebrauchs bestimmter Sentenzen das praktische Fußfassen an der sozialen Basis durch Magie zu sichern versucht. Insbesondere die adjektivischen Wendungen »ganz konkret«, »ganz spontan« und »autonom« sollen in ihrem manisch formelhaften Gebrauch eine Sphäre von Unmittelbarkeit vortäuschen, die unter den gegenwärtigen Bedingungen allemal fiktiv bleiben muß. Von dieser sprachlichen Matrix können nahezu alle Sätze wie Flugblätter von der Matrize abgezogen werden, womit sie sich im Grunde auf bloße Zusätze reduzieren. Zusätze aber zeichnen sich dadurch aus, daß sie nichts Neues mehr erfassen können, sich die Sprachformen zwar noch leicht variieren, jedoch ohne damit wirkliches Erfahrungsmaterial zu verarbeiten, also im Grunde zu Sprachhülsen ausgehöhlt sind. Damit aber tritt genau das ein, was so manisch verhindert werden soll: Die schlechte Abstraktheit des Intellektuellen wird mit der schlechten Abstraktheit des konkretionswütigen Projektaufbauers bekämpft. Indem sich hier der Kreis wieder schließt, reproduziert die Alternativbewegung in ihrem Sprachverhalten gerade dort, wo sie die Grenzen des Gettos zu transzendieren versucht, ihre sozioökonomische Isolation, weil sich die verbal aufgeblähten Wünsche nicht wirklich materialisieren können.

Diese Restriktion des Sprachcodes auf einen Jargon von Unmittelbarkeit signalisiert nicht nur eine verminderte Fähigkeit, soziale Widersprüche auch im Denken und demzufolge in der Sprache auszuhalten, sondern den fast vollständigen Verlust eines politischen Gegenstandes, an dem der eigene Ansatz überhaupt erst Konturen gewinnen könnte. Abzulesen ist dies auch am augenblicklichen Zustand der Projekte und zwar in aller Deutlichkeit. Die Sozialzentren, die errichtet wurden, um eine kontinuierliche Zusammenarbeit mit den Arbeitsemigranten zu ermöglichen, haben sich zu eigenen Treffpunkten verselbständigt; die Druckereien erledigen, anstatt Flugblätter zu produzieren, fast ausschließlich Auftragsarbeiten; die Werkstätten begründen eine zum Aussterben verurteilte Handwerkergilde wieder neu und die Verlage produzieren Bücher, die kaum mehr als Eigendarstellungen sind. Von einem sozialen Zusammenhang mit anderen gesellschaftlichen Schichten und Klassen, der auch vordem nur sehr sporadisch existiert hat, kann beim besten Willen keine Rede mehr sein: auch die letzten strukturierenden Kontakte zur Außenwelt sind abgebrochen. Eine Zweck-Mittel-Relation im sozialrevolutionären Sinne hat sich aufgelöst. Die Mittel sind unmittelbar geworden, der Zweck ist entschwunden. An seine Stelle ist der Selbstzweck getreten. So fügt sich die soziale Beziehungslosigkeit figurativ zur Scheinidentität desjenigen zusammen, der sich Sponti nennt. Dieser stürzt sich immer wieder aufs neue in Situationen hinein, die schon per se eine eruptiv radikalisierende Wirkung verbürgen sollen. Wo die Situationisten noch mit der bewußten Herstellung von Situationen unbewußte, verdrängte Gehalte aufzusprengen versuchten, da reihen die Spontis Situationen und Konstellationen bewußtlos aneinander, daß sich einem für derart Tun die Bezeichnung serialisierter Situationismus geradezu aufdrängt. Nichts Penetranteres läßt sich deshalb auch vorstellen als die Rituale zur Abschaffung der allgemein verbreiteten Gettofrustration, gemeinhin Fete genannt. Diese orgiastisch inszenierten Selbstbegräbnisse unterliegen einem fortwährenden Wiederholungszwang, weil sie etwa den Stellenwert einer sprachlos durchgeführten psychoanalytischen Kur einnehmen, in der die Frustration die Rolle des zu bearbeitenden Widerstands einnimmt. Erfahrung, so emphatisch sie auch herbeizitiert werden mag, ist in einer derart begrenzten Situation im Grunde genommen nur noch als autistische möglich. Das, was allein den Blick darauf verwehrt, ist der Zustand des Kollektivs, der immer wieder aufs neue Scheinobjektivationen vortäuschen kann. Hinweis dafür ist auch, daß in der Scene nur der akzeptiert wird, der sich entsprechend in Szene zu setzen weiß. Ein kurzgeschlossener Öffentlichkeitsbegriff, der meint, es müßte auch gleich alles offensichtlich sein, was öffentlich werden soll, verhindert die Produktion wirklicher Erfahrung. Am alternativen Verhalten soll unmittelbar abgelesen werden können, was erst anzuzeigen wäre, indem man sich auch mit dem auseinandersetzt, was den Horizont des Gettos überschreitet.

Die auch für den Marxismus so brisanten Ansätze einer »Politisierung durch den Lebenszusammenhang« und der »Revolutionierung des Alltagslebens« werden Schritt für Schritt durchsetzt mit den Archaismen der Bodenständigkeit. Nahezu fugenlos vollzieht sich im Bewußtsein derer, die glauben mit Glucksmann den Marxismus wie ein Hemd abstreifen zu können, der Übergang vom klassenkämpferischen Operaismus über einen voluntaristischen Existenzialismus zu dem, was Heidegger »Fundamentalontologie« genannt hat. »Die Verfallenheit an das Man« mußte lediglich feministisch uminterpretiert werden: der ideologische Abstand ist ohnehin nicht mehr gravierend. In den Mittelpunkt gerückt ist das, was man »Leben« nennt; »Politik« als historisch verschlissenes Prinzip wurde vorerst an die zweite Position zurückversetzt. Von »Revolution« spricht sowieso kaum noch jemand, weil man sozusagen ein historisches Mißverständnis befürchtet. Die Rede ist statt dessen von der »Alternative«, weil das alltäglicher, selbstverständlicher, so richtig nebenher gesagt klingt. Daß diese liberale Vokabel aber so unendlich verwaschen ist, daß kaum eine der bürgerlichen Parteien auf ihren Gebrauch verzichten will, ist trotz ständiger Selbstverständnisdebatte in der Alternativpresse bislang anscheinend noch niemandem aufgefallen. So hat man sich von der Negation der bestehenden Verhältnisse nun auf die Position der Selbstveränderung kapriziert: insgeheim kündigt sich schon die Ersetzung des Kampfbegriffs durch den der Befriedung an. Anstatt die Verhältnisse zu unterminieren, hat man sich in ihnen auf eigene Weise eingerichtet. Während alle Welt vom historischen Kompromiß redet, praktiziert ihn die Alternativbewegung schon längst – wenn auch in einem anderen Sinne.

Da der Aufstand der Sinne – gleichermaßen gegen die Verwertungsinteressen des Kapitals wie gegen den Dogmatismus der linken Traditionalisten gerichtet – bislang ohne Sinn geblieben ist, wird die Theorie sozusagen zum Metaproblem, das mit den Schwierigkeiten der Praxis nichts mehr zu tun hat. Je weniger die studentischen Interventionen in den gesellschaftlichen Bereichen einzurasten vermochten, desto mehr geriet das revolutionäre Bewußtsein aus den Fugen. Ein ohnehin schon seit

Jahren schwelender antitheoretischer Affekt hat sich unter den Vorzeichen der Alternativbewegung zur manifesten Ablehnung verfestigt, überhaupt noch die »Mühe des Begriffs« auf sich zu nehmen. Das macht auch die Paradoxie solcher Zeitschriften wie der *Autonomie* aus, die am liebsten noch den Antirationalismus stringent ableiten und damit begründungsfähig machen möchte. Theorie und Praxis sind damit im Stadium des Aufbaus eigener Projekte vollständig auseinandergefallen und stehen sich genau kontradiktorisch gegenüber. Selbst ein polemisierender Beitrag wie dieser ist wahrscheinlich überflüssig, da der Adressat möglicherweise »unerreichbar verzogen« ist.
In frappierender Weise hat sich im Laufe der Zeit eine stillschweigende Koinzidenz hergestellt zwischen einem Agnostizismus, in den sich die enttäuschten Liebhaber des Marxismus geflüchtet haben, und einer neu aufgelegten, subkulturellen Variante der Lebensphilosophie, deren Raunen nach dem ganzheitlichen Menschen nur als virulentes Krisensymptom einer mangelnden Legitimationsbasis für die Praxis der Alternativbewegung begriffen werden kann. Hatte die Lebensphilosophie um die Jahrhundertwende noch die ideologische Verunsicherung des bürgerlichen Bewußtseins angesichts des Übergangs vom Konkurrenz- zum Monopolkapitalismus ausgedrückt, so nimmt sie heute neoromantisch umspielt die Form einer subkulturellen Ideologie der Jugend an, die ihre manifeste Identitätskrise ursprünglich, ganzheitlich und intuitiv im archaischen Rückgriff auf die Mythen der Eigentlichkeit zu lösen versucht. Trotz aller historischer Differenzen unterscheidet sich das Selbstbildnis derjenigen, die sich neuerdings als »Stadtindianer« begreifen, bisweilen nur noch graduell von dem 1937 formulierten Selbstverständnis eines klassischen Lebensphilosophen: »Indem die Lebensphilosophie von der inneren Erfahrung ausgeht, wird das rational-discursive Denken seines Geltungsanspruchs der einzig vertretbaren ›objektiven‹ Erkenntnis entmächtigt und allen nicht-rationalen Vorgängen des Erlebens, also den Trieben, Affekten, Leidenschaften, Strebungen und Gefühlen die Funktion des Erkennens zugeschrieben. Dem Erleben kommt ein ursprünglicher und selbständiger objektiver Geltungswert zu, es überschreitet den Bereich des rein Subjektiven und vermag Welt in Erfahrung zu bringen.«[1]
Krahls Konstatierung, daß die in der einfachen Warenproduktion aus dem Zustand der Asozialität resultierende Verabsolutierung der einzelnen Emanzipationsegoismen eine naturgesetzliche Tendenz zur Selbstzerstörung historisch neuer Vernunftprinzipien impliziert, bringt die sich im

Jargon der Alltäglichkeit äußernde Unmittelbarkeitsideologie auf ihren Begriff: »Der Kleinbürger ist nur imstande, sich selbst und seine vermeintlich unmittelbaren, bornierten Interessen wahrzunehmen und außerstande, eine langfristige Klassensolidarität von sich aus organisationspraktisch zu stabilisieren, sowie die Gesellschaft als Zwangszusammenhang über den unmittelbar begrenzten Umkreis seiner atomisierten Interessenindividualität hinaus wahrzunehmen... Der losgelassene Emanzipationsegoismus will auf die Mühsal und Qual des politischen Kampfes, auf die geschichtliche Langfristigkeit in der Entwicklung einer sozialrevolutionären Massenbasis und auf die Vermittlungsdauer der zunächst notwendig abstrakten Theorie der materiellen Gewalt im Bewußtsein der Massen verzichten und gleichwohl das künftige Reich der Freiheit hic et nunc für sich empirisch usurpieren. Die kleinbürgerlichen Dispositionen behandeln das Reich der Freiheit als privates Kleineigentum (dem entspricht die Ideologie der Freiräume), gleichsam orientiert an der Vorstellung vom Besitzrecht der ersten Landnahme... Unter den Bedingungen des politischen Kampfes und den Zwängen der kapitalistischen Herrschaft und ihrer Institutionalisierung ist die reine Antizipation des Reichs der Freiheit eine praktische Unmöglichkeit. Sie würde in ihr Gegenteil umschlagend zu einer repressiven Selbstvernichtung revolutionärer Bewegungen führen.«[2]

Im Augenblick nimmt die Alternativbewegung etwa den Status einer unmittelbarkeitsideologischen Sekte ein, die in zwar unbewußter, gleichwohl aber existierender Korrespondenz zu den maoistischen Sekten steht. Anzunehmen, daß mit der Kreierung einer neuen Unmittelbarkeit schon ein gravierender Unterschied zur Isolationspraxis der K-Gruppen markiert würde, gleichsam als könnte man noch im Getto den Massen die Wunschökonomie am eigenen Pulsschlag ablauschen, ist kaum mehr als phantastisches Wunschdenken. Solange jedenfalls der äußere Rand des politischen Dunstkreises mit Knastkampagnen für die eigenen Genossen und sporadischen Antikernkraftwerksdemonstrationen zusammenfällt, solange reduziert sich die alternativ inspirierte politische Praxis auf den Akt, den oberen Hosenrand anzuliften, um den eigenen Bauchnabel betrachten zu können. So problematisch es auch ist, beim gegenwärtigen Zustand der Alternativbewegung das Bewußtsein ihrer Akteure überhaupt noch als widersprüchliches darzustellen, so soll dennoch der Versuch unternommen werden, es in einer vierten These kritisch zu pointieren: Angesichts des fortgeschrittenen Zerfalls von gesellschaftlichem und geschichtlichem Bewußtsein, der weitgehenden Kaprizierung auf eine bloße Position der Selbstveränderung, muß die erneut grassierende Ideologie der Unmittelbarkeit uneingeschränkt aufgedeckt und radikal kritisiert werden. Wenn auch an der maßgeblichen Differenz zwischen einer instrumentellen Politik, wie sie für das traditionelle sozialistische und kommunistische Selbstverständnis typisch ist, und einer authentischen Politik, wie sie sich zunächst in einigen Ansätzen des Anarchismus und später dann in der Studentenbewegung artikulierte, festgehalten werden muß, so darf das aber auf keinen Fall heißen, daß die jeweils eigenen Bedürfnisse kurzgeschlossen zum alleinigen Kriterium von Veränderung gemacht werden können. Jedem nach seinem Bedürfnis – das kann in dieser Gesellschaft auch eine »emanzipierte« Form von Terror bedeuten. Nur eine ständige Vergegenwärtigung der unter diesen Verhältnissen auf keinen Fall, wenn überhaupt zu beseitigenden Ambivalenz von Trieben und Bedürfnissen als libidinöser Basis politisch-emanzipatorischen Handelns, des durchaus systemkonformen Anteils an ihrer Hervorbringung, kann eine bewußtlose Affirmation oder aber die einfache Ignorierung des Bestehenden verhindern. Deshalb muß die Verabsolutierung individueller Wünsche und Bedürfnisse entzaubert, die Pseudokonkretheit der Phrasen bloßgestellt, der Jargon und Gestus des Scene-Slangs ironisiert werden, müssen die Denkverbote aufgesprengt, die Tabuisierungen des Handelns durchbrochen und die selbsterrichteten Wirklichkeitsbarrieren beiseite geräumt werden. Anstatt die Reise ins Innere oder gar »in den Wahnsinn« anzutreten, sollte bei der gegenwärtigen Blockade gesellschaftsverändernder Praxis erst einmal mit der kritischen Darstellung und Reflexion bereits gemachter kollektiver Erfahrungsprozesse begonnen werden. Wenn einem schon die Gettosituation zu einem gehörigen Teil durch die repressiven Verhältnisse aufgezwungen wird, dann muß man sie nicht auch noch gedanklich verdoppeln. Erst wenn die Gettoisierung des eigenen Denkens überwunden wird, gibt es überhaupt wieder eine Chance, die gesellschaftliche Situation neu zu bestimmen und darin die eigenen Möglichkeiten für eine veränderte Zukunft zu erkennen. Ein erster Schritt dazu wäre die Aneignung und Bewußtmachung der eigenen Vorgeschichte des Protests und der Emanzipation im Laufe des letzten Jahrzehnts. Gerade an ihr ließe sich exemplifizieren, daß das »Hier und Jetzt« des revolutionierenden Wunsches nicht einfach vom Himmel gefallen ist, sondern noch im Anschein seiner situativen Unmittelbarkeit Ausdruck eines historischen Prozesses, unter anderem auch eines Erfahrungs- und Lernprozesses mit der zerbrochenen Geschichte des Kommunismus ist. So wie Spontaneität organisiert sein will, so treten revolutionäre Situationen nicht bedingungslos ein.

V. Politik in erster Person: Eine Fiktion

»Was hat das mit mir zu tun?« schallt es aus allen Ecken und Winkeln der Scene. Während man sich vor zehn Jahren noch fragte, was Soziologie mit der realen gesellschaftlichen Entwicklung zu tun haben könnte, so fragt man heute eher umgekehrt – so als wäre einem die Außenwelt lästig geworden – was »das alles« überhaupt noch mit einem selber zu tun hat. Reklamierte man früher den mangelnden Bezug von dem, was man tat, zur gesellschaftlichen Wirklichkeit – sogar im globalen Zusammenhang –, so beklagt man nun die fehlende Beziehung der Realität zum eigenen Ich. Fast erscheint es so, als würde Umwelt von einer neuen Generation der Verweigerung aus einer Art Baby-Perspektive wahrgenommen, mit infantilem Trotz eine passende Welt als quasimütterliche Zuwendung fordernd. Wenn dieser Eindruck nicht täuscht, dann verbirgt sich hinter diesem Perspektivenwechsel nicht einfach nur eine politische Akzentverschiebung; vielmehr eine gravierende soziopsychische Veränderung, die die Gegenstrukturen der Scene in einem völlig anderen Licht erscheinen lassen müssen. Von einem zutiefst regressiven Zustand aus würde Subjektivität geradezu von seinem genauen Gegenteil, vom Objektstatus, einzuklagen versucht.

Seitdem 1967 die ersten Hippiekommunen aus San Franciscos Haight-Ashbury aufs Land zu ziehen begannen, um dort abseits vom Großstadtgetriebe eigenständige Gemeinschaften zu gründen, ist fast auf jede Niederlage der Studentenbewegung in den Metropolen ein teilweises Ausscheren aus dem politischen Lager und ein schrittweiser Erprobungsprozeß alternativer Lebensformen erfolgt. Darin besitzen die geschlagenen Studenten durchaus eine gewisse Ähnlichkeit mit bestimmten Teilen der Arbeiterbewegung. Auch in ihren Reihen gab es Fraktionen, die sich den aufzehrenden Kampf mit dem Klassenfeind ersparen und den mühseligen Gang durch die Geschichte verkürzen wollten. So beispielsweise ein nicht unbedeutender Anteil proletarischer Emigranten, die im 19. Jahrhundert tief im Landesinnern der Vereinigten Staaten mit dem Aufbau einer anderen Welt, kommunitären Modellen unterschiedlichster, oftmals religiös inspirierter Art begannen. Mehr aber noch ist der studentische Exodus vergleichbar mit den Ausbruchsversuchen von Künstlern und Literaten aus ihrer saturierten und korrupten bürgerlichen Welt. Heinrich Vogeler etwa, der während des I. Weltkriegs seine Klasse verriet und nach dem Scheitern der Novemberrevolution in Worpswede mit anderen sozialen und ästhetischen Lebensformen zu experimentieren anfing. Der vom Faschismus zerrissene Faden einer utopischen Praxis wurde in Deutschland erst wieder aufgenommen, als 1969 einige Studentinnen nach der »Weiberrevolte« im SDS und dem Auseinanderbrechen der APO verschiedene ihrer Ideen im Aufbau antiautoritärer Kinderläden zu verwirklichen versuchten. Wie fast zu allen Zeiten so wurden auch von ihnen nach einer gescheiterten Rebellion die unerfüllten Wünsche in eine zukünftige Generation projiziert. Wenn sich die Gesellschaft schon nicht in einer frontalen Konfrontation zum bestehenden System verändern ließ, dann jedoch zumindest im kleinen und zwar von Grund auf – angefangen bei den eigenen Kindern. Während aber die Kinderladenbewegung noch eine starke gesellschaftliche Ausstrahlung besaß und die Konflikte mit den traditionellen pädagogischen Konzepten und den bestehenden Kindergärten nicht scheute, entschwand die Außenwelt bei den sich auch in der Bundesrepublik zu Beginn der siebziger Jahre langsam ausbreitenden Landkommunen und anderen Emanzipationsmodellen immer weiter. Von den orthodoxen Kadern der neoleninistischen Gruppen einhellig als bourgeois verpönt und weitgehend ignoriert, gewannen diese erst an Attraktivität, nachdem die unterschiedlichen sozialen Interventionsversuche mit Betriebs- und Stadtteilgruppen gescheitert waren. In Frankfurt boten sich die Landkommunen, die man hier ebenso wie die Popkultur jahrelang als völlig unpolitisch abgelehnt hatte, als Bezugspunkt erst nach dem Ende des Häuserkampfes und den fiktiven Verlängerungsversuchen in der Chile- und Portugalsolidarität an. Als sich die ständigen Anläufe zu einer neuen Perspektivdiskussion immer wieder als blockiert erwiesen und man langsam um den sozialen Zusammenhang der Scene zu bangen begann, versuchte man in gewisser Weise aus der Not eine Tugend zu machen: Man »entdeckte« die eigene soziale Existenz als gegenkulturelle und mit ihr die während der Hektik und Anspannung des Häuserkampfes allzuweit aufgestauten individuellen Bedürfnisse. Was im Geschehen des politischen Kampfs nahezu selbstverständliches Moment war, wurde plötzlich extrapoliert und als eigenständige Errungenschaft »gefeiert«. Nachdem im strategischen Sinne »nichts mehr ging«, wollte man nun mit der Politik erst einmal bei sich selber anfangen. Zum Motto wurde wieder einmal ein Impuls aus Italien: »Politik in erster Person« hieß fortan die Parole. Jedoch unterhalb des politisch-gegenkulturell apostrophierten neuen Begründungszusammen-

hanges bildete sich bald eine eigene Wirklichkeit heraus, deren Verbindung zum gemeinsam diskutierten Konzept immer loser wurde.
Das, was über den gesamtgesellschaftlichen Befreiungsweg nicht – jedenfalls nicht in dieser Kürze – zu erreichen war, versuchte man sich nun vielfach kurzgeschlossen in der Form der psychischen Selbstveränderung, die in letzter Konsequenz auf das Leben als Kunstform hinausläuft, anzueignen. Statt das System zu verändern, begann man sich selber zu ändern. Unter dem Stichwort einer neuen Subjektivität rückten damit der eigene Körper, die Psyche, das Befinden, das Gefühl, die Bedürfnisse in den Blickpunkt und gingen nahezu bruchlos über in den magischen Glauben, daß nur die Riten der Desintegration vor einer Anpassung an die Normen des Systems dauerhaft bewahren könnten.
Die Scene, ohnehin ein Schmelztiegel für die diversen Zerfallspartikel einer bloß hypostasierten Gegenidentität, bildete nun eine untergründige ideologische Querachse aus, die eine Verbindung herstellte von der AA-Kommune über das consciousness-raising, das meditative Yoga-Training, die Karate-Gruppe bis hin zur Urschrei-Therapie und dem Reichschen Orgonkasten: das Selbst. Überall wird gesucht, gegraben und geforscht nach etwas, was noch nie vorhanden war: das Natürliche, das Ursprüngliche, ein Erstes der eigenen Person in welcher Form auch immer. Hauptsache ist dabei, daß es der subkulturellen Existenz den Anschein einer biologischen Ursprünglichkeit verleiht, eine Art Identität im Naturzustand. Doch ein solch waberndes Wesen gibt es nicht, weder in der äußeren Natur noch in einem selber. Da werden auch die Hebammendienste der diversesten Psychotherapien ihren Dienst versagen müssen.
Der verzweifelte Glaube an einen weichen Kern in der eigenen Persönlichkeit, den es nur auf unterschiedlichstem Wege zu entdecken und freizulegen gilt, ist ein Irrglaube. Denn er hat schon von vornherein auf das verzichtet, was das menschliche Individuum ausmacht: ein gesellschaftliches Wesen zu sein. Das, was sozial erst anzueignen und selber wieder neu hervorzubringen wäre, wird hier immer schon vorausgesetzt. Das äußere Ich soll zu dem werden, was es in seinem inneren Wesen angeblich längst schon ist. »Aber das menschliche Wesen ist kein dem einzelnen Individuum innewohnendes Abstraktum. In Wirklichkeit ist es das Ensemble der gesellschaftlichen Verhältnisse.«[3] Was der gerade erst kennengelernte und neuerlich schnell wieder verleugnete Marx schon Feuerbach entgegenhielt, trifft auch heute noch den nervus rerum im alternativen Bewußtsein. Dieses gerät im bedenkenlosen Rückgriff auf

Ursprungsideologien jeder Art mitunter in bedenkliche Nähe zu einem reaktionären Individualismus, der jedoch im Unterschied zu früheren Zeiten heute auch noch im Massenkonsum weidlich ausgebeutet wird.
Hier wird dann auch deutlich, daß die Alternativbewegung einige ihrer Vorlieben mit den kulturindustriell und warenästhetisch gezüchteten Standards des gegenwärtigen Massenbewußtseins teilt. Denn zu fragen wäre, ob sich etwa jemand selber bestimmt, indem er, anstatt sich kalorienreich zu ernähren, makrobiotisch ißt? Als wäre nicht auch der Vegetarismus, kalorienarmes Pepsi-Cola, das selbstgebackene Brot schon längst wieder vermarktet und unter die Regie ganz anderer Interessen genommen. Entdeckt etwa jemand, der sich meditativ in sich versenkt, neue Gebiete seines Unterbewußtseins, die dem gesellschaftlichen Zugriff vollständig entzogen sind? Als ob nicht absehbar wäre, daß die vor den Verwertungsinteressen Fliehenden sich soweit zurückziehen müssen, bis schließlich kein Raum mehr vorhanden ist, um überhaupt noch ein Refugium bilden zu können. Definiert sich nicht auch längst schon das, was man sich unter Nacktheit vorstellt, ex negativo, etwa nach dem Vorbild fehlender Jeans? Gerade dort, wo man meint, ganz bei sich selber zu sein, nämlich seinem Körper, da ist dieses vermeintliche Ansich bereits vollends verschwunden. Der neue Kultus empirischer Befindlichkeiten, etwa der der Massage, verdankt sich nicht zuletzt dem Wunderglauben, die verlorengegangene Identität im Abtastvorgang wiedergewinnen zu können. Jedoch: Noch nie war die Empirie so intelligibel wie heute. Wahrnehmung, auf ihre bloß sinnlichen Qualitäten reduziert, löste sich als subjektive in einem undefinierbaren Strom psychischer Energiequanten auf. Weniger als je zuvor können Wahrnehmung und Erfahrung auf ihre reflektierende Dimension, den Sinn des Sinnlichen, verzichten. Anderenfalls drohen die Individuen in der Reizüberflutung zu ertrinken; ob in der warenindustriell produzierten oder in der subkulturell selbstgeschaffenen ist dabei zunächst einmal unerheblich.
Anstatt eine wirkliche Alternative zu den herrschenden Verhältnissen darzustellen, wird die Scene immer mehr hin und hergerissen zwischen den Archaismen der Bodenständigkeit auf der einen und den Modernismen der Massenkultur auf der anderen Seite. Im unerbittlichen Zangengriff von bürgerlicher Regression und industrieller Progression drohen die gerade erst aufgekeimten neuen Qualitäten eines politischen Kampfes, für den der Primat der Interessens- und Erfahrungsebene und die Authentizität der Kämpfenden selber unverzichtbar geworden sind, wieder erstickt zu werden. So haben beispielsweise in den eigenen Kino- und

Theatergruppen jene Tendenzen die Überhand gewonnen, die eine vorschnelle Identifikation mit ihren subkulturellen Antihelden (»Jonas« z.B.) anbieten. Indem sich altbekannte Erzählstrukturen und Darstellungsmuster im gewandelten Stoff wieder durchsetzen, wird aus der einstmals intendierten kulturrevolutionären Opposition ein bloßes Komplement zum offiziellen Kulturbetrieb. Anstelle eines Gegenteils ist aus der alternativen Kultur ein Ergänzungsteil der herrschenden geworden. Gerade ihre scheinbare Desintegration hat sie im eigentlichen Sinne erst als integrationswürdig erwiesen. Jedoch auch unabhängig von diesem Funktionszusammenhang muß einem allein schon der Wandel des Realisierungsmediums für die politischen Absichten, vom revolutionären Kampf zum alternativen Kulturbetrieb, an der eigentlichen Zielsetzung gehörig zweifeln lassen. Denn hierbei vollzog sich nicht einfach nur eine Akzentverschiebung vom Attribut »politisch« auf das Attribut »kulturell«, sondern zugleich auch ein entscheidender Ebenenwechsel von der Politik zur Ästhetik und damit von der Praxis zur Anschauung. Damit wurde eine Auflösung innerer psychischer Spannungen zwar leichter möglich, eine konkrete Umsetzung der Identifikationsbedürfnisse in politische Praxis jedoch auch gleichzeitig verhindert. In dieser vorschnellen Befriedigung durch Phantasieproduktion kam der Wunsch von vielen zum Vorschein, die Anforderungen der eigenen Gegenidentität, die die spannungsgeladene Konfrontation zum System kaum noch aushält, auf eine erträglichere Ebene aufzuheben. Möglich wurde dies, indem man sich ein eigenes Bild anfertigte, mit dessen ästhetischem Schein eine positive Identifikation gelingen konnte, die der zerklüfteten politischen Rolle in der Bundesrepublik der Mitsiebziger auf jeden Fall versagt bleiben mußte.

Der gegenwärtige Zustand der Scene, mehr Sub- als Gegenkultur zu sein, läßt sich auch an der Literaturrezeption ablesen, vor allem an der neuerlichen Konjunktur von Autobiographien. Die nahezu uneingeschränkte Vorliebe zu diesem Genre kann auch nicht entscheidend durch das Faktum entlastet werden, daß die politischen unter ihnen (Davis, Cohn-Bendit etc.) augenscheinlich noch nicht von Ghostwritern verfaßt werden, wie es bei ihren Trivialpartnern (Knef, Beckenbauer etc.) zweifelsohne der Fall ist. Leo Löwenthal hat schon 1938 in seiner Studie »Die biographische Mode« die fatale Koinzidenz zwischen fiktiver Subjekthaftigkeit und tatsächlicher Ohnmacht in dieser besonders ideologieanfälligen Literaturgattung aufgedeckt: »Wie die generellen Sätze, denen man sich geradezu mit Hingebung entgegenwirft, die Angst produzieren, umsonst gelebt zu haben, ja, eigentlich gar keine Existenz zu besitzen, wenn es nichts Verbindliches gibt, an das man sich halten kann, so lebt die Anbetung des Einzigartigen und Außerordentlichen der Individualität aus dem gleichen Grund der Sorge, nur ein verwehtes Stäubchen zu sein. Der Hymnus des Individuellen, der jetzt zu belegen ist, gibt den Spiegel bloßen Scheins, reflektiert die krampfhafte Bemühung, in der Wunschphantasie eine Autonomie und Beständigkeit – die Persönlichkeit – bestätigt zu wissen, die jenes Allgemeine beständig zertritt.«[4] Die Treffsicherheit, mit der diese Studie vier Jahrzehnte später auf ein zwar völlig anderes, dennoch aber »wesensverwandtes« Phänomen bezogen werden kann, kommt nicht von ungefähr. Was Löwenthal mit dem Biographieboom als literarischem Vorboten für die historische Stunde des autoritären Charakters verstanden wissen wollte, trifft ein Krisenmoment, das die Scene mit dem unalternativen Massenbewußtsein gemein hat. Die wahnhafte Überhöhung des Ichs, von der die Massenmedien ebenso wie die Alternativkultur leben, ist hier wie dort umgekehrter Ausdruck des Defizits, in der Wirklichkeit Subjekt zu sein. Insofern markiert der aktuelle Zustand der subkulturellen Scene eher ein Krisensymptom als den Ausdruck einer neuen sozialen Lebens-, sowie einer anderen politischen Kampfweise. In einer fünften These ist festzuhalten, daß das erst vor wenigen Jahren aus der Taufe gehobene antitraditionalistische Konzept einer »Politik in erster Person« vorerst gescheitert ist. Nicht etwa weil die damit verfolgten Absichten falsch gewesen wären, sondern weil der Subjektbegriff, der darin einging, zu leicht Anpassungs- und Integrationstendenzen Vorschub leistete. Indem die Vorstellung entstand, daß schon heute eine ganz andere Form der Individualität im Kollektiv möglich sei, sozusagen ein positiver Gegenentwurf zum bestehenden System mit seinen Charaktermasken, gingen wesentliche Gehalte, wie sie für die Gegenidentität der antiautoritären Bewegung – in ihrer bloß negativen Haltung – charakteristisch waren, gleichzeitig wieder verloren. Mit der Aufgabe eines nichtidentischen Subjektbegriffs wurde unter der dünnen Oberfläche eines alternativen Gestus allen möglichen Adaptionen der Ursprungsideologie Tür und Tor geöffnet. Entgegen allen Fetischisierungen des Subjekts, wie sie heute in der Alternativbewegung grassieren, wäre immer noch an der Einsicht festzuhalten, daß in dieser Gesellschaft niemand ungebrochen Subjekt sein kann, weil das einen Zustand voraussetzte, in dem die Herrschaft von Menschen über Menschen abgeschafft ist. Aus dem gleichen Grunde, wie kein Bedürfnis zum Kriterium des Handelns verabsolutiert werden kann, läßt sich auch das revoltierende Individuum nicht auf einen harten Kern, das Selbst, reduzieren. Ein triebpsychologisch Erstes, das man der geschwundenen sozialrevolutionären Gegenidentität zu unterlegen können glaubt, ist in welcher Form auch immer blanke Ideologie. Die positive und einheitliche Identität eines alternativen Lebensentwurfs kann nur um den Preis eines grandiosen Selbstbetrugs gelingen – und zwar im doppelten Sinne. »Politik in erster Person« muß solange eine Fiktion bleiben, wie sich die Scene um ihre gesellschaftliche Bestimmung herummogelt.

VI. Natur als politische Ersatzidentität

Wenn man sich heute fragt, was eigentlich die Scene noch bewegt, dann sind es im Vergleich zur Protestbewegung der sechziger Jahre doch zumeist sehr verschiedene Anstöße, die wirklich motivierend wirken. Auf einen Nenner gebracht könnte man folgende Hypothese wagen: Furore machen nicht mehr so sehr die Skandale der äußeren, sondern vor allem die der inneren Realität; dementsprechend spielen sich Bewegungen auch eher in der psychischen als in der empirischen Wirklichkeit ab. Äußere Anlässe lösen zumeist nur Gefühlsmobilisierungen aus, kaum aber noch praktisch-gegenstandsbezogene Aktivitäten. Wenngleich das kein einheitliches Bild ist, so stellt dies zumindest die dominierende Tendenz dar. Sicher lösen die Veröffentlichung von Plänen zum Bau von Atomkraftwerken oder neue Informationen über staatliche Repressionsakte noch breite Mobilisierungen aus, eine Vielzahl von Ereignissen aber, die noch vor wenigen Jahren Tausende auf die Beine gebracht hätten, werden heute nur noch mit einem müden Achselzucken quittiert. Die politische Sprengkraft von internationalen Geschehnissen, wie dem Völkermord der US-Amerikaner in Vietnam, dem Einmarsch der Warschauer Paktstaaten in der CSSR oder dem von CIA und ITT lancierten Militärputsch in Chile, scheint auf unabsehbare Zeit verpufft zu sein; fast alle spektakulären Konflikte in der Dritten Welt, von Südafrika und Rhodesien angefangen über Zaire, Äthiopien, Argentinien bis hin zum Iran und Libanon, bleiben hier gegenwärtig ohne eine bemerkenswerte Resonanz. Trotz ihrer kaum zu unterschätzenden internationalen Bedeutung, der über Jahre hinweg vorprogrammierten Konfliktstrukturen und der zum Teil völlig offensichtlichen Frontstellungen bewirken sie kaum mehr als ein gewisses Engagement von *amnesty international* und eine zwangsläufige Verwaltung des »Internationalismus« durch periphere kommunistische Zirkel. Selbst außergewöhnliche innenpolitische Ereignisse, wie die Verabschiedung des Kontaktsperregesetzes, die Druckerstreiks oder die Blockierungspolitik des Bundesverfassungsgerichts (Kriegsdienstverweigerung, Abtreibung) lösen keine Initiativen mehr aus, wie das noch zu Zeiten der Notstandsgesetzgebung geschehen ist. Daß das Stillhalten in dieser Hinsicht nicht einfach mit der gewachsenen Bedrohung und Einschüchterung durch einen mächtiger gewordenen Staat zu erklären ist, beweisen die überaus hohen Teilnehmerzahlen und auch die Schärfe der Auseinandersetzungen bei Antikernkraftwerksdemonstrationen. Nein, im Vordergrund stehen heute vielmehr provokante Themen der inneren und äußeren Natur: Gewaltphantasien, sexuelles Verhalten, psychische und ökologische Problemstellungen. Jedenfalls gewinnt man diesen Eindruck, wenn man die »bewegendsten« Anlässe der letzten Zeit Revue passieren läßt. Der Skandal, den in der gesamten Bundesrepublik der »Buback-Nachruf« einer gewissen Mescalero-Gruppe auszulösen vermochte, war für die Scene ein pseudoradikaler Artikel über das Sexualverhalten eines linken Mannes. Die Macht der Phantasiebildung, die im Widerstreit mit der eigenen oder oktroyierten Zensurgewalt liegt, dürfte auch die Suggestivkraft solcher aufreißender Buchtitel wie den Stefanschen *Häutungen* oder den Theweleitschen *Männerphantasien* ausmachen. Sofern man eine politisch resümierende Einschätzung wagen will, so kann man vielleicht noch sagen, daß sich die Neue Linke nicht mehr auf den äußeren Imperialismus bezieht, sondern auf das, was einige Sozialwissenschaftler in Analogie dazu als »inneren Imperialismus« bezeichnen. Thema sind nicht mehr die politisch-ökonomischen Strukturen des Ausbeutungs- und Unterdrückungsverhältnisses oder etwa die Mächtigen selber; statt dessen sind die innerpsychischen Repräsentanzen der Macht zum allseits bewegenden Motiv geworden.

So haben sich im Laufe der letzten Jahre gravierende Verschiebungen und Konturveränderungen in der politischen Landschaft der unabhängigen Linken abgespielt. Wenn auch ein flüchtiger Blick auf die einzelnen Organisationen ein unverändertes Bild gegenüber früheren Zeiten vielfach noch abgeben sollte, so muß das dennoch täuschen, weil unter der Oberfläche gar mancher Gruppenhülse sich bedeutsame Interessenverschiebungen und Gewichtsverlagerungen ereigneten, die in ihrer Tragweite bislang noch kaum einen entsprechenden Ausdruck gefunden haben. Von Organisationsfiltern weitgehend unberührt treten solche Tendenzen am offensichtlichsten in überregionalen Mobilisierungszusammenhängen zutage, wie sie etwa die Initiativgruppen für die Antikernkraftwerkbewegung darstellen. Jedoch auch die Frankfurter Scene konnte sich trotz ihrer spezifischen Sozialstrukturen, ihrer relativen Eigendynamik und Ungleichzeitigkeit der Sogkraft dieses untergründigen Umschichtungsprozesses keineswegs entziehen. Vielmehr waren hier aufgrund der Offenheit und kaum formalisierten Strukturen viele der neuen Akzentsetzungen schon sehr frühzeitig zu erkennen. Nachdem sich herausgestellt hatte, daß mit den Solidaritätsaktionen für Chile und Portugal die am Ende des Häuserkampfes verlorengegangene »lokale« Einheit nicht so einfach wiederzugewinnen war, lösten sich schrittweise einzelne Gruppierungen und Individuen aus den kollektiven Diskussionsforen heraus und begannen, wenn sie überhaupt noch aktiv blieben, mit zum Teil sehr voneinander differierenden Formen »emanzipativer« Praxis. Die Unterschiede, die keineswegs für die Scene allein typisch sind, sondern hier vielleicht nur einen besonders exponierten Ausdruck finden, werden sicherlich in einem zeitlichen Vergleich am deutlichsten.

Zu Beginn der siebziger Jahre wurde fast überall ein für lange Zeit ungebrochen geltender Primat der Betriebsarbeit definiert, der, wenngleich er für die übergroße Mehrzahl der Politisierten keine direkte praktische Bedeutung besaß, dennoch die meisten anderen politischen Arbeitsformen dominierte. Die Stadtteilarbeit, die Initiativ- und Basisgruppen in den verschiedensten Bereichen gewannen erst dann an Relevanz, als die ersten Interventionsversuche im Produktionsbereich schon gescheitert waren und man bei den übrigen absehen konnte, daß sie zu keinen raschen politischen Erfolgen führen würden. Bei fast allen Aktivitäten wurde jedoch noch eine Hierarchie vorausgesetzt, in der die Fabrik an oberster Stelle rangierte, der sich die anderen Bereiche dementsprechend als sekundäre, tertiäre usw. jeweils untergliederten. Diese Rangordnung ist spätestens im Jahre 1975, im »Jahr der Frau«, kräftig in Unordnung geraten. Nicht etwa, weil die Frauenbewegung sie mit ihren Aktionen direkt verursacht hätte, sondern weil diese, indem sie sich in einer Krise der gesamten Neuen Linken als erste den üblichen Systematisierungen verweigert hat und ganz abrupt ausgeschert ist, dem lange Zeit nur schwelenden, dennoch aber tiefgehenden Umbruchprozeß zuerst manifest und übergreifend Ausdruck verliehen hat. Dabei hat sie die Interpretationshierarchie sozialer Bewegungen nicht nur in Frage, sondern an deren Stelle zunächst einmal ihre eigene Existenzweise gestellt, um erst anschließend spezifische Interpretationsformen dafür zu entwickeln. Natürlich hatte es auch in den Jahren zuvor schon einige, zumeist anarchistisch orientierte Strömungen innerhalb der Linken gegeben, die sich dem Primat der Betriebsarbeit nicht gebeugt haben, jedoch besaß keine von ihnen die übergreifende innovative Funktion der Frauenbewegung. Wollte man heute das sich in ihrem Windschatten umschichtende Spektrum der Gruppen und Bewegungsansätze beschreiben, dann würde man sich in der immer undurchschaubarer gewordenen Vielfalt hoffnungslos verzetteln. Selbst wenn man sich auf einige Tendenzen konzentriert, wird man, ohne es mit einem Bild denunzieren zu wollen, beim Gang durch den linken Gemüsegarten einen ganz schönen Salat anrichten. Da gibt es Anti-Psychiatrie-Gruppen neben Ökologiegruppen, Frauenzentren neben Schwulencafés und ethnizistische Ansätze neben Massage- und Yogagruppen, Makrobioten und Vegetarier neben Karatekämpfern, Landkommunen, Stadtindianer etc. Auch über die Grenzen der Jugendbewegung hinaus lassen sich einige der Umgruppierungen noch in den Bürgerinitiativen wiederfinden, die nicht mehr die reformistische Basis der SPD wie in der Brandt-Ära darstellen, sondern sich im Protest gegen Umweltverschmutzung, Stadtverplanung und Landschaftszerstörung gleichfalls um natur- oder zivilisationsgebundene Probleme zentrieren. Ja, der Umorientierungsprozeß reicht damit in gewisser Weise, wenn auch zumeist nur indirekt, bis in die Mitgliederreihen der herrschenden Parteien hinein, die sich nicht zufällig immer mehr über einen Schwund an Aktivitäten im parlamentarisch-politischen Sinne beklagen.

Wenn man sich nun die Leitlinien der neuen Orientierungsversuche anschaut, dann fällt daran auf, daß sie sich den herkömmlichen politischen Interpretationsansätzen auf eigentümliche Weise entziehen. Sie sind sperrig, stehen quer; weder vertikal noch horizontal richtig einzuordnen, scheinen sie in mancherlei Hinsicht kaum analytisch zu begreifen zu sein. Selbst die oberflächlichsten politischen Assoziationsmöglichkeiten – ob progressiv oder konservativ – gehen in den meisten Fällen, wie etwa bei den Ökologengruppen, fehl und versagen schon bei ersten Einschätzungsversuchen. Das, was zuunterst war, scheint nun auf einmal zuoberst zu sein, was daneben lag, nun in der Mitte zu stehen, und was bisher überhaupt keinen Platz hatte, plötzlich eine umfassende Bedeutung gewonnen zu haben. Um das Durcheinander überhaupt erst einmal zu sichten, geschweige denn die entstandenen Verwirrungen auch aufzulösen, scheinen einige Einschnitte in den Problemfeldern angebracht, die zumindest Verschiebungen in den Akzentsetzungen verdeutlichen könnten.

Theorie-Erfahrung: Kriterium politischen Handelns ist schon lange nicht mehr die treffende theoretische, zumal die ökonomiekritische Analyse, vielmehr die subjektive Erfahrung des jeweiligen Individuums. Wofür man aktiv werden soll, das will man gefälligst auch am eigenen Leib spüren. Was jedoch in einer bestimmten Phase ein durchaus wichtiges Politisierungs- oder Kritikmoment an Orthodoxie und Dogmatismus darstellte, ist jetzt vielerorts in einen problemlosen Kult der Bedürfnisse umgekippt. Erfahrung, die keiner theoretischen Analyse mehr zugänglich ist und jedes irritierende Reflexionsmoment abwehrt, hat sich auf das durchschnittliche Quantum von Gefühlserregungen reduziert. Damit hat sie ihre Widerspenstigkeit verloren und ist weitgehend integrabel geworden. Erfahrung, derart verabsolutiert, hat sich von einem Medium der Autonomie in ein Medium von Integration und Anpassung verwandelt.

Stadt-Land: Nicht nur weil mit der Ökologie-und Antikernkraftwerksbewegung sehr oft dünn besiedelte und wenig industrialisierte Zonen objektiv an Bedeutung gewonnen haben, sind viele Randgebiete ins Zentrum des politischen Interesses gerückt. Doch auch ohne die von Staat und Kapital neu gesetzten Schwerpunkte wäre das Land zum Fluchtpunkt eines nicht unbeträchtlichen Teils der Linken geworden. Der Ort hingegen, der mit seiner Anballung von Macht, mit seiner Zentralisierung von Entscheidungskompetenzen einen sozialen, kulturellen und intellektuellen Umschlagspunkt sowie Schmelztiegel bildet – die Stadt –, ist, selbst wenn man dort noch zu hausen hat, zu einer verlassenen Stätte geworden, die einen mit ihrer falschen Fülle nur noch anödet. Während man sich in der antiautoritären Bewegung fast glücklich schätzte, in den Metropolen kämpfen zu können – das große Idol Che Guevara hatte es als Landguerillero geradezu bedauert, nicht wie seine amerikanischen Genossen im »Herzen des imperialistischen Ungeheuers« leben zu können –, hat dieses Synonym seine Ausstrahlung nun eingebüßt. Wenngleich die Bedeutung regionalistischer, dezentraler und lokaler Bewegungen angesichts der rapide angestiegenen Zentralisierung des Kapitals und der Internationalisierung von politischen Entscheidungsstrukturen nicht unterschätzt werden sollte, würde eine Aufgabe der Stadt als Ort revolutionärer Entscheidungen gleichbedeutend sein mit der Aufgabe des revolutionären Anspruchs überhaupt. In den Städten herrscht zwar immer »Krieg«, wie Brecht einmal gesagt hat, deshalb herrscht aber auf dem Lande längst noch keine Ruhe und wenn doch, dann sollte das umso stutziger machen.

Geschichte-Alltag: Die Reklamation des »Hier und Jetzt« war im Jahre 1968 Dreh- und Angelpunkt aller Kritik am traditionellen Revolutionsverständnis von Sozialdemokratie und Kommunismus. Nicht noch einmal wollte man sich für eine vermeintlich gewisse Zukunft, eine Partei, die den historischen Sieg des Proletariats schon in der Tasche zu haben schien, opfern lassen, dazu war die Geschichte dieses Jahrhunderts allzuoft zu Bruch gegangen und die katastrophale Erfahrung mit dem Stalinismus noch zu nah. Jedoch war die unnachgiebige Insistenz auf der Unmittelbarkeit kein Ersatz für Entwicklung, ja Geschichte schlechthin. Die Revolte hatte durchaus eine Vorgeschichte, wenn sie auch nur kurz war; vor allen Dingen sollte sie aber eine Zukunft bekommen. Jedoch eine, die auf ihrem Weg, in ihrem Prozeß, niemals ihre alltägliche Dimension wieder verlieren sollte. Heute allerdings scheint es fast so, als hätte die Forderung nach Alltäglichkeit, Jetzzeit, ihre kritische Spitze verloren und sei stumpf geworden. Mehr noch, die Politisierung des Alltags ist fast zu einem Gefängnis geworden, aus dem es kaum noch ein Entrinnen geben kann. Die Zeit der Veränderung ist in ihrer vollständigen Reduktion auf Unmittelbarkeit schattenlos geworden. Sie hat weder eine Vorgeschichte, noch eine Zukunft; indem alles alltäglich wurde, haben sich die Ereignisse gegenseitig nivelliert. Mit der Verabsolutierung der Situation hat die Befreiung ihre Perspektive verloren. Aus der Reklamation des Alltags gegenüber einer Geschichtsauffassung, in der die Individuen als notwendige Momente der Historie wie auf einem Verschiebebahnhof hin und her rangiert werden, ist unter der Hand eine Reklame für das Bestehende geworden.

Bewußtsein–Wahnsinn / Kampf–Leben / Militanz–Pazifismus / Rationalität–Emotionalität / Realität–Phantasie / geistige Arbeit–körperliche Arbeit / Intellekt–Sexualität: die stichwortartige Aneinanderreihung der Umbrüche ließe sich fast beliebig fortsetzen, ohne die Vorgänge damit wirklich erfaßt zu haben. Denn schon an den Überschneidungen, Verdoppelungen und Querverbindungen dieser verschobenen Akzentsetzungen ist unschwer zu erkennen, wie vage nur die einzelnen Motivationsveränderungen getroffen werden können. Die üblichen Darstellungsmittel scheinen schon bei einer bloßen Phänomenologie des Umbruchs in Schwierigkeiten zu geraten. Der Versuch einer Systematisierung in einzelnen Dyaden wird gesprengt und erforderte wahrscheinlich eine wesentlich kompliziertere Struktur, die vielleicht nur noch mit den unendlich verzweigten und verästelten Molekularbildern aus der Physik und der Chemie zu vergleichen wären. Und dennoch dürften auch sie kein Beschreibungsraster, sondern müßten ein Schwingungsbild ergeben. Trotz der schillernden Mehrdeutigkeit dieses Umpolungsprozesses läßt sich in allen Verschiebungen ein gemeinsames Moment herauskristallisieren: Im

Versuch der Neuen Linken, eine neue Basis zu gewinnen, werden politische Identitäten immer mehr in Naturkategorien umgegossen. Nicht mehr gesellschaftliche, sondern natürliche Gründe sollen einen Befreiungsprozeß verbürgen, der im politischen Kampf nicht auszustehen war. Eine solche Tendenz hat auch der Kultursoziologe Hans Peter Dreitzel diagnostiziert: »Die Suche nach politischen Identitäten, die direkt erfahren werden können, wird sich weiter ausbreiten. Diese aber werden in der Regel durch Naturkategorien definiert. Heute, da Stammes- oder Clanzugehörigkeiten oder sogar stabile Familienbande zwischen den Generationen fehlen, blühen alle Formen der ›body-politics‹ auf, vom ethnischen Separatismus bis ›Women's Lib‹, von der ›Gay Revolution‹ bis zur Organisation von Seniorengruppen und Kooperativen von Geisteskranken.« Er vertritt die Ansicht, »daß bei sinkenden Wachstumsraten in allen Industriegesellschaften und bei zunehmender psychischer Pauperisierung die zukünftige Funktion von Kultur hauptsächlich in der Neuinterpretation unseres Verhältnisses zur Natur bestehen wird. Die Anfänge dieser Entwicklung lassen sich heute feststellen im wachsenden Umweltbewußtsein, in der sich ausbreitenden öffentlichen Debatte über Fragen der körperlichen und seelischen Gesundheit und im Entstehen synkretistischer religiöser Bewegungen, die ein kosmisches Gleichgewicht zwischen Natur und Bewußtsein propagieren. Anscheinend hat die Dialektik, die sich daraus ergibt, daß wir einen Körper haben und gleichzeitig ein Körper sind, noch mehr Dimensionen als die bloße Kontrolle von Muskelkraft. Das psychische Elend, das am Ursprung der allgemeinen Suche nach einer neuen Fundierung der Authentizität liegt, ist die subtile Rache der Natur an einer Kultur, die ihr rein instrumentelles Verhältnis zur Natur in großen Leistungen der Wissenschaft, der Medizin und der technologischen Erzeugung artifizieller Milieus gefeiert hat.«[5]

Exkurs: Natur als Politik – am Beispiel der Frauenbewegung

Klarer als alle anderen Varianten der Alternativbewegung vollzog die Frauenbewegung die große Wende nach innen, den Rekurs auf den eigenen Körper, hin zur weiblichen Natur. Seitdem sie mit dem herrschenden Interpretationsmodell eines ökonomistisch verkürzten Marxismus gebrochen hat und aus dem gemeinsamen Diskussionszusammenhang der Linken ausgeschert ist, um ihre eigene Autonomie zu gewinnen, ist es vielen anderen Gruppierungen leichter gefallen, nun ebenfalls politisch lange Zeit unterdrückte Interessen und Bedürfnisse zu artikulieren. Jedoch gerade weil der Bruch der Frauen und ihre Konstitution zu einer eigenen, sich den anderen gegenüber disparat verhaltenden Bewegung so abrupt war, demonstriert er auch besonders exemplarisch, mit welchen Problemen dieser Versuch einer neuen Identitätsgewinnung behaftet ist. Deshalb soll hier am Beispiel der Frauenbewegung die Ambivalenz verdeutlicht werden, die unweigerlich dann auftritt, wenn mit der Ablehnung eines versteinerten Marxismus zugleich auch dessen sozioökonomisches Bewußtsein als irrelevant abgetan wird.

Seitdem sich in der Tendenz von einer männlichen Linken sprechen läßt, ist es verpönt, sich überhaupt noch öffentlich zum Verhältnis zwischen Frauen und Männern, Frauenbewegung und Linker zu äußern, obwohl es evident ist, daß die Entwicklung des Feminismus der jüngsten Zeit ohne die innere Dynamik der Neuen Linken völlig undenkbar wäre. Daß dieses Tabu von den Frauen selber aufgestellt wurde, die nicht länger mehr mit den linken Männern »gemeinsame Sache« machen wollten und es sich deshalb verbeten haben, weiter reinreden zu lassen, ist dabei klar; dennoch aber ist es umgekehrt von männlicher Seite aus von Anfang an falsch gewesen, dies einfach zu akzeptieren. Nicht etwa, um sich trotzdem ungebeten in die Diskussionen der Frauen einzumischen, sondern um überhaupt die Debatte öffentlich auszutragen, wenn auch vielleicht »nur unter sich«. Zwar läßt sich seit den ersten Ansätzen des radikalen Feminismus nicht länger mehr diskutieren oder theoretisieren, als sei nichts geschehen, das bedeutet aber längst noch nicht, daß man deshalb nur noch schuldbewußt zu schweigen hätte. Denn das Resultat, das sich so in vielen Fällen einstellen konnte, ist ein zum Teil unglaublicher Opportunismus seitens der männlichen Linken gegenüber den radikalisierten Frauen. Die Devise heißt vielerorts »Abwarten«, nach außen hin in Demut seine männliche Gebrochenheit zu demonstrieren, nach innen aber ungebrochen weiter als Pascha fortzuexistieren.

An der Frauenbewegung im allgemeinen und am Feminismus im besonderen tritt in aller Schärfe zum Vorschein, daß die Rückbesinnung auf eine vermeintlich pure weibliche Natur zunächst einmal nur das subjektive Kondensat, der Restbestand einer aus der gesellschaftlichen Wirklichkeit in sich selber zurückgenommenen Emanzipationsbewegung ist. Erst in dem Augenblick, als eine studentische Intervention nach der anderen gescheitert war, brach der lange schwelende Konfikt zwischen den Geschlechtern wieder auf. Wie schon auf der letzten SDS-Delegiertenkonferenz im Jahre 1968 die »Weiberrevolte« gerade dann ausbrach, als die Identitätskrise der Studentenbewegung auch in ihrer Kernorganisation offen zutage trat, so begannen auch Mitte der siebziger Jahre die Frauen erst von dem Moment an zu revoltieren, als offensichtlich war, daß die Neue Linke keine weitere Möglichkeit mehr bot, die manifesten politischen Probleme offensiv in Angriff zu nehmen. Deshalb kann man sagen, daß die Entstehung der Frauenbewegung – sicher nicht nur allein, aber auch – Ausdruck einer umfassenden Identitätskrise der unabhängigen Linken ist und das heißt indirekt auch, daß sie Ausdruck der gesellschaftlichen Resonanzlosigkeit der von der Linken praktizierten Politik ist. Man muß diese doppelte Übersetzung einschalten, um das bei der Konstitution der Frauenbewegung mitspielende, aber nur schwer zu erkennende politisch-gesellschaftliche Problem aufdecken zu können. Nach den Niederlagen im Betriebs- und Stadtteilkampf, dem Rückzug aus den meisten Institutionen haben die Frauen etwas zum Prinzip erhoben, was viele Männergruppen nun ebenfalls gerne tun würden, wenn es nicht so schwierig wäre, sich eindeutiger als unterdrückt zu bestimmen: Weil keine soziale Stabilität des Widerstands zu gewinnen war, haben die Frauen als erste einfach sich selber – ihre eigene Natur – zum schlechthin Rebellierenden erklärt. So drückt die Frauenbewegung klarer als fast alle anderen der in der Scene vorfindbaren Varianten der Alternativbewegung schon per definitionem aus, worin sie ihre neue Identität gerne sehen möchte. Damit aber hat sie im Vergleich zu anderen Teilen aus der Studentenbewegung nur eine andere Form der Ersatzidentität gewählt. Sie hat nicht mehr zu historischen oder geographischen Attrappen (Sowjetunion, China, Trotzkismus etc.) gegriffen, um sich als revolutionsträchtige Gruppierung zu verpuppen, sondern zu natürlichen. Was die gesellschaftliche Wirklichkeit nicht hergegeben hat, soll nun die Natur herausrücken. Das, was ohnehin besonderes, geschlechtsspezifisches Merkmal ist – nämlich Frau zu sein –, wird in den Rang eines Bekenntnisses, einer bewußten Entscheidung erhoben. Nicht, daß dies völlig überflüssig wäre – sicher ist es notwendig, um die verdrängte eigene Natur überhaupt wieder einbringen zu können –, nur läßt sich damit keine Befreiung begründen; weder eine individuelle, geschweige denn eine soziale.

Dies läßt sich auch anhand einiger Entwicklungstendenzen in der aktuellen Frauenbewegung belegen. Denn schon wenige Jahre, nachdem sie wie Phönizia aus der Asche der Neuen Linken entstanden ist, scheint sie viel von ihrer dynamischen Kraft verloren zu haben und ins Stocken geraten zu sein. Solange sie mit dem Kampf gegen den Abtreibungsparagraphen einen objektiven Kristallisationspunkt hatte und in ihrer politischen Opposition nicht verleugnet werden konnte, brachen virulente Identitätsprobleme zunächst einmal nicht auf – Einigkeit bestand ja zumindest in dem, was man nicht, auf gar keinen Fall wollte. Seitdem sie sich aber weitgehend auf ihre eigene Existenzweise zurückziehen mußte, die sich, soziologisch gesehen, klassen- und schichtenmäßig von der der übrigen Linken nicht allzusehr unterscheidet, trat auch die Selbstdefinition in ihrer Problematik wieder stärker zutage. Der kleinste gemeinsame Nenner – Frau zu sein –, der doch die große Offenbarung darstellen sollte, stellte sich zunehmend als Trugschluß heraus. Dies wurde vor allem deutlich, als ein Teil der Feministinnen von anderen Frauen forderte, ihre Kontakte zu Männern vollständig einzustellen. Anfangs hatte nur die Forderung existiert, sich ohne Männer zu treffen und zu diskutieren, nun aber sollte auch der letzte gemeinsame Bereich getilgt und jeder Berührungspunkt aufgegeben werden. In der Konsequenz hieß das vor allem, daß aus heterosexuellen Frauen Lesbierinnen werden sollten. Die »natürliche« Identität, Frau zu sein, sollte mit dem entsprechenden Sexualverhalten eine unverrückbare Stabilität bekommen. In dieser »Verdoppelung« der weiblichen Existenz, die eine fugendichte Identität abgeben soll, muß nun die Natur endgültig zum Kunstgriff geraten. Das macht auch die verschwiegene Wahrheit im mythenträchtigen Rückgriff auf eine vorgestellte erste Natur aus. Die »künstliche« Entscheidung zur »natürlichen« Identität eliminiert gerade jene Bestimmungsmomente, die an ihrer gesellschaftlichen Produktion von Bedeutung, weil veränderbar sind. Die ideologische Figur verschafft sich einen Ersatz in der körperlichen und bringt sich damit unfreiwillig auf ihren Begriff. Der Kult um die neue Weiblichkeit, das wird hier deutlich, ist nicht zuletzt ein Archaismus.

Der Vorgang, der in vielen Frauengruppen und -zentren zu erbitterten Konflikten geführt hat, ist durchaus mit einer Auseinandersetzungsphase im vorschnellen Alterungsprozeß der Neuen Linken vergleichbar, von deren Dogmatismus sie sich gerade trennen wollten. Je purer eine Frau vermeintlich feministisch wird und sich dies auch jenseits allen Zweifels durch ihr Lesbischsein verbürgt, desto mehr nimmt sie Züge an, die gerade für den »Atomspaltungsprozeß« der ML-Gruppen charakteristisch waren. Der naturalistische Trennungsstrich mutet insofern wie das vorläufige Ergebnis eines Liniengefechts unter Stalinisten an, wo einer dem anderen den Revisionismusvorwurf macht und sich selber statt dessen immer im Besitz der »reinen« proletarischen Position ausgeben muß.

Während man früher an den Wänden der Universität die Parole lesen konnte »Organisiert Euch nach den Prinzipien des Marxismus-Leninismus!«, so findet man heute dort die Aufforderung »Frauen werdet lesbisch!«. Ganz so, als könnte das ebenso ein dezisionistischer Akt sein, wie man sich vor einigen Jahren noch zum »Proletarier« erklärte – als sei dies jeweils eine Sache des Willens, der reinen persönlichen Entscheidung und als wäre »lesbisch« bzw. »proletarisch« schon ein revolutionärer Wert an sich. Dieser innere Zwang, sich auf eine immer puristischer werdende Position zurückziehen zu müssen, die sich letztlich nur noch als Naturding ihrer Absicht versichern kann, drückt selbstverständlich genau das Gegenteil der eigentlichen Zielsetzung aus: eine eklatante Identitätsschwäche. Deshalb ist auch zu sagen, daß eine Frau wohl erst dann wirklich lesbisch sein könnte, wenn sie es aufgrund eines äußeren oder inneren Zwanges nicht mehr unbedingt sein müßte; das gleiche gilt natürlich auch für die Heterosexuellen.

Der Versuch, gerade die körperliche Konstitution der Frau, die bislang – nicht weniger ideologisch – als Ausdruck einer spezifischen weiblichen Schwäche angesehen wurde, nun umgekehrt zum Garanten feministischer Stärke und damit der Befreiung der Frau machen zu wollen, muß scheitern, weil er bloß reaktiv bleibt. Im Kern ist er noch von den Wundmalen gekennzeichnet, die für die sexuellen Verhaltensweisen der bürgerlichen Gesellschaft typisch sind, nämlich eine Norm durch die andere zu ersetzen und damit wieder neuen Druck und Zwang auszuüben. Das Problem, das sich dahinter verbirgt, ist in der Geschichte keineswegs unbekannt; es hat beispielsweise alle Versuche, die bürgerliche Revolution mit »der« Natur begründen zu wollen, wie ein Schatten verfolgt. Schon Rousseau, der theoretische Wegbereiter der französichen Revolution, hatte vor zwei Jahrhunderten mit seiner Forderung, zur natürlichen Empfindung zurückzukehren, die These verfochten, daß der Mensch von Natur aus gut und nur infolge der zivilisatorischen und gesellschaftlichen Einflüsse korrumpiert worden sei. Dem könne nur entgegengewirkt werden, wenn man zum natürlichen Zustand der Wilden zurückfindet und fern von den Einrichtungen der Gesellschaft seine eigene Anschauung entwickelt. (Ins Feministische übersetzt würde das bedeuten, daß man zum matriarchalen Urzustand zurückzukehren hat, um in der Absonderung vom patriarchalen System die natürliche Bestimmung als Frau wiederfinden zu können.) In dieser Tradition stehen aber nicht nur Romantik und Naturalismus, die im 19. Jahrhundert antirationalistische und antitechnische Affekte gegen den Vernunftbegriff der

Aufklärung freisetzten, sondern auch Darwinismus, Rassismus, der biologisch begründete Imperialismus und letztlich auch der Faschismus. An der Streubreite der Begründungsmöglichkeiten ist unschwer zu erkennen, was die eigentliche Problematik am politisch interpretierten Naturbegriff ausmacht. Es ist mit ihm ähnlich wie mit der Einstellung vieler Christen zur Bibel: man kann nach Belieben das herauslesen, was man zuvor hineingelegt hat.

Was in diesem Exkurs über die Frauenbewegung auf exemplarische Weise verdeutlicht werden sollte, stellt in konzentrierter Form einen der neuralgischsten Punkte dar, der die Alternativbewegung – und sicher nicht nur sie – in ihrer Gesamtproblematik betrifft. Denn solange die gesellschaftliche und historische Dimension am Land, an den Nahrungsmitteln, dem Körper, der Sexualität, der Psyche usw. unterschlagen wird, solange kann das Resultat nur in Fatalismus oder Voluntarismus bestehen, nicht aber in einer veränderten Aneignung von Natur und damit einer neuen Gesellschaftlichkeit. Marx hat nicht ohne Grund oft genug betont, daß es keine Natur »an sich« gibt, sondern daß diese immer schon eine gesellschaftlich jeweils bestimmte ist, die andererseits aber auch nicht auf ihre sozialen oder historischen Momente zu reduzieren ist. Wenn letzteres in jüngster Zeit immer mehr zu tun versucht wurde, dann durch das Kapital selber. Natur wurde wieder zum Problem durch die Forcierung der Warenproduktion. Es entspricht der inneren Logik einer Produktionsweise, die aus immanenten Gründen zur fortwährenden Expansion gezwungen ist, daß sie irgendwann in Grenzbereiche vorstoßen muß, in der die komplexen Regelkreise des ökologischen Systems ernsthaft gefährdet werden. Dies scheint sich gegenwärtig in zweierlei Hinsicht abzuspielen: Einmal als absehbare Erschöpfung der Rohstoffressourcen zur Energiegewinnung und zum anderen als Überschreitung bestimmter anthropologischer Spielräume zur psychischen Verarbeitung von Erfahrung. Beide Problemzonen sind in der Alternativbewegung in gewisser Weise repräsentiert: in der Form der ökologischen und in der Form der psychologischen Gruppen. Beide können aber nicht aus sich selber heraus in ihrer Problematik und Komplexität begriffen werden. Daß gerade noch der Anschein der Selbständigkeit bzw. Naturhaftigkeit ein spezifisches Merkmal der entfalteten Warenproduktion ist, hat ebenfalls Marx im Fetischkapitel des *Kapital* entwickelt und dargestellt. Gerade angesichts der naturalistischen Tendenzen in der Alternativbewegung und insbesondere im Feminismus läßt sich deshalb sagen: Der Fetischismus der Natur ist in Wirklichkeit ein unbegriffener Fetischismus der Ware – das ist das Geheimnis aller modernen Mythologie. Die sechste These lautet: Obwohl die Scene ein Getto ist, so ist sie dennoch keine Insel. Im Gegenteil: Viele der Krisensymptome treten hier noch exponierter in Erscheinung als in der Gesamtgesellschaft. Indem die Alternativbewegung die vielfältigen Deformationen des kapitalistischen Systems nicht einfach hinnimmt, jedoch sich auch kaum dagegen wehrt, sondern eher ihnen zu entgehen versucht, demonstriert sie gleichzeitig wie gering die Möglichkeiten einer solchen Flucht sind. Es ist wie bei dem Wettrennen zwischen dem Hasen und dem Igel: In der gesuchten Natur steht immer schon die Ware und ruft »Ik bün allhier.« So ist der Versuch, die Identitätskrise der Neuen Linken quasi »auf natürlichem Wege« lösen zu wollen, schon im Keim zum Scheitern verurteilt. Das muß trotz und auch wegen der objektiven Problematisierung von innerer und äußerer Natur durch das kapitalistische System betont werden. Ethnizismus, Regionalismus, Nationalitäts- und Geschlechtszugehörigkeiten sind keine Kategorien der Befreiung, wenngleich sie deren Momente nicht nur darstellen können, sondern auch müssen.

Politische Identitätskrise als »Lernaufforderung«

In der Studentenrevolte wurde ein politisches Prinzip praktiziert, für das es keine überlieferte Begriffsmöglichkeit gab. Im Gegensatz zum traditionellen sozialistischen Politikverständnis wurde durch die subjektiven Bedürfnisse der Individuen hindurch ein Politisierungsprozeß entfaltet, in dem weder von einem selber, noch von anderen abstrahiert werden konnte. Politik als permanente Revolution im Sinne der Praktizierung eines radikal anderen Lebens – das war das historisch neue Prinzip und daraus bezog die Rebellion von '68 eine Ausstrahlung, die sie im objektiven Sinne zu einer subversiven Kraft werden ließ. Mit der Moral als Motor der Bewegung hatte man sich fast wie im Blindflug Bereiche angeeignet, die in der revolutionären Politik – außer von einigen anarchistischen Gruppierungen wie z.B. der spanischen CNT – bislang immer links liegen gelassen wurden. Angefangen von der sozialen Keimzelle Kommune als Alternative zum kleinbürgerlichen Familienverband, der auch im Staatssozialismus unangetastet geblieben war, über die Gruppenformen in Universität und Schule bis hin zur kollektiven exemplarischen Aktion auf der Straße wurde in allen Lebensbereichen ein antiautoritäres Prinzip praktiziert: Sensibilität, Öffentlichkeit, Spontaneität, Kollektivität, Basisdemokratie und moralische Integrität – das waren die Schlagworte, die nicht nur ein anderes Lebensgefühl, sondern auch eine spezifische Radikalität ausdrückten, die die Geschichte augenscheinlich noch nicht gekannt hatte. Keine politischen Programme und Protestresolutionen, sondern die studentischen Aktionsformen selber, als Ausdruck des Wunsches nach einem radikal anderen Leben, ergriffen auch die Schüler, die Lehrlinge, Teile der Randgruppen und ließen aus der Studenten- eine Jugendbewegung werden. Für einen kurzen Augenblick der vollständigen Legitimationsschwäche des herrschenden Systems obsiegte das antiautoritäre Prinzip auf der ganzen Linie. Mit Situationswitz, Ironie, Naivität, moralischer Integrität und den ohnehin besseren Argumenten, kurzum mit einem unglaublichen Optimismus ausgestattet, schien man in dieser politischen Offensive schier unschlagbar zu sein. Doch bekanntlich trog der Schein.

Die situative Stärke war auch zugleich die perspektivische Schwäche der antitautoritären Bewegung. Denn in dem Moment, als das System selber mit der sozialliberalen Koalition eine reformistische Antwort auf die ungestillten Bedürfnisse breiter Bevölkerungsschichten zu geben versuchte, indem sie den Protest auffing, große soziale Versprechungen machte und die divergierenden Interessen zu kanalisieren begann, da versagte die nahezu im Unterbewußtsein forcierte Politik der Studenten kläglich. Fast genauso schlagartig, wie die Euphorie durch die überraschenden Mobilisierungserfolge entstanden war, schlug sie nun in Ratlosigkeit und Katzenjammer um. In dem Moment, als die Sozialdemokratie der Revolte das Wasser abgegraben hatte und sich die Revoltierenden – ohne ausreichende soziale Resonanz – wieder auf sich selbst gestellt sahen, entdeckten sie auch die Brüchigkeit ihres eigenen Identitätsentwurfs. Hinter den abgebrochenen Mauern der Vergangenheit – Elternhaus, Schule, Universität, Karriere, politisches System – schob sich plötzlich ein schier undurchdringlicher Wust von Problemen ins Bewußtsein: die studentische Existenzweise, die soziale Gebrochenheit, die mangelnde Berufsperspektive, die Resistenzfähigkeit der alten psychischen Strukturen, die Bedrohung durch den Staat. Es gab keine historische Erfahrung in dieser Situation, keine soziale Stabilität, keinen institutionellen oder politischen Rückhalt – das spürte man in der Bundesrepublik extremer als in jedem anderen Land, bis auf die USA vielleicht. In Frankreich und Italien hatte es immerhin eine Tradition des Widerstands und Organisationen der Arbeiterbewegung gegeben, die eine historische Kontinuität verkörperten, an der sich, wenn auch nicht anknüpfen, so doch zumindest orientieren ließ. Hier jedoch gab es

nichts. Fast schien es so, als hätte eine Bewegung aus dem historischen Nichts heraus zum Sprung angesetzt, sich umgeschaut, die eigene Schwäche gesehen und wäre prompt wieder in sich zusammengefallen. Aus Angst vor diesem Sturz ins Bodenlose versuchte man fast instinktiv nach etwas zu greifen, was politisch Halt zu geben versprach. Das hatte noch vor dem Ende der antiautoritären Bewegung damit begonnen, daß man sich selbst zu kopieren versuchte. Nach dem Scheitern der Springer-Kampagne, der Kritischen Universitäten und vor allem der Antinotstandsbewegung, als sich der politisch brisante Gehalt der Demonstrationen schon längst verflüchtigt hatte, begann man Aktionen um der Aktionen willen zu machen. Man lieferte sich Schlachten mit der Staatsgewalt, um noch zu retten, was zu retten war: das reine Formprinzip der direkten Aktion. Bildlich gesprochen drehte die Bewegung regelrecht durch: ihre Taten hakten nicht mehr ein, ihre Gruppen griffen nicht mehr auf und ihre Parolen gingen ins Leere. So konnte es kaum verwundern, daß der Teil, der nicht vom Reformismus der SPD oder dem Parteikommunismus der DKP – dem alten Zangengriff, dem man ja gerade entgehen wollte – geschluckt wurde, beim erstbesten Anlaß – Septemberstreiks – in die große historische Kiste der Arbeiterbewegung griff und sich daraus das passende Kostüm überstreifte: Mit den Klamotten der Geschichte inszenierte man nun selber eine Klamotte.
Was schon in den zwanziger Jahren angesichts des bevorstehenden Faschismus kläglich gescheitert war, sollte nun plötzlich der Garant für die politische Massenwirksamkeit sein. Nach der kurzen Phase des Aktionismus folgten nun lange Jahre des Traditionalismus. Die verschiedenen Identitätshülsen wurden regelrecht »ausgemendelt«: Hier Leninismus, dort Maoismus; hier Stalinismus, dort Trotzkismus; hier Anarchismus, dort Castroismus. Eine falsche Rolle gab der anderen die Hand, die eine löste die andere ab und es gab nicht wenige, die im Wechsel der Rollen über die ganze historische Bühne marschiert sind. Und selbst heute – zehn Jahre danach – weigern sich einige immer noch beharrlich, die falschen Kleider dorthin zu bringen, wo sie hingehören: ins Museum. Überall war man zu Hause, ob in China oder Albanien, ob in Kuba oder der Sowjetunion; nur hier – zwischen Hamburg und München, Köln und Berlin – da war kaum noch jemand anzutreffen.
Die antiautoritäre Bewegung hatte, ohne es zu wissen, ein Exempel statuiert: Authentische Politik zu machen – Bedürfnisse, die das System selber weckte, aber nicht befriedigen konnte, waren als materialistisches Ferment des Kampfes zum tragenden Moment einer politischen Bewe-

gung geworden. Jedoch in dem Augenblick, als sich der gesellschaftspolitische Kontext veränderte und ihre Offensive ins Stocken geriet, griff sie ohnmächtig auf ein verschlissenes Prinzip zurück: die instrumentelle Politik. Dabei verlor sie gerade das, was sie unbewußt errungen hatte, ihre Authentizität und damit den Funken, der eine solche Revolte entzünden konnte. Beim krampfhaften Festklammern an den Attrappen aus der Geschichte der Arbeiterbewegung übersah sie dann auch geflissentlich all die unverdauten Probleme, die noch in ihr steckten und die auch die offiziellen Organisationen nicht wahrhaben wollen: die Herrschaftsförmigkeit und latente Unterdrückungsgewalt, die das stalinistische Trauma offenbart hatte.
Ohne Übertreibung kann man sagen, daß der Kommunismus spätestens in den Moskauer Prozessen seine moralische Integrität und damit auch seine historische Kontinuität verloren hat. Zwar hatte seine Geschichte immer schon Risse und Sprünge aufgezeigt (Kronstadt, Machno-Bewegung) und ihre Spuren ließen sich bis auf die Auseinandersetzung zwischen Marx und Bakunin in der I. Internationalen zurückführen, jedoch nie zuvor war sie offen konterrevolutionär geworden und hatte ihre eigenen Ideale verraten. Mit der Liquidation einer ganzen Generation von Revolutionären jedoch – den Bolschewiki der ersten Stunde – hat Stalin ein Verbrechen begangen, das Hitler beispielsweise gar nicht begehen konnte. Er hat nicht nur Menschen umbringen lassen, sondern auch die Verkörperung von Hoffnungen, und indem er das tat, hat er dem historischen Optimismus der Unterdrückten und Beleidigten die Spitze abgebrochen. Zuvor konnten soziale Bewegungen vernichtende Niederlagen einstecken, ohne deshalb zerbrechen zu müssen, nun aber war die moralische Integrität und damit auch die soziale und historische Identität verlorengegangen: Proletariat, Klassenkampf, Internationalismus, Revolution und kommunistische Gesellschaft hatten fortan einen Beiklang, der nicht mit dem absichtlich inszenierten Antikommunismus des Westens allein zu entschuldigen war.
Dieser traumatische Bruch, die entzweigegangene Identität des proletarischen Klassenkampfes ist bislang im wesentlichen immer noch unverarbeitet. Die mit der Bezeichnung »Stalinismus« verknüpften Assoziationen – Industrialisierung, Autoritarismus, Despotie, Unterdrückung und Gewaltherrschaft – werden bei fast jeder revolutionären Bewegung, die sich auf das Erbe des Marxismus beruft, wieder neu aktiviert, ohne aber daß sie dabei jemals offen diskutiert werden könnten. Es gibt zwar einen Sickerprozeß dieser politischen Identitätsproblematik in der Literatur,

der von den Moskauer Prozessen bis in die Zeit des Kalten Krieges führt, aus der Politik jedoch blieb dieser manifeste Problemgehalt fast vollständig ausgespart. Und wohl nicht ganz zufällig beginnt man sich heute nach Solschenizyns *Archipel Gulag* in einer zweiten Rezeptionsphase wieder jene biographischen Zeugnisse anzueignen, die mit einer langen Kette von Namen verknüpft ist, die von Arthur Koestler über George Orwell, Gustav Regler, Ignazio Silone, Victor Serge, Manès Sperber und Leopold Trepper bis hin zu Jan Valtin reicht. Ihr individuelles Schicksal war exemplarisch für eine ganze Generation von Kämpfern, die in ihrer Identität aufgerieben wurde, weil sie nicht nur von einer, sondern gleich zwei existenzbedrohenden Machtsystemen in die Zange genommen wurde. Gegen den Faschismus und für den Kommunismus kämpfend, mußten sie plötzlich die Entdeckung machen, daß sich unter Stalin ihre gesellschaftshistorische Alternative als eine Macht entpuppte, die der von ihnen bekämpften in Unheil und Greueltaten kaum etwas nachstand. Diese in die Literatur verbannte Identitätsproblematik, deren zentrale Bedeutung für dieses Jahrhundert kaum zu verleugnen ist, wurde politisch nur scheinbar verarbeitet. Chruschtschows Kritik am »Personenkult« des Stalinismus auf dem XX. Parteitag der KPdSU war historisch zwar nicht unbedeutend, jedoch hat sie das wirkliche Problem durch eine Personalisierung eher verdeckt als behandelt, geschweige denn bewältigt. Die parteioffiziellen Tabus scheinen seitdem noch stärker geworden zu sein, weil man die dazugehörigen Auslegungen flexibel und anpassungsfähig machen konnte. In Wirklichkeit aber hat sich die kommunistische Bewegung nie von dem Schock des Stalinismus erholen können. Im Staatssozialismus ist der Schrecken nur institutionell gebannt und tritt dann wieder umstandslos als offene Gewaltherrschaft zutage, wenn sich – wie im Prager Frühling – eine vermeintliche Bedrohung des existierenden Machtsystems auftut.

Diese seit Jahrzehnten anhaltende Identitätskrise nun ist für viele Aktivisten aus der Studentenbewegung in dem Augenblick wieder reaktiviert worden, als sich das Scheitern der eigenen Organisationsversuche in kommunistischen Parteien und sozialistischen Zirkeln offenbarte. Hinter der Identitätskrise der Neuen Linken, die man mit einer traditionellen Politik zu lösen versucht hatte, obwohl deren Geschichte schon längst zerbrochen war, trat plötzlich die Identitätskrise der »Alten« Linken zum Vorschein. Mit jeder neuen Nachricht über die Unterdrückung von Revolutionären in sozialistischen Ländern schwand auch die Hoffnung auf eine eigene revolutionäre Perspektive immer mehr. Von der Sowjetunion und ihren Satellitenstaaten war man zwar nicht mehr zu desillusionieren – dafür war die Präsenz der DDR zu unmittelbar –, dafür aber desto mehr von den Ländern, die sich als Hoffnung auf einen dritten Weg herausgeschält hatten: China, Vietnam und Kuba. Es begann mit den Meldungen über die Verfolgung von kubanischen Homosexuellen und der Inhaftierung des oppositionellen Lyrikers Padilla. Dann folgten verschiedene Nachrichten über die veränderte Außen- und dann auch die gewandelte Innenpolitik Chinas: Zuerst war es nur eine Delegation auf der 2000-Jahrfeier der persischen Diktatur, dann die sofortige Anerkennung des Pinochet-Terrorregimes in Chile und schließlich nach dem Nixon-Besuch die lange Reihe von Empfängen für Reaktionäre aus aller Welt, Strauß nicht ausgenommen. Absoluter Tiefpunkt jedoch war ein persönlicher Empfang Nixons durch Mao Tse-Tung, nachdem dieser aufgrund der Watergate-Affäre schon längst aus dem Weißen Haus geflogen war – ein Gunstbeweis, der nun auch durch keine außenpolitische Notwendigkeit mehr zu rechtfertigen war; von der Enttäuschung über die Entwicklung Vietnams nach der Befreiung von Saigon und dem Entsetzen über die Greueltaten der Roten Khmer in Kambodscha ganz zu schweigen. Damit waren im Laufe nur weniger Jahre all die Identifikationspunkte der Dritten Welt, die auslösende Motive für die Studentenrevolte der Ersten Welt dargestellt hatten, zunichte gemacht worden. Fidel Castro und Mao Tse-Tung, der Vietcong und die Roten Garden – der charismatische Klang dieser Namen, die Symbolkraft ihrer Ideen waren dahin. Ein Mythos schien zum zweiten Mal entzaubert zu werden. Die Depression ging tiefer als in all den Jahren zuvor. Mit einem Mal schien es nichts Revolutionäres mehr zu geben, womit man sich auf diesem Erdenball noch ungebrochen identifizieren konnte. Man fühlte sich um ein Stück seiner eigenen Identität, seiner Hoffnungen und Wünsche betrogen. Der Traum von der internationalen Befreiung war ausgeträumt, die alten drohenden Schatten des Kommunismus wieder zurückgekehrt.

Man muß diese psychische Dimension, den plötzlich aufsteigenden und rapide wieder absinkenden Identifikationsprozeß, im Auge haben, um einiges an der inneren Dynamik der unabhängigen Linken in diesem Lande verstehen zu können; um die tiefe Resignation begreifen zu können, die eine Generation befallen hat, die das System aus den Angeln heben wollte. Vielleicht wäre es noch möglich gewesen, die Fehlschläge und Niederlagen zu verdauen, die man mit seiner eigenen Interventionspolitik in Stadtteil und Betrieb erlitten hatte, vielleicht auch noch die

Zersplitterung und Konkurrenz in den eigenen Reihen. Was jedoch nicht mehr zu verdauen war, das war der Verlust von Hoffnung, den der Vietcong z.B. ein Jahrzehnt zuvor noch verkörpert hatte. Die verlorengegangene politische Integrität war durch nichts mehr zu ersetzen. Es gab vorerst keine Möglichkeit der Revolution mehr. Man wollte nicht selber schuldig werden. Daher nahmen viele Abschied von der revolutionären Politik und – gingen zum Teil in die Alternativbewegung. Um dort im kleinen zu versuchen, was scheinbar im großen nicht möglich war.

Jedoch auch für diejenigen, die weiter Politik »machen«, ist die Rede von der »Identitätskrise« der Neuen Linken schon fast sprichwörtlich geworden. Überhaupt scheint dieser Ausdruck eine Art Zauberformel geworden zu sein, die das Deprimierende und Hoffnungslose am gegenwärtigen gesellschaftlichen Klima ausdrücken soll. Ob Trotzkist oder Maoist, ob Leninist oder Anarchist, ob Verfechter einer sozialistischen Partei alten oder neuen Typs – alle Gruppen sind mehr oder weniger auf sich selber zurückgeworfen. Die politische Paralyse ist nahezu umfassend, sie geht quer durch alle Fraktionen der unabhängigen Linken. Der Terminus »Krise« hat natürlich auch eine Vielzahl von anderen Bedeutungen, die in ihrer Tragweite nicht zu unterschätzen sind. Die Krise ist polymorph geworden. Die Krise als Naturzustand des kapitalistischen Systems scheint alles zu verschlingen, zu zerbrechen und verändert wieder auszuspucken: Staat und Ökonomie, Sozial- und Charakterformen, Ideologien und Bedürfnisse – nichts bleibt verschont. Dies alles muß mitbedacht werden, wenn man die politischen Existenznöte der Linken nicht im luftleeren Raum diskutieren will.

Der politische Gebrauch des Ausdrucks »Krise« zeigt an, wenn er überhaupt sinnvoll sein soll, daß es auch »heilende« Momente geben muß, die zwar eine grundlegende Veränderung unbedingt erforderlich machen, zugleich aber auch überhaupt möglich erscheinen lassen. Die Frage wäre nun, worin, wenn diese Definition noch zutreffen sollte, diese kathartischen »heilenden« Momente in der Identitätskrise der Neuen Linken bestehen könnten. Kann man aus dieser Krise überhaupt noch lernen, die entzweigegangene alte politische Identität als »Lernaufforderung« (Vester) zu einer neuen begreifen?

In der unabhängigen Linken dieses Landes gibt es gegenwärtig zwei wesentliche Diskussionsstränge, sich mit der eben skizzierten politischen Identitätskrise, die, wie wir gesehen haben, zugleich auch Ausdruck eines ganzen Bündels anderer Krisenphänomene ist, auseinanderzusetzen. Der Einfachheit halber kann man sie nach zwei Leitbegriffen unterscheiden, die sich im Laufe der Zeit herauskristallisiert haben und um deren Pole sich die Kontroversen zentrieren: zum einen gibt es ein weit verbreitetes, wenngleich auch nur schwer zu vereinheitlichendes Bedürfnis, die politische Identität über die Formbestimmung sozialistischer Politik wiederzugewinnen. Hierzu zählen neben allen Versuchen, eine sozialistische Partei zu gründen, auch der Trotzkismus und die Orientierungen am Eurokommunismus. Es sind im wesentlichen Versuche, die für das Selbstverständnis der Neuen Linken als genuin zu bezeichnen sind. Ihre Absicht ist es, wie schon vor zehn Jahren, der Scheinalternative von Sozialdemokratie und Staatssozialismus zu entgehen; daher auch das Interesse, eine Partei neuen Typs zu gründen. Diesen Diskussionsstrang kann man als die Organisationsvariante bezeichnen. Zum anderen gibt es eine Vielzahl unterschiedlichster Versuche, die verlorengegangene politische Identität nicht direkt wiederzuerlangen, sondern über den Umweg der Problemgehalte selber. Es sind partikulare Bewegungen verschiedenster Art, die sich allesamt dadurch auszeichnen, daß sie keine allgemeine, sondern nur eine problembezogene Politik machen, ausgehend von konkreten gesellschaftlichen Defiziten. Hierzu können die Frauenbewegung, die verschiedenen ökologischen Gruppen, viele Bürgerinitiativen und eine Vielzahl heterogener Emanzipationsgruppen gezählt werden – also im Grunde genommen das, was bisher pauschalisierend als Alternativbewegung bezeichnet wurde. Eine genaue Charakterisierung ist nahezu unmöglich, weil sich die meisten Partikulargruppen den üblichen Kategorialisierungen entziehen. Zumindest läßt sich aber sagen, daß sie im herkömmlichen politischen Spektrum von der äußersten Linken bis ins bürgerlich-reformistische, zum Teil sogar konservative Lager hineinreichen. Diesen zweiten Diskussionsstrang kann man als die Autonomievariante bezeichnen.

Wenn man nun diese beiden Diskussionstendenzen, die natürlich nur analytisch klar zu trennen sind und in Wirklichkeit oftmals vermischt auftreten, miteinander konfrontiert, dann erkennt man, daß es sich hierbei im Grunde wieder um die Kontroverse handelt, die am Scheitelpunkt der Studentenrevolte zwar auf der Tagesordnung stand, jedoch nicht in ihrer wirklichen Bedeutung begriffen wurde. Es ist die Frage nach dem Unterschied zwischen einer authentischen und einer instrumentellen Politik mit allen Folgeproblemen, die sich daraus ergeben.

Nun ist in diesen Thesen einem Beispiel für authentische Politik nachgegangen und versucht worden, hinter der Simplizität mancher Tätigkeiten die Komplexität und Vertracktheit ihrer wirklichen Problemstellungen

aufzuzeigen. Am Beispiel der Frankfurter Scene sollte die Problematik der Alternativbewegung und am Beispiel der Alternativbewegung wiederum die Problematik von authentischer Politik demonstriert werden. Die darin formulierte Kritik ist aber nicht ausreichend, wenn man der falschen Unmittelbarkeit dieser Ansätze nicht auch noch in der Analyse aufsitzen und sie damit bloß reproduzieren will. Deshalb sei hier noch eine einschränkende Bemerkung Enzensbergers zur Rolle der Ideologiekritik zitiert, die ein nicht zu kaschierendes Problem der in diesen Thesen formulierten Kritik klarmacht. Denn eine solche theoretische Operation ist »nur dann sinnvoll, wenn sie sich ihrer eigenen Begrenzungen bewußt bleibt. Sie ist, auf sich allein gestellt, keineswegs in der Lage, ihren Gegenstand zu erledigen; denn sie ist immer nur die Interpretation einer Interpretation realer Verhältnisse und kann deshalb diese nicht aus den Angeln heben. Der Gestus des ›Entlarvens‹, der ihr eigen ist, kann zur selbstgenügsamen Pflichtübung werden, wenn der Blick an die Larve fixiert bleibt, statt sich auf das Entlarvte zu richten.«[6] Genau das Gegenteil davon aber soll hier zum Abschluß noch kurz getan werden.
Das dem kapitalistischen System als notwendiges inhärente Expansionsprinzip überschreitet Schritt für Schritt Grenzen und Barrieren und greift auf Gebiete über, die bislang noch nicht unter dem Primat seiner Verwertungslogik standen. Diese »Übergriffe« auf noch nicht unter das Kapitalinteresse subsumierte Bereiche, die zugleich auch alte, bereits ausgesaugte Zonen wieder zurücklassen, geschehen auf den unterschiedlichsten Feldern, in den verschiedensten Bereichen. Völlig heterogene und von ihrer inneren Struktur her disparate »Gegenstände« werden aus ihren alten Zusammenhängen herausgebrochen und nach Kriterien der Tauschwertlogik, des Profitinteresses und des Akkumulationsprinzips neu organisiert. Im Laufe dieser Umstrukturierung, dieser Umwälzung von außen, treten Brüche auf, an denen sich rebellierende Subjekte herauskristallisieren und in deren Zusammenhang sich also revolutionäre Situationen konstituieren können. Ergeben sich solche Prozesse, dann sind diese im gesamtgesellschaftlichen Sinne allerdings zunächst einmal nur als partikular anzusehen und besitzen auf die Zentren bloß peripher bezogene Konflikte keine Kraft zur Synthese und damit zur Materialisierung ihrer systemtranszendierenden Vorstöße. Als Beispiel dafür können, ohne daß dies hier im einzelnen ausgeführt werden kann, sowohl die Studentenbewegung, der Feminismus wie auch die portugiesische Revolution gelten; aber auch die Vielzahl anderer, zum Teil völlig voneinander divergierender Partikulargruppen vor allem aus dem ökologischen und dem psycho-

logischen Bereich. Wenn man deren jeweilige Eigendynamik betrachtet, dann wird klar, daß die hierarchisch-horizontalen Vorstellungen des traditionellen Revolutionsverständnisses, das eindimensional von einer ökonomischen Basis ausgeht, ebensowenig wie der Gedanke eines linearen, sich kontinuierlich zuspitzenden revolutionären Prozesses in den monopolkapitalistischen Ländern aufrecht zu erhalten sind. Die Doppelstruktur von Partialisierung einerseits und Konkretisierung der Rebellion andererseits würde, wenn sich eine solche Einschätzung als richtig erweisen sollte, ganz wesentliche, neue Interpretationsmodelle erfordern, um revolutionäre Situationen begreifen und strategische Rückschlüsse daraus ziehen zu können. In einer solchen Problemrichtung gibt es allerdings gegenwärtig in der bundesrepublikanischen Linken kaum sichtbare theoretische Ansätze, vielleicht bis auf die Ausnahme von den Arbeiten Peter Brückners, die in ihrer diskursiven Weise den neuralgischen Punkten noch am nächsten kommen dürften.

Die Alternativbewegung, hier als Verallgemeinerung solch partikularer Rebellionsversuche begriffen, drückt in ihren Ansätzen, wenn auch hilflos und in meist gefährlichen ideologischen Kurzschlüssen, die unterschiedlichsten Versuche aus, ein neues Strukturierungsprinzip sozialer Befreiung im kollektiven Experiment zu testen. Die wesentlichsten Momente dieses Erprobungsprozesses, der sich nur auf einem äußerst schmalen Grat zwischen Rückfall in einen verhängnisvollen Obskurantismus und einem Ausrutscher in die neueste Warenkultur bewegt, liegen auf folgenden Ebenen:

– Politisierungsprozesse entfalten sich durch die Dialektik der Bedürfnisproduktion hindurch, daher erscheint vieles an ihnen zunächst einmal unpolitisch;

– im Zentrum der sich verändernden Individuen steht ihr eigener Lebenszusammenhang, kein bloß kategorial definierter Raum von politischen und geschichtlichen Prozessen, dadurch werden Zeit- und Raumerfahrung neu aufgeteilt;

– die Geographie des revolutionären Plans ist keineswegs mehr auf die Außenwelt beschränkt, sondern in die psychischen Bereiche der Innenwelt übergegangen; dieser Umschlag ist jedoch keine einfache Erweiterung der Außenwelt, sondern läßt diese selbst auch wieder in einem anderen Licht erscheinen.

Allein aus diesen drei Beispielen ergeben sich eine Fülle weitreichender Probleme, die in ihrer Tragweite zum Teil noch gar nicht abgesehen werden können und bisher auch kaum als politische aufgegriffen und andiskutiert worden sind. Eine der zentralen Schwierigkeiten aus diesem Zusammenhang scheint dabei das der politischen Synthese der heterogenen Partikularbewegungen zu sein, ohne daß diese dabei ihre Antriebsmomente verlieren müßten. Die Frage ist, wie weit ein solcher Prozeß der Selbstaufklärung und der Zusammenführung überhaupt organisierbar ist. Außerdem läßt sich von einer anderen, sich immer wieder neu stellenden Schwierigkeit unmöglich absehen. Es ist die generelle, zum Teil bis ins Unermeßliche gestiegene Ambivalenz von Befreiung und Anpassung, die diesen Umstrukturierungsprozeß von vorn bis hinten durchzieht. Diese Doppeldeutigkeit wird man jedoch kaum durch eine bloße Analyse abschütteln können; dazu muß man sich schon selber in die Problemzonen – jedoch nicht unbedingt in die Alternativbewegung – hineinbegeben.

Denn wer glaubt, sich dieser Gesamtproblematik entziehen zu können, dürfte seine Veränderungsmöglichkeiten schon von vornherein verspielt haben. Mit dem Abwehrkampf gegen den Irrationalismus allein hat jedenfalls schon einmal eine Linke historisch versagt, weil sie die virulenten Widersprüche, die darin zum Ausdruck kamen, einfach nicht wahrhaben wollte und meinte, sich auf eine pure aufklärerische Position des Marxismus zurückziehen zu können. Nicht noch einmal darf es ein solches Zurück geben, wie es Lukács in seinem Lamento über die »Zerstörung der Vernunft« formuliert hat; denn dahinter verbirgt sich nichts anderes als ein verkappter, realitätsuntüchtiger Idealismus. Jedoch, die unabhängige Linke wird auch dann von vornherein versagen müssen, wenn sie glaubt, wie es in letzter Zeit immer mehr »in Mode« kam, ihre Probleme auf dem französischen Umweg diskutieren zu können. Dieses intellektuelle »Stille-Post«-Spiel – die germanophilen Franzosen lesen Heidegger, Jünger u.a. völlig ignorant als bloße Philosophen, Foucault, Glucksmann u.a. glauben damit ihre Marxismuskritik artikulieren zu können und die francophile westdeutsche Linke meint, nun auf diesem Umweg endlich in den Besitz des »Steins des Weisen« gelangt zu sein – wird bestenfalls einige Buchkonjunkturen mehr produzieren. Theoretische Exkursionen solcher Art, die keine Erfahrungen zu transportieren vermögen, sind auf jeden Fall untauglich, die praktischen Probleme in der Identitätskrise der Neuen Linken zu bewältigen. Der neue Sokratismus, der sich in ihnen breit macht, ist der einfache Rückschritt von der Politik in die reine Philosophie. Nur anhand von Erfahrungen und deren theoretischer Verarbeitung im Hinblick auf eine neue Praxis kann gelernt werden, Wirklichkeit zu begreifen und selbsttätig zu verändern.

Der gegenwärtige Zustand der unabhängigen Linken ist problematisch genug. Während die einen glauben, dem »Neuen Irrationalismus« und seiner vermeintlichen Verkörperung, dem »Neuen Sozialisationstyp«, nur ideologiekritisch begegnen zu können, und damit den wirklichen Problemen sehr fern bleiben, gehen die anderen so offensiv in die Probleme hinein, daß sie ihnen im wahrsten Sinne des Wortes über den Kopf wachsen.

Anmerkungen

1 Philipp Lersch, Grundsätzliches zur Lebensphilosophie, Leipzig 1937, S. 123
2 Hans-Jürgen Krahl, Konstitution und Klassenkampf, Frankfurt 1971, S. 305f.
3 Karl Marx, Thesen über Feuerbach, MEW Bd. 3, Berlin 1969, S. 6
4 Leo Löwenthal. Die biographische Mode, in: Sociologica I, Frankfurt 1955, S. 373
5 Hans Peter Dreitzel, Der politische Inhalt der Kultur, in: Alain Touraine u.a., Jenseits der Krise – Wider das politische Defizit der Ökologie, Frankfurt 1976, S. 68 und 66
6 Hans Magnus Enzensberger, Zur Kritik der politischen Ökologie, in: Kursbuch 33, Berlin 1973, S. 22

Linke Geisterfahrer*

Zum Solidaritätskongreß für Rudolf Bahro im November 1978 in West-Berlin

»Soziologen müssen sich die Frage stellen lassen: Wo ist das Proletariat?«
Theodor W. Adorno

Man stelle sich vor: In der Bundesrepublik gäbe es eine große Kommunistische Partei, mindestens ebenso groß wie die Schwesterparteien in Italien und Frankreich, »in der Arbeiterklasse fest verankert«, wie es so schön heißt, mit einem Zentralkomitee und einer Garde profilierter Parteiintellektueller. Und dann würde diese Partei mit einigen auserwählten Köpfen eine Solidaritäts- sprich Repräsentationsveranstaltung der Solidarität machen für einen ihr nahestehenden Genossen, der ungerechterweise von einer ehemaligen Schwesterpartei, mit der man sich schon seit Jahren in unkittbaren verwandtschaftlichen Zwistigkeiten befindet, in den Knast gesteckt worden ist, in den ja eigentlich nur die Klassenfeinde gehören.

Etwa dermaßen fiktiv und real zugleich hat sich der Bahro-Kongreß abgespielt; so als würde eine erste gemeinsame Propagandaveranstaltung für den Eurokommunismus nun auch in der Bundesrepublik bzw. Westberlin stattfinden. Es war tatsächlich ein großer Bahnhof, auf dem sowjetische Dissidenten, offizielle Vertreter von KPI und KPF, Sozialisten und Sozialdemokraten, DDR-Abhauer und -Abgeschobene, Gewerkschaftler und linke Professoren, sozialistische Christen und liberale Radikaldemokraten einfuhren. Es war eine lange Namenskette mit Nachhalleffekten: Flechtheim, Gollwitzer, Narr, Altvater, Mandel, Dutschke, Rabehl, Krovoza, Damus, Vajda, von Oertzen, Heinz Brandt, Rossanda, Pelikan, Weil usw. Und es war ein ungeheuer ermüdendes Nacheinander von Statement auf Statement. Zumeist wurde nicht etwas gesagt, weil man etwas

* Leicht gekürzt erstmals erschienen in: *links*, Nr. 106, Januar 1979, S. 8-10

zu sagen gehabt hätte, sondern fast nur, damit man sich nicht hinterher zu sagen lassen braucht, daß man doch nichts gesagt hätte: Es waren vor allem Reden um der Repräsentation willen, sozusagen Reden an sich. Jeder drängelte sich darum, seine Solidaritätsbekundung für Bahro nur möglichst schnell los zu werden, um sich ja nicht inhaltlich auf ihn einlassen zu müssen. Man hat seine Pflicht und Schuldigkeit getan. Was soll man mehr erwarten? Die Grundstimmung war, bis auf ein paar Seitenhiebe, brüderlich verbunden, kaum jemand fiel aus der Rolle. Insofern war das dann doch ein kleiner Vorgriff auf den »real existierenden Sozialismus« oder wie auch immer.

Doch alles der Reihe nach. Es gab nicht weniger als fünf große Plenumsveranstaltungen; neben der zur Eröffnung und zum Abschluß drei Podiumsdiskussionen, die den eigentlichen Höhepunkt des Kongresses ausmachen sollten. Die Auseinandersetzung am ersten Abend wurde über »Die Oktoberrevolution und ihre Bedeutung für die heutige Linke« geführt, die am zweiten Abend über die Rolle des »Prager Frühlings« und die dritte Runde trug den markanten Titel »Produktionsziel: Reich entwickelte Persönlichkeit«. Allein die Themenstellungen hätten schon eine Vorwarnung sein müssen, insbesondere die sprachliche Wendung für die dritte Podiumsdiskussion. Die Vorstellung nämlich, daß »Persönlichkeiten« als vorausgeplantes Produkt von Fünfjahresplänen etwa ausgestoßen werden sollten, ist verräterisch genug.

Das Stichwort »Oktoberrevolution« löste, wie nicht anders zu erwarten, wenn Trotzkisten, Eurokommunisten, Sozialdemokraten und Sowjetdissidenten gemeinsam an einem Tisch sitzen, unmittelbar einen großen Dogmenstreit aus. So als sei der neue Papst schon wieder gestorben und es gäbe keine allseits anerkannte Auslegung der Heiligen Schriften und Taten mehr, stürzten die einzelnen Variantenkünstler wie wildgewordene Konzilsbrüder übereinander her. Ist die Sowjetunion als historisches Produkt der Oktoberrevolution, als Staatssozialismus, als real existierender Sozialismus, als sozialistische Übergangsgesellschaft, als verratener Sozialismus, als asiatische Despotie, als deformierter Kommunismus oder gar als Staatskapitalismus zu bezeichnen? Ja nun, als was denn? Doch lassen wir das. Stellen wir uns nur umgekehrt einmal vor, die Podiumsdiskussion hätte nicht zu diesem fürchterlichen Hickhack geführt und statt dessen wäre es nach harter und intensiver, aber aufrichtiger Diskussion geglückt, wenn auch nicht völlig einstimmig, so doch mit der sogenannten »überwältigenden Mehrheit« sich auf eine Definition zu einigen. Sagen wir einmal, die Teilnehmer des Bahro-Kongresses hätten bei nur wenigen Gegenstimmen die Sowjetunion als zwar real existierendes, aber deformiert sozialistisches Gesellschaftssystem verbindlich definiert. So eine Einigkeit, schön was? Doch was wäre damit gewonnen? Nichts, rein gar nichts, außer, vielleicht, einen Trugschluß mehr. Wenn der traditionellen Logik zufolge ein Begriff die Merkmalseinheit sämtlicher unter diesen Ausdruck faßbaren Gegenstände darstellt, dann setzt das eine Eindeutigkeit im Vorgang dieses Begreifens voraus, die beim politischen Oberbegriff »Sozialismus« allemal nicht mehr gegeben ist. Angesichts des historischen Verlaufs, den dieses Jahrhundert bisher genommen hat, kann nicht einfach so getan werden, als sei die katastrophische Geschichte völlig spurlos an dieser Leitidee einer befreiten Gesellschaft vorübergegangen. Kaum eines der wesentlichen Probleme unserer Gegenwart, die in ihrer umfassenden Bedrohlichkeit nicht nur den politischen Gruppen auf den Nägeln brennen, sondern durch die man ohne übertriebenes Pathos die Existenz des Gattungswesens Mensch in Frage gestellt sehen kann, läßt sich noch sinnvoll unter dem von den Klassikern tradierten Terminus als lösbar vorstellen. Weder die globale Krise des Ökosystems, noch der rasante Zerfall von Sozial- und Charakterstrukturen lassen sich im Ernst noch auf der Folie einer Vergesellschaftung der Produktionsmittel und Abschaffung der Lohnarbeit diskutieren. Damit ist nicht gesagt, daß diese Zielsetzungen einfach ad acta zu legen seien, nein, lediglich daß sie als »Lösungsstrategien« nicht mehr an die Wurzeln der wirklichen Probleme heranreichen. Wenn Marx die Revolution als eine radikale Umwälzung der Gesellschaft verstanden hat, dann kann es sich dabei gegenwärtig unmöglich noch um eine sozialistische im Sinne der Konnotationen des üblichen Sprachgebrauchs drehen, das pfeifen mittlerweile schon die Spatzen von den Dächern. Mit einem solch ungeklärten Sammel-, Haupt- oder Oberbegriff in einer Diskussion nun aber als Kriterium dafür zu arbeiten, welchen Status eine andere Gesellschaft einnimmt, um dann das dadurch gewonnene Urteil möglicherweise als Maßstab für die Veränderung der eigenen Gesellschaft zu benutzen, ist selbst im immanenten Sinne der traditionellen Logik als äußerst verwegen zu bezeichnen. Daher kann man eigentlich noch von Glück reden, daß es nicht zu einer fiktiven Einigkeit auf diesem Festival der Begriffsscholastiker gekommen ist und sich die Kontrahenten wenigstens noch heftig zerstritten haben. Denn so ermüdend oder vielleicht auch ermutigend diese Streitereien auch immer gewesen sein mögen, viel suspekter ist die konzeptionelle Vorstellung, die hinter der so thematisierten Diskussion gesteckt hat und die die Podiumsteilnehmer allesamt

erst einmal in Kauf genommen haben. Der Gedanke allein, sich nach dieser nun schon sechzigjährigen Folgegeschichte ernsthaft noch darüber auseinanderzusetzen, ob der »Rote Oktober« auf unsere Verhältnisse übertragbar sei und wenn ja, in welcher Form dies zu geschehen habe, ist schon eine finstere Zumutung. Solche gedanklichen Irrläufer waren vielleicht noch in der Not des Zusammenbruchs der APO zu verstehen, wenn auch nicht zu entschuldigen, heute jedoch und angesichts der Trostlosigkeit der letzten zehn Jahre, die fast alle Diskutanten selber sehr direkt miterlebt haben, muß das ganz und gar unverständlich bleiben. Um es aber doch noch einmal festzuhalten: 1. Die Oktoberrevolution hat nicht das gehalten, was sie versprochen hat und 2. selbst, wenn sie es gehalten hätte, dann würde uns das jetzt auch nicht sonderlich weiterhelfen, weil wir in einem anderen Land leben, in einer völlig anderen historischen Situation undsoweiter undsofort.
Man kommt diesem absurden, völlig irrealen, doch augenscheinlich auch irgendwie wirklichen Phänomen erst dann genauer auf die Spur, wenn man einzelne Personen mit den jeweiligen Debatten verknüpft, ihre Redewendungen und Gesten. Ernest Mandel beispielsweise, der erst seit kurzer Zeit in der Bundesrepublik wieder öffentlich auftreten kann, faßt in fünf markigen Stichpunkten wieder einmal das Credo der »IV. Internationale« zusammen, beklagt den Verrat der russischen Revolution durch Stalin und den der deutschen Revolution durch Noske, um damit erneut völlig geschichtsblind und kritiklos Trotzki als den wirklichen, den unrepressiven Revolutionär hochleben zu lassen, als hätte nicht gerade dieser die Niederschlagung des Kronstädter Aufstandes und die Zerschlagung der Machno-Bewegung zu verantworten gehabt. Das alles ist schon Hunderte von Malen gesagt worden. Mandel jedoch meint, dies alles schlichtweg ignorieren zu dürfen. Noch erschreckender ist aber, wenn er mit erhobener Faust und großem Pathos vom »internationalen Weltproletariat« spricht – so als würde jemand Shakespeare, vielleicht den berühmten Wahnsinnsdialog, deklamieren – und den Anschein erweckt, die Proleten warteten weltweit nur noch auf die entsprechende Parole, um endlich losschlagen zu können: und das in Westberlin und bei einer Diskussion, die an einer Universität stattfindet. Mit solch gespenstischen Szenen verwandeln sich Kongreßveranstaltungen endgültig in Geisterstunden. Damit aber nicht der Eindruck entsteht, daß Mandel ein verschrobener Einzelfall, gar Außenseiter sei, braucht man sich bloß einmal zu vergegenwärtigen, was Elmar Altvater an so einem Abend alles zusammenbraut. Als linker FU-Professor redet er ähnlich ungehemmt

von der »internationalen Arbeiterbewegung«, mit dem einzigen Unterschied, daß er den pathetischen Duktus noch nicht so richtig beherrscht. Dafür ist er aber ein wirkliches Paradebeispiel, wie wirklichkeitsfremd und versponnen die Neue Linke unseres Landes auch dann noch ist, wenn sie nicht gleich in eine der unzähligen ML-Organisationen gegangen ist. Für Altvater, der über die entsprechenden Kontakte zur KPI verfügt, ist dieser Bahro-Kongreß sicherlich die Erfüllung eines langgehegten Wunschtraumes gewesen, endlich einmal auch die italienischen Genossen auf eine Westberliner Großveranstaltung einladen zu dürfen. Nur daß hier das Wetterleuchten des Eurokommunismus eine Frage des Kongreßmanagements ist, während dieser in einigen anderen Ländern sicher auch ein Stück weit soziale Realitäten politisch vermittelt. In Berlin jedenfalls mutete schon die erste große Podiumsdiskussion wie ein Sturm im Wasserglas an: abgestanden, schal und wirklichkeitsfremd.

Wer jedoch gemeint hatte, daß man in der zweiten Diskussion über den »Prager Frühling« der Gegenwart ein Stück näher käme – in Gedanken schrieb man jetzt ja immerhin das Jahr 1968 und nicht mehr 1917 – der sah sich erneut getäuscht. Auch hier herrschte die gegenseitige Verkündung einzelner Statements vor, die kaum etwas miteinander zu tun hatten. Angesichts derart verhackstückter Redebeiträge konnte man nur den Eindruck gewinnen, daß es ein einziges stillschweigendes Einverständnis gab, nämlich das, nur nichts anderes als Mißverständnisse aufkommen zu lassen. Da eine gemeinsame Diskussion schon von vornherein so gut wie ausgeschlossen war, gipfelten denn auch einzelne Problemstellungen in Fragen wie der, ob sich nicht doch das ZK der KPC auf der Konferenz von Bratislava geirrt habe. Besonders enttäuschend war dabei die Rolle Rossana Rossandas, die ihren vorbereiteten Redebeitrag halb unwillentlich, halb pflichterfüllt vorlas und zu keinem Zeitpunkt einen Versuch unternahm, die immer weiter ausufernden Konfusionen aufzulösen. Einzige Lichtblicke in diesen Stunden der allgemeinen Verwirrung waren Jiři Pelikan und Sibylle Plogstedt, die es immerhin schafften, ihre politischen Einschätzungen anhand eigener Erfahrungen plausibel darzustellen.

Daß dann die dritte Diskussionsrunde immerhin nur noch den durchschnittlichen Grad an Konfusion linker Podiumsveranstaltungen widerspiegelte, war in Relation zu den beiden vorangegangenen fast schon ein Fortschritt. Dies lag sicher nicht an der völlig danebengreifenden Themenstellung, indirekt aber doch an dem Gegenstand; denn der hatte wenigstens den Vorteil, daß sich historische Sprünge in die Vergangenheit völlig vermeiden ließen und so über den Umweg der »reich entwickelten Persönlichkeit« noch ein Hauch von Gegenwartsnähe auf dem Bahro-Kongreß zu verspüren war. Dennoch aber trat auch hier letztendlich ein, was sich aufgrund der konzeptionellen Ungereimtheiten der Organisatoren wohl kaum vermeiden ließ. Da das Thema zudem völlig unspezifiziert und in keiner Weise vorgegliedert war, wurden einzelne durchaus diskussionswürdige Beiträge in einem Gewimmel wild durcheinanderschießender Randbemerkungen, die von der psychosozialen Emanzipation des Menschen, über die Forderung nach Lohn für Hausarbeit bis hin zur 35-Stunden-Woche reichten, wieder zerfleddert. Zur unfreiwilligen Karikatur machte sich dabei Rudi Dutschke, der nach zwei verpatzten Abenden das Richtige ahnte, dann aber doch auch selber das Falsche tat. Anstatt die Diskussion inhaltlich zu strukturieren, versuchte er ständig, sie zeitlich zu straffen. Sich wie ein Oberschiedsrichter aufspielend, der ständig nervös mit seiner Stoppuhr herumspielt, begann er meist schon nach einer Minute Rededauer ungeduldig auf seinem Sitz herumzurutschen, um dann endgültig nach einer halben Minute Zugabe zu den beiden offiziell gewährten abzupfeifen. Das gab dem Ganzen dann noch den Rest. Denn selbst wenn es einen bedenkenswerten Beitrag gegeben hätte, so wäre dieser schon aus rein zeitlichen Gründen unmöglich auszuführen gewesen.

Wer nun nach diesen drei desillusionierenden Berichten vielleicht meint, daß es ohnehin nicht das Richtige sei, sich bei Kongressen zu sehr auf Podiumsdiskussionen zu kaprizieren, und daß man statt dessen sein Glück eher in einer der vielzähligen Arbeitsgruppen suchen solle, dem muß man leider entgegnen, daß sich wahrscheinlich sogar einige profunde Diskussionen in der einen oder anderen Gruppe abgespielt haben mögen, nur war leider davon kaum etwas auf den plenaren Veranstaltungen mitzubekommen. Auf dem Bahro-Kongreß entledigte man sich der sogenannten »Arbeitsgruppenergebnisse« am Sonntagmorgen in einer Manier, als ginge es darum einen lästig gewordenen Bittsteller möglichst schnell wieder abzuschütteln. Im Geschwindschritt wurden da zwei Tage andauernde Diskussionen »auf platte Formeln reduziert und zusammenfassend« durchgehechelt, daß einem Hören und Sehen vergehen konnte. Kaum noch jemand der Organisatoren scheint das entsprechende Vertrauen gegenüber den von ihnen selber initiierten Diskussionsprozessen aufzubringen und überhaupt zu erwarten, daß es vielleicht doch einige ungeplante und nicht genauer vorherzusehende Beiträge geben könnte, die von Leuten gehalten werden, die man nicht kennt und die Reden halten, die man nicht erwartet hätte, von denen vielleicht sogar die Redner selbst überrascht gewesen wären. Kurzum, die Möglichkeit, daß sich auf solchen Treffen etwas von selbst entwickelt, aus der Situation heraus, wurde organisatorisch schon so gut wie verhindert – alles übrige ist mehr oder weniger eine Frage des Veranstaltungsmanagements: Welche Gruppen, welche Namen, welche Beiträge, was für Effekte?

Noch drei bemerkenswerte Resultate des Bahro-Kongresses sollen hier festgehalten werden.

1. Wenn Hans-Jochen Noack von der *Frankfurter Rundschau* schreibt, daß sich mancher Redner in bezug auf Bahro so verhalten habe, als bewege er sich in einem Gelände, das »vermint« sei, dann ist das der einzige Gedankenblitz, der in diesen völlig deplacierten Jubelartikel – à la »Bahro versammelt nach zehn Jahren das APO-Milieu wieder« – eingeschlagen hat. Die Redner sind in der Tat, bis auf einige belanglos unverbindliche Solidaritätserklärungen, Bahro, sowohl was seine Person, als auch was sein Werk anbetrifft, aus dem Weg gegangen. Den ganzen Kongreß über hat sich eine Berührungsangst gegenüber dem eigentlichen Thema der Diskussion durchgehalten. Bahro war immer nur Anlaß, niemals aber wirklicher »Gegenstand« der Debatte. Weder hat es eine zusammenhängende Diskussion über den Fortgang der praktischen Solidarisierungsmöglichkeiten mit ihm gegeben, noch eine, die über wenige Marginalien hinaus den systematischen Gehalt seines Werkes auch nur gestreift hätte. Der Bahro-Kongreß hat zwar manches bewegt, die bei Bahro angeschnittenen Probleme jedoch beileibe nicht, die hat er sich tunlichst vom Leibe gehalten. Und wenn man nur eine seiner gar nicht so neuen, aber über den Transit durch die DDR sich doch als provokativ entpuppenden Thesen anschaut, dann weiß man auch warum. So konstatiert er beispielsweise – eine entscheidende Stelle seiner politischen »Alternative« – die Untauglichkeit des Begriffes »Arbeiterklasse« – und spricht in diesem Zusammenhang von einer »Pseudolegitimation der Macht«. Daß eine solche Aussage natürlich Gift für die Vorstellungen eines Altvaters oder Mandels wäre, liegt auf der Hand. Im übrigen hätte nur ein Satz aus einem seiner Vorträge genügt, um die gesamte erste Podiumsdiskussion über die »Oktoberrevolution« gar nicht erst in Gang kommen zu lassen: »Ich bin entschieden der Ansicht, daß es höchste Zeit ist, unter revolutionären Marxisten mit aller ›Deformationstheorie‹ Schluß zu machen, Schluß mit der alten Empörung über entstellten und über ›verratenen Sozialismus‹, so begreiflich sie einmal war. Wenn man

das historische Drama auf ein Problem schlechter Verwirklichung reduziert, geht man von irrealen Voraussetzungen aus und führt das theoretisch-politische Denken in die Irre.«
2. Wenn Günther Maschke von der *FAZ* schreibt, daß es in Berlin nur einen radikalen Kritiker der Oktoberrevolution gegeben habe, nämlich den jahrelang inhaftierten Sowjetrussen Boris Weil, der sich nicht scheute, auch Lenin massiv anzugreifen, dann trifft er einen überaus wichtigen Punkt. Während sich der traditionelle Teil der westdeutschen Linken unablässig bemüht, sich in der Geschichte von 1917 einzugraben und sich in den Maulwurfsgängen der Oktoberrevolution zurechtzufinden, beginnen die sowjetischen Dissidenten, die sich immer noch von einem revolutionären Impetus beflügelt fühlen, immerhin die radikale Kritik am marxistischen Dogmatismus für sich zu entdecken. Sie stehen damit im übrigen auch Rudolf Bahro sehr viel näher, der – man kann das wohl ruhig behaupten – in vieler Hinsicht das westeuropäische Diskussionsniveau von 1968 gerade für die DDR und damit den Staatssozialismus im allgemeinen eingeholt hat, indem er die Triftigkeit entscheidender damaliger Theoreme auch für diesen Teil Europas in geradezu verblüffender Weise nachgewiesen hat. Wie sagte noch in Anspielung auf den Pariser Mai ein russischer Genosse von Boris Weil auf der Abschlußveranstaltung, zu der kaum noch jemand gekommen war: »Seid realistisch, verlangt das Unmögliche!«
3. Die Geisterfahrer sind in letzter Zeit fast schon zum Massenphänomen geworden. Man muß auf bundesdeutschen Schnellstraßen ständig damit rechnen, auf einen zu treffen. Mit dem Bahro-Kongreß ist nun endlich die traditionelle Linke, die schon immer ihre direkte Massenverbundenheit besonders hervorgehoben hat, so weit, daß man von ihr sagen kann, sie habe den Kontakt zu den Massen wieder aufgenommen. In Berlin konnte man sie in voller Aktion erleben, die linken Geisterfahrer, die sich, ohne es zu merken, nicht nur auf der falschen Spur der Geschichte befinden, sondern sich obendrein auch noch alle dort drängeln, was sie für die linke Überholspur halten.
Der Bahro-Kongreß war also ein entschlossener Schritt nach hinten. Anstatt die Mythen der Linken dieses Landes in Frage zu stellen und ihre Nebelbildungen aufzulösen, hat man einmal mehr auf das ideologische Rüstgepäck der Vergangenheit zurückgegriffen. Ängstlich klammerte man sich an das, was einem gewohnt und sicherheitsversprechend vorkam und mußte gerade deshalb völlig ins Leere greifen. Manche Podiumsteilnehmer muteten einem dabei wie linke Generäle an, die sich auf der vergeblichen

Suche nach ihren Armeen befanden. Für jeden eine politische Losung im Mund, nur findet sich niemand mehr, der sie noch hören will.
Wie so oft bei Treffen, die völlig unter der Übermacht des Gesprochenen stehen, drückte sich etwas, was in keinem Kommentar zur Sprache kam, in einer kleinen symbolischen Begebenheit aus: Ein älterer Redner, blind und mit einem weißen Krückstock versehen, legt nach seinem Beitrag das Mikrophon zur Seite und versucht, sich langsam vorwärtstastend, das Podium wieder zu verlassen. Als er kurz vor dem Rand angelangt ist, an dem es fast zwei Meter tief hinuntergeht, hält der ganze Saal den Atem an. Schließlich nimmt eine junge Frau ihn bei der Hand und führt ihn behutsam die Seitentreppe hinunter.

Was hätte nun ein »Kongreß für und über Rudolf Bahro«, wie es so schön auf der Wandzeitung stand, wirklich sein können?
Man kann sicherlich ohne Umschweife und ohne damit etwas von seiner Bedeutung zu mindern, sagen, daß Bahro keineswegs ein origineller Denker ist. Es gibt von einigen Formulierungen einmal abgesehen kaum ein Moment in seiner Theorie, das nicht schon an anderer Stelle von einem anderen Theoretiker expliziert worden wäre. Dennoch aber wäre es verfehlt, ihn deshalb als einen eklektizistischen Theoretiker zu bezeichnen, weil seine originäre Leistung erst auf einer anderen Ebene wirklich zum Ausdruck kommt. Zum einen ist dies eine seltene integrative Fähigkeit, heterogene Problemkomplexe so weit zu durchdenken, daß in ersten Ansätzen ihre gemeinsame theoretische Erklärungsbasis deutlich wird. Zum anderen ist es eine außerordentliche Rezeptions- und Vermittlungsleistung, die er als DDR-Theoretiker im Laufe von nur wenigen Jahren vollzogen hat. Wie kein zweites Werk zeigt seine *Alternative*, wie produktiv viele der theoretischen Arbeiten des undogmatischen westeuropäischen Marxismus auch in der Interpretation von Phänomenen der staatssozialistischen Länder zur Geltung gebracht werden können. Doch die Frage ist, ob es wirklich eine »Alternative« ist, was uns Bahro hier vor Augen führt. Deshalb die folgenden Breitseiten, die die Richtung einer möglichen Auseinandersetzung andeuten sollen:
– Die entscheidende Rolle der Arbeitsteilung auch in vor- und nachkapitalistischen Gesellschaftsverhältnissen ist unmöglich zu übersehen; aber wie könnte, wenn darin eine zentrale Struktur von Herrschaftsformen begründet ist, die Aufhebung einer solchen Arbeitsteilung konkret aussehen, ohne immer wieder auf das literarisierende Beispiel aus der »Deutschen Ideologie« verweisen zu müssen?

– Gerät man nicht in einen unhaltbaren Widerspruch, wenn man einerseits die konstitutive Rolle der Trennung von Hand- und Kopfarbeit bei der Entstehung von Herrschaftsverhältnissen betont und andererseits aber das Modell Gramscis vom »kollektiven Intellektuellen« wieder aus der Tasche zieht? Oder anders herum gefragt: Wie soll eine politische Avantgarde, die das Produkt eben jener Arbeitsteilung ist, gerade die Abschaffung dieses Zwangsverhältnisses bewirken können?
– Wenn Bahro im positiven Sinne »von der ideologischen Schlacht um den Einfluß auf die Massen« spricht, dann kann man daraus schon gar keine Frage mehr ableiten, sondern muß umgekehrt die Feststellung machen, daß er damit nicht nur vom Vokabular, sondern von seiner gesamten Vorstellung her, die sich als Dichotomie von Avantgarde und Massen das ganze Buch über durchhält, in eben jene Herrschaftswelt der SED-Funktionäre zurückfällt, die er ansonsten so trefflich kritisiert.
– Das gerade in den höchstindustrialisierten Staaten immer problematischer werdende Verhältnis von Natur und Gesellschaft, mit den sich herauskristallisierenden Problemzonen Ökologie, Feminismus etc. wird von Bahro zwar mitreflektiert, jedoch nur als Außenfaktor, der auf die entscheidenden Passagen seiner ökonomiekritischen Position kaum einen Einfluß hat. Werden damit nicht entscheidende Widersprüche, die bloß deshalb, weil es keinen theoretisch genau fixierten Platz für sie gibt, bloß einfach phänomenologisch verortet, anstatt daß sie auch substantiell erfaßt würden?
Gleichwohl wie solche Diskussionsrouten im einzelnen auch immer ausgehen mögen, so ist festzuhalten, daß auf dem Weg der Lektüre Bahros die traditionelle Linke auf jeden Fall die Chance hätte, einige ihrer politischen Fiktionen nun endlich als Ballast über Bord zu werfen. Indem sich jetzt auch der Staatssozialismus als eine von den grundlegend gleichen Problemen affizierte Gesellschaftsformation herausstellt, zersetzt sich der letzte historische Fluchtpunkt für die linken Geisterfahrer. Bislang hatten die Traditionalisten immer noch die, zweifelsohne fiktive Möglichkeit, über den Umweg DDR bzw. Staatssozialismus alle alten Mythen der kommunistischen Arbeiterbewegung aufleben lassen zu können. Mehr als je zuvor ist es jetzt damit aus und vorbei. Was sich in Westeuropa schon seit Jahrzehnten als Fiktion erwies, wird nun auch endgültig – das zumindest hat Bahro aufgezeigt – von der osteuropäischen Realität eingeholt.
So wie laut Bahro die Propagandamaschine des Staatssozialismus »völlig machtlos sein wird gegen den bloßen Augenschein der ›Wohlstandsgesell-

schaft‹«, so wird es umgekehrt auch mit den politischen Illusionen der traditionellen Linken sein, wenn sie eines Tages mit den neuen subversiven Realitäten aus Prag, Warschau, Budapest, Ostberlin, Moskau und anderswo konfrontiert werden wird. Die beiden sowjetrussischen Dissidenten haben auf dem Bahro-Kongreß davon einen kleinen Vorgeschmack vermittelt.
Hirngespinst, Du bist umzingelt. Es gibt keinen Ausweg mehr für Dich.

Über die Instrumentalisierbarkeit der linken Moral*

Technische Universität Berlin, November 1978.
Am dritten Abend des Bahro-Kongresses taucht eine Gruppe von zehn Jugendlichen hinter dem Podium auf, die ganz augenscheinlich aus der Rolle fällt. In Lederjacken und Nietenhosen gekleidet löst sich der offenbar Älteste von ihnen, geht zum Pult und ergreift das Mikrophon. Mit rauher Stimme, in leichtem Berliner Dialekt und etwas gehetztem Tonfall erklärt er, daß er etwas über die Lage der politischen Gefangenen in den bundesdeutschen Knästen erzählen wolle. Das durchweg intellektuelle Publikum hört von Anfang an fasziniert zu, auch dann noch, als sich herausstellt, daß der Redner den Aktionen der »Revolutionären Zellen« keineswegs abgeneigt ist. Als sich nach minutenlangen Ausführungen über die Verschärfung der Haftbedingungen von Karl-Heinz Dellwo und Werner Hoppe der Diskussionsleiter Rudi Dutschke, der den ganzen Abend über mit peinlicher Genauigkeit darauf geachtet hat, daß kein Redner die Zwei-Minuten-Grenze überschritt, bemerkbar macht, um an die Redezeitbegrenzung zu erinnern, da wird er von den anderen, drohend hinter ihm postierten Mitgliedern der Gruppe lauthals beschimpft. Schließlich läßt er den Ausführungen des unangekündigten Redners weiter Lauf, weil er merkt, daß bei den 3000 Zuhörern im Saal weiterhin großes Interesse an diesem Redebeitrag besteht. Bevor sich die Gruppe dann nach einer Viertelstunde genauso geschlossen wieder ihren Rückweg durch das dichtbesetzte Podium bahnt und damit den Zwischenauftritt beendet, wird ihrem Aufruf, daß sich doch alle, die den Gefangenen

* Zuerst erschienen in dem von Johann August Schülein herausgegebenen Band *Auf der Suche nach Zukunft – Alternativbewegung und Identität*, Gießen 1980, S. 43-49

helfen wollen, an einem bestimmten Ort und zu einer bestimmten Zeit treffen sollen, noch großer Beifall gespendet.

Bis auf wenige Ausnahmen dürfte dem Publikum dabei nicht bekannt gewesen sein, daß etwa die Hälfte dieser Gruppe noch zwei Wochen zuvor in Frankfurt eine Buchhandlung und eine Druckerei überfallen hat, um alle erreichbaren Schriften von Stadtguerilleros, die sich inzwischen von ihren Taten und Genossen distanziert haben, als Machwerke der »Counter-insurgency des BKA« auf die Straße zu werfen und zu zerreißen. Ihre Kommandoerklärung begann im Sprachstil des Führerhauptquartiers mit den Worten: »Heute haben wir in der Karl-Marx-Buchhandlung sämtliche Exemplare des Interviews mit Hans-Joachim Klein und des Bommi Baumann-Buches geklaut und vernichtet.« Diese »Vernichtungsaktion«, die sich vom verbalen Duktus her den Anschein einer knallharten, militärischen Operation – ohne jegliche »Gefühlsduselei« – verschaffen wollte, wurde von Leuten ausgeführt, die im Schnitt zwischen 18 und 22 Jahren alt waren. Sie hatten sich in Frankfurt getroffen, um über eine »Antiimperialistische Woche« neue Mitkämpfer zu rekrutieren. Ihre Veranstaltungsreihe in Frankfurt verstand sich als Manifestation zum ersten Jahrestag des »Massakers von Stammheim«.

Ihr Auftritt in Berlin geschah am Abend des Tages, an dem man morgens in den Zeitungen die Meldung lesen konnte, daß Hans-Joachim Dellwo und Volker Speitel beim Prozeß in Stammheim gestanden hatten, wie die Waffen in die Zellen von Baader, Ensslin und Raspe gekommen waren – womit vermutlich auch der letzte morsche Stützpfeiler zur Konstruktion einer Mordthese in sich zusammengebrochen war.

Wie kann man nun erklären, daß ein keineswegs unerfahrenes und auch nicht gerade kritikloses linkes Publikum sich so leicht vereinnahmen und insgeheim instrumentalisieren läßt? Denn die wesentliche Funktion dieses Auftritts von RZ-Kombattanten bestand keineswegs darin, in der Öffentlichkeit für eine Erleichterung der Haftbedingungen von politischen Gefangenen einzutreten, sondern über die mitleidheischende und zur Selbstidentifikation mit dem »Opfer« geradezu einladende Darstellung eine neue Rekrutierungsbasis für zukünftige Stadtguerilleros zu finden. Deshalb auch die Beendigung der Rede mit dem Aufruf, sich zu konkreten Hilfsaktionen zu treffen. Dies genau war das Agitationsprinzip und damit die Konstitutionsweise, auf die die einzelnen Folterkomitees vor einigen Jahren zustandekamen und schließlich zum willfährigen Instrument der RAF werden konnten. Indem sich die Linke gutmütig, leichtfertig und innerlich schuldbewußt mit den »Opfern« identifiziert,

macht sie sich selber zu einem potentiellen »Opfer«. Zumindest aber zum Objekt einer genau einkalkulierten Instrumentalisierungsstrategie, die auf dem Schuldgefühl und dem Mitleid wie ein Korken auf dem Wasser schwimmen kann.
Weshalb diese »Methode« einer Instrumentalisierung der Moral so vorzüglich funktioniert hat, liegt dabei nicht zuletzt an einer Problematik, deren Struktur man als eine Art Identitätszwickmühle beschreiben kann. Nicht wenige spürten, daß mit der Repression gegen die politischen Häftlinge zugleich die subversive Identität der Neuen Linken gebrochen werden sollte; an der Stadtguerilla sollte exemplarisch demonstriert werden, daß ein jeder, der dieses System zu verändern versucht, letztendlich mit der Vernichtungsgewalt des Staates, seiner Instanzen, Institutionen und »Vollzugsbeamten« zu rechnen hat; insofern war der Tod von Holger Meins zugleich Ausdruck eines unausgesprochenen Tötungswunsches, der potentiell die gesamte Bewegung betraf; das empfand jeder, der aus ähnlichen Gründen einmal mit der Staatsmühle in Konflikt geraten war. Auf der anderen Seite aber mußte jeder erkennen, daß die Guerilla sich spätestens seit dem Anschlag auf das Springer-Haus in Hamburg, bei dem es viele Verletzte gegeben hatte, immer mehr von ihren eigenen Intentionen abkehrte und langsam die Züge jenes verfolgungsbesessenen Monstrums annahm, das man zu bekämpfen vorgab. Die daraus resultierende Schizophrenie, sich aufgrund des Angriffs auf die eigene Identität mit den politischen Gefangenen solidarisieren zu wollen, zugleich sich aber wegen der nicht mehr gegebenen gemeinsamen politischen Intention unmöglich noch solidarisieren zu können, ließ jeden dieser Versuche in eine Identitätszwickmühle geraten. Wie soll einerseits eine notwendige Solidarität zustandekommen, wenn sie andererseits von der politischen Substanz her nicht mehr möglich ist? Aus dieser aussichtslosen Lage resultierte dann der Ebenenwechsel von der solidarischen Tat hin zum bloßen Bekenntnis der Solidarität, d.h. zur Inszenierung ihres Anscheins. Insofern kam jeder öffentliche Aufruf zur Solidarisierung mit den politischen Gefangenen dem schlechten Gewissen eines großen Teils der Linken geradezu entgegen, die bloß verbale Befolgung von Appellen konnte zum Metier der Abreaktion von Schuldgefühlen werden.
Der Auftritt in der Berliner TU hat gezeigt, wie einfach diese Strategie auch nach Mogadischu, nach den desillusionierenden Darstellungen von Bommi Baumann und Hans-Joachim Klein und selbst unmittelbar nach der morgendlichen Schlagzeile über den jüngsten Stammheimer Prozeß noch funktionieren kann. Dort nämlich hatte Speitel noch am Vortage

ausführlich dargelegt, wie er durch die persönliche Betroffenheit angesichts des Hungertodes von Holger Meins den Entschluß gefaßt hat, alles nur Mögliche zu tun, um die Gefangenen aus dem Knast zu befreien und wie er gerade aufgrund dieses radikalen moralischen Impulses genau in jene Aktionen hineingeschliddert ist, die mit der Entführung der Lufthansa-Maschine aus Mallorca ihren traurigen Höhepunkt fanden und mit denen er nichts mehr zu tun haben wollte.

In seinem später veröffentlichten Memento »Wir wollten alles und gleichzeitig nichts« schildert er diesen Identifikationsprozeß: »Dann kam der Tag, an dem Holger Meins starb. Siegfried Haag, der Anwalt von Meins, konnte erst nach endlosen Bemühungen eine Ausnahme-Besuchsgenehmigung erhalten und beschrieb uns dann den Zustand von Meins. Mit Papiertaschentüchern hatte er seine Hose ausgestopft, daß sie ihm nicht runterrutschte. Er wog noch 39 Kilo bei einer Größe von 1.83 Meter, und er wurde auf einer Tragbahre hereingetragen, weil er zu schwach zum Gehen war. Er starb dann ein paar Stunden später. Für uns ist dieser Tod ein Schlüsselerlebnis geworden. Zum einen vielleicht, weil wir noch nie so nah und drastisch Elend und Tod vor Augen hatten, zum anderen aber wohl hauptsächlich, weil wir uns moralisch mitschuldig fühlten. Mitschuldig, weil wir den Tod von ihm durch unsere Aktivitäten und durch unsere Anstrengungen nicht verhindern konnten. Der Tod von Holger Meins und der Entschluß, die Knarre in die Hand zu nehmen, war eins. Ein Nachdenken war nicht mehr möglich, es reagierte nur noch der emotionale Schub der letzten Monate.« (*Der Spiegel*, Nr. 31/1980, S. 41)

Der hier so exemplarisch vorgeführte Mechanismus der politischen Instrumentalisierbarkeit linker Moral ist jedoch keineswegs spezifisches Merkmal für das Verhältnis zwischen Neuer Linker und Stadtguerilla allein. Vielmehr gehörte der moralische Impetus von Anfang an zur Motivationsbasis der Protestbewegung, ja man kann sogar sagen, daß die moralische Empörung das genuine Medium war, durch das hindurch sich die politischen Interessen bei den meisten überhaupt erst bildeten. Gar manches ließe sich an der eruptiven Entstehung der Revolte wegdenken, ohne das im nachhinein der Eindruck entstünde, ihr würde etwas Wesentliches fehlen; ohne die individuelle moralische Betroffenheit jedoch wäre die Zeit des Aufbruchs völlig undenkbar. Der Schrecken über die Greueltaten der Amerikaner in Vietnam, die gleichzeitige Saturiertheit und Komplizenschaft der Bundesbürger, die Empörung über den Neonazismus und die Erschütterung über den historischen Verdrängungswahn der Generation der Eltern und Lehrer – das war der Nährboden, von dem aus Handeln unabdingbar wurde, auch jenseits einer stringent kalkulierten Strategie und einer insofern erfolgversprechenden Perspektive.

Um nun aber nicht einer bedingungslosen Affirmation der Moral als politischer Kategorie das Wort zu reden, sind zwei Anmerkungen zu machen. Zum einen darf nicht unerwähnt bleiben, daß die Moral als intrapsychische Instanz selber nicht unproblematisch ist. Sie ist ein historisches Produkt, das im Prozeß der europäischen Zivilisation unablösbar mit der Geschichte des Christentums verknüpft ist, noch genauer mit dem, was Max Weber als »protestantische Ethik« beschrieben hat. Die Notwendigkeit der »Veräußerlichung«, d.h. der gesellschaftlichen Vergegenständlichung dieser Instanz, die Produkt eines historisch bedingten, aus Gewaltverhältnissen resultierenden Verinnerlichungsprozesses ist, bleibt unbestreitbar. Jedoch waren die aus der Revolte hervorgehenden Gruppierungen fast ausnahmslos der Auffassung, die Moral als eine antiquierte bürgerliche Kategorie zusammen mit einigem anderen »normativen Gerümpel« auf den Schutthaufen der Geschichte werfen zu können; anstatt die individualpsychologische Instanz zu vergesellschaften, haben sie sie damit einfach abgeschafft. Daß sich diese politische Scheinradikalität gleich in mehrfacher Hinsicht gerächt hat, muß hier nicht weiter ausgeführt werden. Es ist allerdings ebensowenig zu übersehen, daß sich im Laufe des letzten Jahrzehnts der Neuen Linken durchaus eine quasimoralische Grundhaltung durchgehalten hat. Eine soziopsychische Disposition, bei der das schlechte Gewissen von Intellektuellen gegenüber wirklich oder bloß vermeintlich Benachteiligten und Deklassierten wohl das entscheidende Moment darstellt. Diese Grundeinstellung, die nur vor dem Hintergrund einer zwar aufgebrochenen, aber nicht bearbeitungsfähigen Identitätskrise zu erklären ist, läßt sich spätestens seit 1969 durchgängig, lediglich an wechselnden »Objekten« beobachten. Die Abreaktion der Schuldgefühle durch Verklärung und Mythologisierung der jeweiligen »Opfer« ist auch heute noch am pauschalen, völlig kritiklosen Applaus auf Veranstaltungen zu beobachten:

– Während der Randgruppenkonzeption am Ende der sechziger Jahre waren es die Rocker, Lehrlinge, Trebegänger und Fürsorgezöglinge, die schon immer als solche gefeiert waren, bevor man ihre Gesichter kannte und ihre Geschichten wußte.

– In der ersten Hälfte der siebziger Jahre waren es die Arbeiter, in denen man immer noch die vermeintlichen Proleten sah, die Ausgebeuteten des Systems und seine zukünftigen Zerstörer; trat einer von ihnen auf – zumal an der Uni –, so hatte er die nötige Zustimmung und damit auch die Applaudeure selber von vornherein in der Tasche; verschiedene arbeiterfetischisierende Organisationen haben das politisch weidlich auszunutzen gewußt, indem sie bei den jeweiligen Veranstaltungen einen Paradearbeiter wie ein exotisches Tier aus dem Zoologischen Garten vorführten.

– Seit Mitte der siebziger Jahre sind es selbstverständlich die Frauen, denen gegenüber man ebenso pauschal und unkritisch den eigenen sexistischen Schuldkomplex abzureagieren hat; sobald in den letzten Jahren irgendwo eine Frau das Mikrophon ergriffen hat, war sie über jeden Zweifel erhaben; in der Tatsache, daß die männliche Linke fast ebenso begierig die feministische Literatur gekauft hat wie die Frauen, drückt sich ein Verhaltensmechanismus aus, der einen mitunter an den Kauf von Ablaßbriefen erinnert.

– Ebenfalls seit Mitte der siebziger Jahre hat sich eine Verklärungshaltung gegenüber all denjenigen eingestellt, die in irgendeiner Weise vom Berufsverbot bzw. überhaupt in jedweder Form von staatlicher Repression betroffen sind; als Verfolgte und Gedemütigte waren sie bei jeder Kontroverse a priori im Recht.

– Neben einer Vielzahl anderer Schuldkomplexe (Dritte Welt, Arbeitsemigranten etc.) hat sich das ganze Dezennium hindurch das schlechte Gewissen als Grunddisposition bei einem großen Teil der Linken erhalten. Vor allem die RAF hat in den Augen vieler den antiimperialistischen Kampf bis zur letzten, militärischen Konsequenz ausgefochten und dabei das eigene Leben aufs Spiel gesetzt, eine Entschlußkraft, die sich die meisten selber gewünscht hätten.

Unzweifelhaft ist Selbstbetroffenheit ein konstitutives Moment für Oppositionsbewegungen, insbesondere solcher, die die Entwicklung politischer Solidarisierungsprozesse anstreben. In der Form dieses durch unverarbeitete Schuldgefühle ausgelösten Verhaltenszwanges jedoch gerät Mitbetroffenheit als undurchschauter Identifikationsmechanismus immer mehr zum Fatalismus. Gerade die Nichtidentifizierbarkeit mit der eigenen gesellschaftlichen Herkunft und zumeist auch noch Rolle – bürgerliches Elternhaus, Bildungsprivileg, mögliche Herrschaftsposition im Beruf – wird projektiv durch die Übertragung des Identifikationswunsches auf den unterprivilegierten Anderen aufgelöst, d.h. sie bleibt in Wirklichkeit ungelöst und verschafft sich durch Problemverschiebung lediglich den Anschein einer Lösung.

Wenn man den Ablauf dieses Mechanismus seiner Spezifik entkleidet, dann schält sich als Kern jene Verhaltensdisposition heraus, die in Anlehnung an einen in der Psychoanalyse bekannten Terminus als »Identifikation mit dem Opfer« bezeichnet werden könnte. Indem der linke Intellektuelle sich mit dem politischen »Opfer« identifiziert, nur weil es diesen subalternen Status einnimmt und nicht etwa wegen der konkreten Person oder Gruppe, wünscht er sich, selber »Opfer« zu sein, um dadurch frei von Schuld zu werden, ja geradezu qua Existenz die eigene Unschuld jenseits allen Zweifels dokumentieren zu können. Insofern also muß die Neue Linke, die ihre Identität bisher immer nur ex negativo bestimmen konnte, die Unterdrückungsverhältnisse immer schon als gegeben voraussetzen – und zwar als Garant der eigenen psychischen Identität. So stellt sie über das quasi moralische Schuldgefühl die Identifikation mit dem Opfer her. Ein durchaus bemerkenswerter Vorgang, wenn man bedenkt, daß diesem Ablauf eine sadomasochistische Ausgangshaltung zugrundeliegt. Anstatt darüber froh zu sein, daß man nicht selber von den Auswirkungen des Systems besonders betroffen ist und von dieser Lage aus sich dann zu überlegen, wie tatsächlich aus einer durchaus differenten Situation Solidarität mit den am schlimmsten Betroffenen zu realisieren wäre, wähnt man sich erst einmal selber in einer Extremsituation von Unterdrückung und Demütigung, als würde nur diese katastrophische Erfahrung den Garanten für einen aufrichtigen Kampf abgeben können.

Der Wunsch nach klaren, eindeutigen Verhältnissen, sich qua eigener Dezision unmittelbar auf die Seite der Unterdrückten stellen zu können, verkennt dabei sowohl, daß die Arbeiter nicht einfach mehr Proletarier, sondern auch Konsumbürger und daß die Intellektuellen nicht einfach mehr Bildungsbürger, sondern zugleich auch Deklassierte sind, deren Herrschaftspositionen immer häufiger als überflüssig bezeichnet werden müssen. So kann sich aufgrund eines undurchschauten Identifikationsmechanismus ein politischer Anachronismus, der auf dem überholten Modell des proletarischen Klassenkampfes aufbaut, ständig neu wieder aktualisieren. Wenn es eine Moral aus dieser Geschichte gibt, dann vielleicht diese:

Erst wenn die Neue Linke aufhört, weiterhin das Opfer ihrer eigenen undurchschauten Identifikationsprozesse zu sein, und damit beginnt, ihre emotionellen Bindungen und libidinösen Vorlieben zu durchschauen, hat sie überhaupt wieder eine Chance, ihren rapiden Alterungs- und Verfallsprozeß zu stoppen, und damit ihre eigenen Identitätsprobleme in einem klärenden Lichte zu betrachten.

Der Tribut der Überproduktion*

Die Dynamik des Politischen läßt sich ebensowenig wie die Gefährdung des Ökologischen ohne den Prozeß der gesellschaftlichen Ökonomie begreifen. Und dieser wiederum ist nicht voraussetzungslos, sondern hat Sinn nur im Zusammenhang des Lebendigen, der Natur ebenso wie der Gesellschaft.

Der Prozeß der Naturbeherrschung durch die gesellschaftlichen Kräfte freilich will keiner linearen Entwicklungslogik gehorchen. Die Geschichte hat gezeigt, daß das Maß der Verschränktheit beider ineinander größer als zunächst angenommen ist. So wie die Natur sich nicht in Gesellschaft auflösen läßt, so auch umgekehrt die Gesellschaft nicht in Natur. Beide sind positiv und negativ aufeinander bezogen. Obwohl die Entwicklung von Naturgeschichte und Gattungsgeschichte – letztere ist auch kategorial nur ein Sonderfall von ersterer – unterschiedlichen Logiken gehorchen, bleiben diese auf Gedeih und Verderb ineinander verwoben und sind nicht völlig voneinander abzulösen. Darin findet der Emanzipationsprozeß der Gattung ebenso seine natürliche Grenze wie auch den Spielraum seiner historischen Transzendierbarkeit. Wird diese Grenze einmal überschritten und damit gleichsam der Spielraum der Geschichte über das Potential der Natur hinaus erweitert, dann rächt sich das unweigerlich in der Entwicklung der Geschichte selber. Die produktiven Möglichkeiten im Zusammenspiel von Natur- und Gattungsgeschichte verwandeln sich dann in destruktive Notwendigkeiten ihres Ent-

* Im Herbst 1979 verfaßter Teil eines unabgeschlossenen Textes, der für den 1980 erschienenen, von Roland Roth herausgegebenen Band *Parlamentarisches Ritual und politische Alternativen* vorgesehen war.

wicklungsganges. Aus den Fortschritten in der Naturbeherrschung werden aber nicht nur Rückschritte in der Gesellschaftsentwicklung, sondern diese Rückschritte wiederum schlagen nun ihrerseits in einen negativen Fortschritt der Naturgeschichte um, d.h. in eine Zerstörung ihrer eigenen Entwicklungslogik.

Demnach muß die Dialektik in der Naturbeherrschung des Menschen nicht zwangsläufig einen positiven Verlauf nehmen, genausogut kann sie, sofern sie gegen die Prämissen ihres eigenen Zustandekommens verstößt, auch eine negative Entwicklungsrichtung einschlagen, die die Natur selber in ihren Auswirkungen nicht unbeeinflußt läßt. Was in Bacons programmatischer Formel »Natura parendo vincitur« noch dialektisch klingt, zeichnet bereits den imperialen Grundzug vor, der in der modernen Naturbeherrschung dann seinen Siegeszug angetreten hat. Doch früher oder später rächt sich der Sieg der Gesellschaft über die Natur, er erweist sich letztendlich als Pyrrhussieg. Die Natur fordert nun gleichsam den nicht an sie entlehnten Gehorsam als Tribut der Geschichte zurück.

Das laufende Jahrhundert wird von diesem Tribut immer tiefer geprägt. Die Freiheit im Fortschritt erweist sich zunehmend als Zwang zu weiterem Fortschritt und dieser wiederum als Flucht in eine unbekannte Zukunft, die nur die Kehrseite einer unverarbeiteten Vergangenheit ist. In dieser Fluchtbewegung drückt sich die Unfähigkeit der Gesellschaft aus, den von ihr selber erweckten Naturkräften in der Gegenwart standzuhalten. Die Jagd nach immer mehr Freiheit ist in Wirklichkeit eine Hatz zur Unfreiheit. Die Entfesselung der Produktivkräfte hat sich, anstatt die Fesseln der Produktionsverhältnisse zu sprengen, als losgelassene Natur des Kapitals erwiesen. Die Triebnatur dieses gesellschaftlichen Raubtiers will nicht locker lassen, bis die erste Natur völlig in ihren Bann geschlagen ist. Dieser Bann jedoch bringt keine Befreiung von den Fesseln der ersten Natur, sondern führt genau umgekehrt nur zu einer noch weiteren Verstrickung in diese. Je weiter sich die zweite von der ersten Natur freizumachen wähnt, ohne auf diese Rücksicht zu nehmen, desto unerbittlicher wird sie wieder in deren Bannkreis zurückgeholt. So wie in der Vergangenheit die Hervorbringung eines unermeßlichen Reichtums mit einem kaum vorstellbaren Ausmaß der Zerstörung koinzidierte, so sind in der Gegenwart Überfluß und Mangel unablösbar ineinander verschränkt.

Der Raubbau an den Ressourcen der Natur und der Überfluß der mit ihrer Hilfe hervorgebrachten Produkte sind nur zwei Seiten ein und derselben Medaille. Einer Medaille, in die das Bild von gewaltsam um ihren landwirtschaftlichen Boden gebrachten Bauern eingeprägt ist. Mit der Trennung der Bebauer von ihrem Naturboden, folglich der Produzenten von ihren Produktionsmitteln, sind historisch Privateigentum und Lohnarbeit entstanden, der existentielle Zwang sich zu verdingen. Die Folgen der Feudalherrschaft, die die ursprüngliche Akkumulation des Kapitals einleitete, haben sich über alle späteren Stufen der erweiterten Akkumulation hinweg erhalten. Das Auseinanderreißen von Natur und Gesellschaft hat die Entwicklung des Kapitalismus als Grundantagonismus von sozialer Arbeit und privater Aneignung der Produkte entscheidend geprägt. Und wenn heute dieses Mißverhältnis unter den Bedingungen einer unvergleichlich höheren Stufe entfalteter Produktivkräfte die in ihm ursprünglich angelegte Gewalt zum Tragen bringt, dann keineswegs bloß als Antagonismus der Klassen, sondern zugleich als Konfrontation zwischen bearbeiteter und unbearbeiteter Natur, zwischen Gattungs- und Naturgeschichte insgesamt.

Die Geschichte der Ausbeutung der Klassen war zugleich auch immer eine der Ausbeutung der Natur, nur hat letztere erst jetzt ein solches Gewicht bekommen, daß sie die Bedeutung der ersteren zu überragen beginnt und die Interpretation, daß die Geschichte bloß »eine Geschichte von Klassenkämpfen« (Marx) sei, Lügen straft. Gegenwärtig jedenfalls scheint die Dynamik der Klassengeschichte diese selber in die Dynamik der Gattungsgeschichte aufgehen zu lassen und, wenn diese Entwicklung nicht bald mit ihrer eigenen Logik bricht, dann wird die Gattungsgeschichte mit einer geradezu unvermeidlichen Konsequenz wieder in die Naturgeschichte zurückgenommen werden. Während schon in der ursprünglichen Akkumulation das Verhältnis zwischen Bedürfnis und Befriedigung auseinandergerissen wurde, entpuppt sich die gewaltsame Trennung zwischen Natur und Gesellschaft im Laufe der Geschichte immer mehr als Zerstörung beider. Aus einem gestörten Verhältnis zwischen beiden erwuchs schließlich die Tendenz zur Zerstörung der Pole selber. Schon im maßlosen Akkumulieren vergangener Jahrhunderte – über jedes gesellschaftliche Bedürfnis hinaus – hat der spätere Raubbau an der Natur – über die Grenzen der natürlichen Regeneration hinweg – sein Grundmodell gefunden. Die Grenzenlosigkeit der Akkumulation wurde zum Prinzip des kapitalistischen Verwertungstriebes, der an keiner Sozialschranke halt machen konnte, an keiner Ländergrenze, nicht an den Barrieren der Geographie, nicht an kulturellen, rassischen oder religiösen Normen – und auch nicht an den Eigengesetzlichkeiten der Natur selber. Mit der Durchsetzung seiner Entwicklungslogik in einem globalen Maßstab geriet er schließlich immer stärker in Widerspruch zu einer anderen Entwicklungslogik, genauer zu einer Vielzahl von Teilsystemen im Zusammenhang des ökologischen Gesamtprozesses.

Zwei konträre Logiken stehen sich nun unvermeidlich gegenüber, nachdem die Schere zwischen Natur- und Gattungsgeschichte soweit auseinandergedriftet ist, daß das Zusammenspiel beider brüchig zu werden beginnt: Auf der einen Seite die monokausale Logik im Kreislauf des Kapitals, dem ehernen Gesetz der Profitmaximierung gehorchend, die von Akkumulationsstufe zu Akkumulationsstufe eine ständige Steigerung erreichen muß, um einem Zusammenbruch des eigenen Verwertungssystems zu entgehen und auf der anderen Seite die synergetische Logik im Kreislauf des ökologischen Systems, das auf einer ungeheuren Vielzahl von Teilsystemen aufbaut, die in ihren einzelnen Zyklen immer wieder neu eine Balance für sich finden müssen, die wiederum zusammen das Gleichgewicht des Ganzen ergeben. Dabei ist die Verwundbarkeit der Systeme »in der Regel abhängig von ihrer jeweiligen Komplexität. Je weniger vielfältig ein Ökosystem ist, desto anfälliger ist es; je komplexer, desto stabiler«.[1] Im Gegensatz dazu beruht die Stabilität des kapitalistischen Systems gerade auf der Durchsetzungsfähigkeit einer einzigen Logik; einer Logik, die – wie Marx sehr wohl gesehen hat – in der Absicht einer maßlosen Selbstverwertung des Kapitals zugleich mit den Gefahren des historischen Fortschritts koinzidiert. »Die Zirkulation des Geldes als Kapital ist ... Selbstzweck, denn die Verwertung des Werts existiert nur innerhalb dieser stets erneuerten Bewegung. Die Bewegung des Kapitals ist daher maßlos.«[2] Während also die Stabilität des einen Kreislaufsystems, das im übrigen auch kein wirklicher Kreislauf, sondern eine Spirale ist, in der die Verwertungszyklen von einer Akkumulationsstufe zur nächsten, von dieser zur übernächsten und immer so weiter aufsteigen, gerade darauf beruht, daß sich die monokausale Logik soweit durchsetzt, daß sie alle anderen Logiken ausgeschaltet hat – was freilich auch ihr eigenes Ende wäre –, beruht die Stabilität des anderen Kreislaufsystems ganz im Gegenteil gerade auf der Komplexität seiner Subsysteme, von deren Weiterexistenz die Balance des Gesamtsystems, abhängig ist. Somit sind die verschiedenen Kreisläufe des kapitalistischen Verwertungssystems und des ökologischen Balancesystems negativ aufeinander bezogen, mit der Tendenz des ersteren, je mehr Naturkräfte durch seine Bahnen kanalisiert werden, immer weiter in die Teilsysteme des letzteren einzubrechen, bis schließlich das Gleichgewicht des Gesamtsystem gefährdet ist.

Eine monokausale Logik, die in letzter Konsequenz zu einer eindimensionalen Gesellschaft führt und einer synergetischen Logik gegenübersteht, die in der Komplexität der Natur ruht, realisiert sich in dem fortwährenden Zwang des Kapitals zur weiteren Expansion, dem ehernen Gesetz seines Verwertungstriebes, bei dessen Nichtbefolgung es in sich zusammenfallen müßte. Die Folge dieser Logik besteht darin, daß die Existenz des Kapitalismus von der Linearität des quantitativen Fortschrittes abhängig ist. »Fortschritt in der Entfaltung der Produktivkräfte ist dem Kapitalismus durch seine eigene Dynamik aufgezwungen: notwendige intensive und extensive Ausbeutung der Natur, Steigerung der Produktivität der Arbeit unter dem Druck auf die Profitrate und auf die erweiterte Akkumulation. Die Konsequenz dieser Entwicklung: Entwicklung der Produktivkräfte unter dem Prinzip produktiver Destruktion... Dieser Prozeß der produktiven Destruktion ist im Rahmen der kapitalistischen Gesellschaft irreversibel. Die Aufhebung des produktiven Destruktionsprinzips widerspricht dem Organisationsprinzip des Kapitalismus selbst, besonders der Notwendigkeit und der Expansion der entfremdeten Arbeit.«[3] Während dem Kapitalismus, wenn er weiterexistieren will, keine andere Wahl bleibt, als auf dem einmal eingeschlagenen Weg unablässig weiter fortzuschreiten, bleibt den Menschen, die unter ihm leben, sofern sie den Wunsch haben, weiter zu existieren, keine andere Wahl als ihn abzuschaffen.

Der geschichtliche Augenblick jedoch, in dem diese Entscheidung, mit der Vorgeschichte einer ewigen Zukunft zu brechen und mit der Sättigung der Gegenwart erst eine wirkliche Geschichte zu beginnen, noch möglich gewesen wäre, scheint auf unabsehbare Zeit vorüber zu sein. Die Geschichte der Klassen mündete trotz der Dynamisierung ihrer Konflikte nicht in die Revolution, das Projekt der gesellschaftlichen Befreiung, sondern in Destruktion und Katastrophe. Und wenn sich heute eine Negation zum ehernen Gang der Geschichte ankündigt, dann nicht in den Klassen, sondern gleichsam in der rächenden Natur selber. Was als Aufbegehren der gesellschaftlichen Gegenmacht nicht glücken wollte, das vollzieht sich nun in der Krise der Ökologie als Zerfall des Lebendigen: dem sturen Fortschritt in der Logik des Kapitals beginnt sich der Boden unter seiner Bahn zu entziehen. Erst darin wird ein wirklicher Bruch mit dem Kontinuum seiner Herrschaftsgeschichte sichtbar, nicht im Aufstand der ausgebeuteten und unterdrückten Klassen, vielmehr im

Entsagen der ausgebeuteten und unterdrückten Natur. Daß der Fortschrittswahn kein Gesetz der Natur, sondern nur ein Naturgesetz des Kapitals ist, dämmert erst im Moment des beginnenden Zerfalls der ökologischen Systeme selber: In einem Moment, in dem vielleicht schon jede Umwälzung der Verhältnisse, jede Revolution zu spät kommt, weil die Veränderung der Naturbeherrschung nicht mehr greifen kann, möglicherweise versagen muß, weil die Natur selber schon entsagt hat.
Jedoch, wo noch Möglichkeit und noch nicht Notwendigkeit ist, da muß das Mögliche radikal in Anspruch genommen werden. Gerade weil das Kapital kein Naturgesetz ist, sondern die eiserne Maske eines gesellschaftlichen Mißverhältnisses, muß diese Maske unter Aufbietung aller zur Verfügung stehenden Kräfte heruntergenommen werden, um der Geschichte erstmals oder bloß noch einmal ins Gesicht blicken zu können. Erst im Moment dieses Anblicks wird sich den Spuren der historischen Physiognomie entnehmen lassen, was uns blüht: ein Reich der Freiheit oder die Apokalypse.
Zeiten der Apokalypse hat es freilich nicht wenige in den Furchen der Vergangenheit gegeben. Hungersnöte, Seuchen, Feuersbrünste, Unwetter, Erdbeben haben die Menschheit als Naturkatastrophen heimgesucht, so wie der Tod bisher jeden einzelnen fortgeholt hat. Daneben gab es immer auch Mord, Totschlag, Raub, Vergewaltigung, Verkrüppelung – Katastrophen der menschlichen Natur, der gesellschaftlichen Natur des Menschen. Eine unter ihnen aber hat sich aus einem Dickicht von Brandschatzungen, Raubzügen, Gefechten, Feldzügen und Scharmützeln im Laufe der Geschichte wie ein Moloch ausgebreitet und in diesem Jahrhundert schließlich ihren Schatten wie einen finsteren Mantel über die Erde geworfen: der Krieg. Je weiter die Entfesselung der Produktivkräfte in der kapitalistischen Entwicklung voranschritt, desto umfassender konnte die Freisetzung dieser gesellschaftlich transformierten Naturgewalten zu Destruktivkräften im Kriege werden. Das Ausmaß der historisch erreichten Produktivität korrespondiert, wenn auch ungleichzeitig, mit dem Ausmaß der historischen Zerstörung. Und es hat sich bislang als Trugschluß erwiesen, zu meinen, daß nicht alle der einmal in die Hände des Menschen geratenen Naturgewalten Anwendung finden würden.
Und wenn der Körper der Geschichte von Narben regelrecht übersät ist, dann sind ihm in diesem Jahrhundert ganze Gliedmaßen amputiert worden, Gliedmaßen, die einmal mit dem Rumpf an Stellen verbunden waren, die die Namen Verdun, Auschwitz, Lidice und Hiroshima trugen.

Und die Wunden der Zerstörung wollen nicht heilen, ihr gesellschaftlicher Schorf bricht immer wieder auf und Eiter tritt hervor. Und auf einer dieser Eiterstellen leben wir, leben wir im Angesicht des nur notdürftig übertünchten Grauens. In Deutschland leben heißt auf einer Eiterbeule der katastrophenübersäten Geschichte zu leben. Deshalb müssen gerade wir den Pesthauch, der uns aus der Vergangenheit entgegenweht, wahrnehmen. Deshalb müssen gerade wir begreifen lernen, daß Auschwitz kein historischer Unglücksfall war, sondern der Kulminationspunkt einer Logik, die uns weiterzutreiben gerade im Begriffe ist. Auschwitz – und das ist ein geschichtliches Erinnern, das nicht spurlos verarbeitet werden kann, sondern ein Stachel im Fleisch des Lebens bleiben wird – Auschwitz ist die Stätte, in der der Kapitalismus vielleicht sein wirkliches Wesen enthüllt hat, sein Wesen als Todesfabrik.
Hier trat erstmals in der Geschichte das zerstörerische Potential, das in der kapitalistischen Produktionsweise lauert, in seiner reinen Form ans Tageslicht. Indem Marginalisierte, die sich nicht der gesellschaftlichen Norm unterwarfen, herausselektiert und in Lagern konzentriert wurden, bereitete man nicht nur ihre Vernichtung vor, sondern ansatzweise auch ihre materielle Verwertung. Die innere Logik in der Entwicklung der Konzentrationslager macht deutlich, wie Unterdrückte, die bislang als Produktivkräfte eingesetzt waren, nun aber als bloße Produktionsmittel eingesetzt wurden und damit ihren Wert als rudimentäre Arbeitskraft so weit einbüßten, bis sie schließlich nur noch als Material galten, ihr Wert also auf den reinen Naturstoff reduziert war. Die systematische Ausrottung der Juden, Zigeuner, Homosexuellen, Kommunisten, Sozialdemokraten, Gewerkschaftler, Bibelforscher, Intellektuellen, Geisteskranken und Kriminellen machte insofern neben der bloßen Zerstörung auch eine Dimension materieller Verwertung sichtbar, in der sich die prinzipiell grenzenlose Kapitallogik schon soweit durchgesetzt hat, daß sie die menschlichen Körper zum Futter der räuberischen Triebnatur des Kapitals denaturiert. Ihr Leben ist nicht mehr wert gewesen als der Tod von ihren Körpern als Rohmaterial für andere Produkte herausrückte. Gerade die Inanspruchnahme einer »reineren« Natur, der »arischen Rasse«, für diese Ökonomie des Todes könnte ein Hinweis darauf sein, welch unbegriffenes Prinzip der Naturbeherrschung der kapitalistischen Produktionsweise strukturell zugrunde liegt.
Darin brachte der Kapitalismus sein Prinzip der Naturbeherrschung historisch auf den Begriff: Das Lebendige, der Natur ebenso wie der Gesellschaft, als bloßes Mittel zur Herstellung eines toten Reichtums zu

benutzen. Und dieses Todesprinzip ist, um zu überleben, zur fortwährenden Steigerung seines Reichtums kraft der Durchschleusung des Lebendigen gezwungen. Was sich in der ursprünglichen Akkumulation als Mißverhältnis zwischen Natur und Gesellschaft angekündigt hatte, indem die landwirtschaftlichen Produzenten von ihren Produktionsmitteln getrennt wurden, und was sich in der Entwicklung der Klassengeschichte in der Ausbeutung der Arbeitskraft des Proletariats gerade auf Grundlage des Nichteigentums an den Mitteln seiner Arbeit fortsetzte, das schloß schließlich in den Raubbau an der Natur mittels der naturwüchsig und nicht gesellschaftlich organisierten Arbeit auch den Raubbau an der menschlichen Natur, den serialisierten Mord am Menschen, in sich ein. Die räuberische Grundform in der Beherrschung der äußeren Natur fand dergestalt ihr Pendant in der mörderischen Verwertung der menschlichen Natur selber.

Dieser logische Schlußpunkt in der Entwicklungsform der kapitalistischen Naturbeherrschung war ja keineswegs gleichbedeutend mit dem historischen Ende ihrer Produktionsweise. Diese hat es bislang nach allen Einbrüchen immer wieder aufs neue vermocht, sich zu regenerieren und abermals auf einem noch höheren Niveau der Produktivkraftentwicklung zu organisieren. Und die ungeheure Zerstörungsfähigkeit, die diesem destruktiven Prinzip der Naturbeherrschung inhärent ist, kündigt sich umfassender als je zuvor in der ökologischen Krise als Heraufkunft einer gattungsgeschichtlichen Katastrophe an.

Auschwitz war das historische Exempel, der dazugehörige Modellfall: Mit jedem einzelnen wurde zugleich das Exemplar und mit jedem Exemplar zugleich die Gattung vernichtet. Auschwitz hat in der Fabrikation des Todes die exemplarische Vernichtung der Gattung vorexerziert. Der exemplarische Tod der menschlichen Natur war die modellhafte Vorwegnahme für das Absterben der äußeren Natur und damit auch für den möglichen Tod der menschlichen Natur insgesamt. Der Tod alles Lebendigen ist das wirkliche Geheimnis einer Produktionsweise, die aus einem Endlichen ein Unendliches und aus einem Partikularen ein Totales zu machen trachtet.

Das gesellschaftliche Koma in der ökologischen Krise zeigt auf, wie eine katastrophale Form der Naturbeherrschung in letzter Konsequenz zum Zerfall des Lebenszusammenhanges, der Natur ebenso wie der Gesellschaft, führen muß. Die ökologische Krise ist insofern nicht identisch mit einer Krise des Kapitals, sondern genau umgekehrt gleichsam dessen Normalfall, wenngleich auf der Ebene seines höchsten Entwicklungsstadiums. Nicht die Krisis des Kapitals, sondern die logische Konstanz seines Verwertungsprozesses bringt diese tödlichen Blüten des Zerfalls hervor. Deutlicher als je zuvor wird das in der Entwicklung des Monopolkapitalismus. Die Naturkräfte, die er vermittels eines durchrationalisierten Produktionssystems mobilisiert, nehmen eine solche Dynamik an, daß ihr Energiepotential die eigenen Bahnen durchbricht, um sich von Zeit zu Zeit in historischen Explosionen Luft verschaffen zu können. Die Katastrophen der beiden Weltkriege sind der unmittelbarste Ausdruck dieser technisch in Bewegung gesetzten, sich aber als nicht gesellschaftlich zähmbar herausstellenden Naturgewalten. Das Übermaß der geweckten Kräfte schlägt sich in einem ungeheuren Ausmaß der Zerstörung nieder. Die Kriege bilden jedoch keine Ausnahmen, sozusagen geschichtliche Unglücksfälle in der Entwicklung des mit Naturkräften übersättigten Verwertungsprozesses des Kapitals, sie stellen lediglich die Kulminationspunkte ihres Normalzustandes dar. Insofern ist der Normalfall schon sein insgeheimer Ausnahmezustand, der sich allerdings erst nach einer Phase der Anbahnung verallgemeinert und damit die Ausnahme normalisiert.

Die Schrankenlosigkeit solcher historischer Situationen rührt letztlich von der Schrankenlosigkeit der unablässig forcierten Naturbeherrschung her, die schon von ihrem ersten Moment an – unter dem Primat der Akkumulierbarkeit – eine maßlose war. Indem die Naturschätze wie selbstverständlich als grenzenlos angesehen wurden und gemeinhin die Arbeit als alleinige Schöpferin des gesellschaftlichen Reichtums galt, war das Verhältnis gegenüber der Natur, schon lange bevor es der Gesellschaft selber problematisch wurde, vom Ausnahmezustand geprägt.

Und wenn heute die Lebenswelten in den Metropolen unter dem Überdruck einer sich ständig steigernden Umschlagsgeschwindigkeit des Kapitals sich mit einer beängstigenden Rasanz zu zersetzen beginnen, einzelne Subsysteme ihr ohnehin gestörtes Gleichgewicht verlieren und zu kollabieren drohen, dann rückt der Krieg, der Ausnahmezustand im Verhältnis zwischen Natur und Gesellschaft ebenso wie der Gesellschaft selber, mit einer geradezu unvermeidlichen Sogkraft ins Zentrum des Monopolkapitalismus. Der Fluchtpunkt, den das vom Fortschrittswahn hypnotisierte System mit einer geradezu schlafwandlerischen Sicherheit anvisiert, ist der Krieg und nichts sonst als der Krieg. Er bildet das insgeheime Gravitationszentrum in der scheinbaren Diffusität all seiner Entwicklungstendenzen. Und der Anziehungskraft seiner Vernichtungspotenz vermag solange keine Gegentendenz zu widerstehen, solange sich die Reproduktion des gesellschaftlichen Lebenszusammenhanges vollzieht durch ein System destruktiver Produktivität. Erst wenn es gelänge, diesen durchdrehenden Motor einer sich katastrophisch zuspitzenden Entwicklung zum Stoppen zu bringen, könnte der Sog der Schwerkraft soweit nachlassen, daß eine wirkliche Möglichkeit bestünde, die vorgezeichnete Entwicklungsbahn zu durchbrechen. Alle anderen Versuche, das Blatt noch zu wenden, gleichgültig ob sie bei den Individuen, der Psyche, der Technik, der Natur, den Nationen oder was auch immer ansetzen, sind hoffnungslos zum Scheitern verurteilt, weil sie nicht den Hebel am Entwicklungsmotor selber herumwerfen. Solange das aber nicht geschieht, wird sich das Tempo des Verwertungsprozesses unentwegt steigern, wird der gesellschaftliche Körper noch stärker von seinen Energien durchzuckt, werden die Verhältnisse noch heftiger durchschüttelt und die menschlichen Körper noch tiefer erbeben.

Mit der Aufballung eines unverdaubaren Überflusses werden die »Materialschlachten« des Ersten Weltkriegs vollends zum kriegerischen Inszenarium unseres Alltagslebens. Und die totale Mobilmachung aller vorhandenen Reserven hat schon längst begonnen. Der progredierende Verwertungszwang des Kapitals saugt alles gleichmachend in sich auf, läßt keine Nischen zu und schnürt heute schon in den Metropolen jeder anderen Entwicklungstendenz die Luft ab.

Der totalen Mobilmachung der Ökonomie unserer Tage sind im Laufe dieses Jahrhunderts schon mehrere schrittweise voraufgegangen. Wenn Walter Benjamin im Jahre 1930 einen Bericht Léon Daudets über den damaligen Pariser Automobilsalon mit den Worten zusammenfaßt »L'automobile c'est la guerre«, dann greift er damit in einem wegweisenden Punkt die Massenerfahrung eines Zeitalters vorweg, in der der Verkehrsfunk laufend über den Frontverlauf in der Materialschlacht des automobilisierten Personenverkehrs berichtet. Der Zwang der Sender, die in ihren Heeresberichten über den jeweils allerneuesten Stand der kriegerischen Auseinandersetzung diese Informationen in jede Küche und jedes Büro einfunken, auch dann eine Durchsage zu machen, wenn wider Erwarten der Verkehr reibungslos rollt, indiziert untrüglich, wie tief im Alltagsleben der Ausnahmezustand schon praktiziert wird: die störungsfreie Situation ist zur Ausnahme geworden, die als Anormalität des Ausnahmezustands tunlichst vermeldet werden muß.

Teil welcher Inszenierung diese Sendungen sind, haben die beiden amerikanischen Wirtschaftswissenschaftler Baran und Sweezy in ihrem 1966 veröffentlichten Essay *Monopolkapital* angedeutet, der aus der Überproduktion von ökologischen Büchern herausragt, obwohl er vom Titel her gar keines zu versprechen scheint. Dort beschreiben die Autoren anhand der Staatsausgaben für den Bau von Fernverkehrsstraßen, wie die rational organisierte Irrationalität des Systems in beängstigender Weise Wirklichkeit geworden ist: »Was sie – dramatisch und überwältigend – beweist, das ist die entsetzliche Verheerung, mit der die amerikanische Gesellschaft durch die krebsartige Ausbreitung des Automobilkomplexes überzogen wird... Großstädte sind zu Alpträumen der Überfüllung geworden; ihre Luft wird von krankheitserregenden Schmutzpartikeln verpestet; riesige Gebiete guten Stadt- und Landbodens werden in Betonstreifen und Asphaltflächen verwandelt; friedliche Gemeinden und Gegenden werden vom Gestank und Getöse der vorbeifahrenden Personen- und Lastkraftwagen vergewaltigt; Eisenbahnen, die Güter und Passagiere gut und unaufdringlich befördern können, haben sinkende Einnahmen und erhöhen deshalb immer wieder ihre Tarife, bis die nackte Existenz des Pendlerverkehrs für unsere größten Städte bedroht ist; die städtischen Schnellverkehrsstraßennetze, die nicht weiter ausgebaut werden, sind verstopft, so daß es jedesmal zu einer Geduldsprobe wird, die Stadtgebiete von New York, Chicago und von Dutzenden anderer Großstädte zu durchfahren, was man nur versucht, wenn es gar nicht anders geht oder man tollkühn ist. Und was ist das übliche Gegenmittel, mit dem man diesem immer schrecklicheren und erschreckenderen Zustand zu Leibe rückt? Noch mehr Autobahnen, noch mehr Straßen, mehr Garagen, mehr Parkzonen – noch mehr also von dem Gift, das bereits das nackte Leben einer zunehmend städtischer werdenden Zivilisation bedroht... Nirgends zeigt sich der Wahnsinn des amerikanischen Monopolkapitalismus deutlicher, nirgends ist er weniger zu kurieren.«[4] Daß diese Angstvisionen keine bloßen Schreckensbilder Amerikas, sondern auch einer amerikanisierten Bundesrepublik geworden sind, haben wir in den letzten Jahren begreifen lernen müssen. Inzwischen sind sie uns in ebenso fataler Weise gewohnt, wie sie es für die Amerikaner schon seit einigen Jahrzehnten sind.

Im selben Text machen die beiden amerikanischen Wirtschaftswissenschaftler einen Sprung zurück in die dreißiger Jahre und fahren auf der selben Seite zur historischen Interpretation des Gesamtkomplexes weiter fort: »Der New Deal brachte es fertig, die Staatsausgaben um 70 Prozent zu erhöhen, und doch war das noch lang nicht genug, um die Wirtschaft in den Stand zu versetzen, die menschlichen und materiellen Hilfsquellen voll auszunutzen... Um 1939 wurde es immer klarer, daß die großzügige Reform kläglich dabei versagt hatte, den Monopolkapitalismus der Vereinigten Staaten von seinen selbstzerstörerischen Tendenzen zu befreien. Als sich Roosevelts zweite Amtsperiode ihrem Ende zuneigte, beschlich das ganze Land ein tiefes Gefühl der Enttäuschung und der Unzufriedenheit. Dann kam der Krieg und mit ihm die Rettung. Die Staatsausgaben gingen in die Höhe, und die Arbeitslosenziffer sackte ab.«[5] Was Baran/Sweezy hier an zwei Beispielen demonstrieren, ist nichts anderes als der Versuch des Monopolkapitals, den steigenden Surplus mit allen ihm zur Verfügung stehenden Mitteln einer neuen Absorbierung zuzuführen. Sie zeigen, mit welch innerer Logik, wenn alle anderen Möglichkeiten der Konsumtion, der Neuinvestition und der Verschwendung erschöpft sind, nur noch der Krieg dem System als ultima ratio des Welfare-State übrigbleibt.

Ökonomisch betrachtet ist der Massenkonsum – ohnehin ein zweifelhafter Reichtum, der nur die Kehrseite einer ungeheuerlichen Armut in einer anderen Hemisphäre ist – lediglich ein notwendiger Durchgangspunkt zum militärischen »Konsum« im Kriege. Die blindwütige Naturbeherrschung schlägt um und mündet in die Selbstzerstörung der blinden Naturbeherrscher: »Wird die natürliche Verwertung der Produktivkräfte durch die Eigentumsordnung hintangehalten, so drängt die Steigerung der technischen Behelfe, der Tempi, der Kraftquellen nach einer unnatürlichen. Sie findet sie im Kriege, der mit seinen Zerstörungen den Beweis dafür antritt, daß die Gesellschaft nicht reif genug war, sich die Technik zu ihrem Organ zu machen, daß die Technik nicht ausgebildet genug war, die gesellschaftlichen Elementarkräfte zu bewältigen. Der imperialistische Krieg ist in seinen grauenhaftesten Zügen bestimmt durch die Diskrepanz zwischen den gewaltigen Produktionsmitteln und ihrer unzulänglichen Verwertung im Produktionsprozeß (mit anderen Worten, durch die Arbeitslosigkeit und den Mangel an Absatzmärkten). Der imperialistische Krieg ist ein Aufstand der Technik, die am ›Menschenmaterial‹ die Ansprüche eintreibt, denen die Gesellschaft ihr natürliches Material entzogen hat. Anstatt Flüsse zu kanalisieren, lenkt sie den Menschenstrom in das Bett ihrer Schützengräben, anstatt Saaten aus ihren Aeroplanen zu streuen, streut sie Brandbomben über die Städte hin, und im Gaskrieg hat sie ein Mittel gefunden, die Aura auf neue Art abzuschaffen.«[6] So klarsichtig Benjamin hier auch unter dem Eindruck des Faschismus das gesellschaftliche Schicksal des Krieges aufschlüsselt, so sehr täuscht er sich in dem, was er für die »natürliche Verwertung der Produktivkräfte« hält. Denn er skizziert mit seiner produktiven Alternative zur destruktiven Verwendung der gesellschaftlich transformierten Naturkraft schon im Keime die Zerstörung des ökologischen Systems, die wir gegenwärtig in ihrer katastrophischen Zuspitzung gerade erfahren.

Die Expansion der Produktivkräfte hat inzwischen ihre historische Unschuld verloren. Daß es nur noch auf die gesellschaftliche Organisierung ankomme, ist heute zweifelhafter denn je zuvor. Der Monopolkapitalismus demonstriert uns ja mit aller Unnachgiebigkeit, daß mit seinem System destruktiver Produktivität die Zerstörungskraft schon längst in die Produkte selber Eingang gefunden hat. Und die berüchtigten Gegenstände und Maschinen, die mit inneren »Zeitbomben« die Fabriken verlassen, sind schon soweit akzeptiert, daß es kaum noch jemanden verwundert, wenn eines schönen Tages die Uhr abgelaufen ist und sich das erworbene Produkt »wie von selbst« zerstört. Sinn hat diese mitproduzierte Destruktivität nur innerhalb eines immer sinnloser werdenden Systems insgesamt. Um der ihm immanenten Gefahr der Überproduktionskrisen zuvorzukommen, muß das Kapital ständig Ausschau nach neuen Absatzstrategien halten oder aber die Zerstörung schon vorprogrammieren. Und inzwischen zeigt sich sogar, daß die permanente Überschwemmung der Märkte, die Ausweitung der Konsumstrategien, die extensive Erweiterung der Bedürfnisgrenzen, die warenästhetische Mangelinszenierung, die Wucherungen von Administration, Wissenschaft und Kultur, die Schaffung neuer Absatzmärkte in den unterschiedlichsten Sektoren allesamt kaum verhohlene Zerstörungsakte sind, zu dem ein System der destruktiven Produktivität, der permanenten Überproduktion, gezwungen ist, um sein eigenes Überleben immer wieder neu abzusichern.

Die Barbarei der Naturbeherrschung, die schon das Geburtsmal des Kapitalismus war, führte zur Barbarisierung der Gesellschaftsverhältnisse und diese wiederum zur fortgesetzten Barbarei an der Natur. So zeigt die historische Erfahrung inzwischen zur Genüge, daß das monopolkapitalistische System außerstande ist, seine Überproduktionskrisen anders denn als destruktiv zu lösen. Schon zweimal hat es angesichts der Alternative, den expandierenden Produktivkräften Raum für neue Produktionsverhältnisse zu geben, keinen Augenblick gezögert, sein Überleben als System über das der Gesellschaft zu stellen. Dieses Überleben des Systems, seine logische Kontinuität trotz aller historischen Brüche, war in Europa zweimal nur noch auf den Trümmerhaufen des Kontinents möglich und bedeutete Tod und Schrecken für Millionen. Doch kaum regeneriert in der Wüstenei seiner Zerstörungsstätten wartet ein weiteres, ungleich größeres Arsenal des Schreckens im Innern des Systems auf seine destruktive Freisetzung. Der Suicid der Gattung kann sich jetzt auch auf »friedlichem« Wege vollziehen, da das Übermaß an Destruktivkraft mit der Atomenergie in die Produktionsstätten selber Einzug hält. Damit lassen sich historisch zwei globale Lösungsstrategien unterscheiden, mit denen das Monopolkapital seinen Überproduktionskrisen zu entgehen versucht: Zum einen mit der Kolonialisierug der Dritten Welt nicht nur deren Naturschätze auszubeuten, sondern mit der Schaffung eigener Infrastrukturen auch neue Absatzmärkte hinzuzugewinnen und zum anderen mit der »Kolonialisierung der Lebenswelt« in den Metropolen selber neue Möglichkeiten der Surplusabsorption zu schaffen, indem man die sozialen, regionalen und vor allem psychischen Grenzen ständig überschreitet und deren Räume erweitert, um sich auch hier neue Absatzmärkte zu ergattern. Die erste Lösungsstrategie kann man als »Äußeren Imperialismus« bezeichnen und die zweite als »Inneren Imperialismus«. Trotz aller empirischen Unterschiede sind beide ökonomisch gesehen Ausdruck ein und desselben Problems: Den mit immanenter Notwendigkeit hervorgebrachten Expansionstendenzen des Kapitals neuen Raum zu verschaffen, um neue Märkte aufzubauen und damit eine ständige Erweiterung des Verwertungskreislaufs, genauer der Akkumulationsspirale möglich zu machen. Der extensive Weg, andere Kontinente zu kapitalisieren, bietet jedoch letzten Endes ebensowenig eine dauerhafte Lösung des Problems wie der intensive Weg, über die Kolonialisierung der Metropolen gleichsam deren »Dritte Welt« auch noch restlos in diesen Prozeß einzubeziehen. Mit unvermeidlich innerer Konsequenz muß der Kapitalkreislauf spiralenförmig weiter fortschreiten – weil die Absorption des alten Surplus durch die Schaffung neuer Absatzmärkte zwangsläufig wieder zu einem noch höheren, neuen Surplus führt – und seine Lösungsstrategien schließlich als bloß vorübergehende zu erkennen geben. Und die einzige radikale Lösung, die dem Todessystem dann noch zu seinem eigenen Überleben bleibt, ist die offene Destruktion seiner brachliegenden Potentiale im Krieg.

Historisch gesehen ist der »Äußere Imperialismus« wie von einer Geisterhand geführt in die Katastrophe des Ersten Weltkriegs eingemündet; der aus der Kolonialisierung stammende Surplus staute sich soweit auf, bis er zu einer Übersättigung der Märkte in den Metropolen führte, deren einziger Ausweg, um einen Zusammenbruch des Systems zu verhindern, in einer Neuinvestition in militärische Anlagen bestand und die wiederum konnten der Übersättigung nur im totalen Einsatz der Kriegshandlungen Luft verschaffen. Aktuell betrachtet führt der »Innere Imperialismus« nicht minder schlafwandlerisch zur Militarisierung des Alltagslebens in den Metropolen; je mehr die neugeschaffenen Submärkte überfüttert sind, desto mehr muß die Verschwendungssucht ansteigen und wenn diese zu Blockierung und kollabierenden Subsystemen der gesamtgesellschaftlichen Infrastruktur führen, dann bleibt nur noch die Vernichtung des unverdaubaren Reichtums, die sich ebenso kalkuliert, wie naturwüchsig vollziehen kann. Und die ökologische Krise ist der bedrohliche Ausdruck des durch diese zivilen Kriegshandlungen sich vollziehenden Zerstörungsprozesses.

Indem der Imperialismus auf seine Mutterländer selber zurückschlägt, beginnt er zugleich auch die Bedingungen seiner eigenen Existenz zu zersetzen. Anstatt, daß dieses globale Herrschaftssystem in sich zusammenbricht, zeichnet sich der Zusammenbruch der Lebenszusammenhänge selber ab. Die zerstörerische Aneignung der Natur und die destruktive Verwendung ihrer Schätze deuten schließlich die Selbstzerstörung der Naturaneigner an. Der Raubbau an der Natur – von Landschaften und Kontinenten ebenso wie von Körper und Psyche der Menschen – und die Verschwendung in die Natur bedingen einander. Sie sind beide Ausdruck eines gestörten Stoffwechselprozesses zwischen Natur und Gesellschaft, dessen Kernzelle die kapitalistische Arbeit ist. Indem die lebendige Arbeit in den Dienst der toten gestellt wird, beginnt ein Wucherungsprozeß die Gesellschaft in ihrer Gesamtheit zu durchziehen, daß sich die Verkehrungen im einzelnen Produktionsakt schließlich zur Verkehrung des Produktionssystems im ganzen, einem strukturellen Mißverhältnis zwischen Natur und Gesellschaft insgesamt, auswachsen. Der beginnende Zerfall des ökologischen Gesamtsystems ist nur Ausdruck davon, wie weit der Prozeß der destruktiven Produktivität im gesellschaftlichen Zusammenhang, der nichts anderes als ein eigenes Teilsystem der gesamten Ökologie ist, schon fortgeschritten ist.

Die Kapitalisierung frißt sich wie eine Krebsgeschwulst durch den Körper der Gesellschaft, zerstört seine Lebenszellen von innen heraus, bildet Metastasen aus, die zum Kollaps von Subsystemen der sozialen Infrastruktur führen, und greift schließlich auf die Natur im ganzen über. Und je weiter sich der Prozeß des negativen Wachstums fortsetzt, desto fraglicher wird, ob er jemals noch mit gesellschaftlichen Gegenkräften aufgehalten werden kann, ob sein Zerstörungsprozeß überhaupt noch reversibel ist.

Anstatt die Arbeit, die ohnehin einer qualitativen Umkehrung bedürfte, nun aber zumindest in ihrer Zeitdauer radikal zu kürzen, um aufs erste den Entwicklungstod des gesellschaftlichen Körpers zu verhindern, wird diese fast unverändert beibehalten und obendrein noch intensiviert. Automatisierung und Technologisierung verstärken, indem sie lediglich in das vorhandene Destruktionssystem integriert werden, den galoppierenden Zersetzungsprozeß in ungeheurem Ausmaß. So wird selbst aus der tendenziellen Abschaffung der Arbeit, die einstmals die materielle Voraussetzung für ein künftiges Reich der Freiheit sein sollte, unter den beibehaltenen Bedingungen des Systems nur die überdimensionale Ausdehnung eines gegenwärtigen Reichs von Angst und Schrecken.
Anstatt den Energieverbrauch, der ohnehin nur immanente Notwendigkeit eines Produktionssystems ist, das auf dem sinnlosen Raubbau an der Natur basiert, zu senken und die Regeneration natürlicher Ressourcen zu ermöglichen, wird kein abenteuerlicher Versuch unterlassen – wie die Erdölbohrungen im Meer z.B. –, auch die letzten fossilen Energieträger in eine Endzeitproduktion zu verschleudern. Der staatlich beschworene Energiemangel, mit dem das größte Abenteuer Atomenergie über alle Sicherheitsbedenken hinweg zu legitimieren versucht wird, ist von derselben Sorte, wie auch der den Massen injizierte Bedürfnismangel einer ist: er ist existentielle Notwendigkeit für ein System der fortgesetzten Überproduktion. Die auftretenden Mangelerscheinungen sind in erster Linie Folgen des Systems und nicht der Gesellschaft. Und nur dadurch, daß sich das System durch die Gesellschaft hindurch realisiert, wird aus dem Energiemangel des Systems tendenziell auch einer der Gesellschaft. Eine Behebung des finster ausgemalten Energiemangels kann deshalb auch gar nicht in jedem Fall wünschenswert sein. So diente er jedenfalls nur einer weiteren Aufheizung der destruktiven Produktivität.
Es ist evident, daß beide zentralen Innovationsanstrengungen, die der Monopolkapitalismus gegenwärtig unternimmt – die technologische Rationalisierung des Arbeitsprozesses und die reibungslose Verfügbarmachung neuer Energiequellen – keine andere Funktion haben können, als eine weitere Intensivierung der Kernzelle Arbeit zu betreiben, deren notwendige Folge nur eine nochmalige Steigerung der Geschwindigkeit sein kann, mit der die Kapitalkreisläufe den gesellschaftlichen Körper durchjagen. Und wenn heute schon der Ausdruck »Change« in den Vereinigten Staaten gleichsam zu einer neuen Sozialnorm geworden ist, dann gewinnen wir unter diesem Eindruck ein Bild von dem, was uns noch erwartet, obgleich es uns nicht mehr völlig unbekannt ist. Mit dem sug-

gestiven Zwang zum ständigen Wechsel machen sich die Individuen selber zu bloßen Anhängseln einer zum Schwindel gesteigerten Warenumschlagsgeschwindigkeit. Die unablässige Steigerung des Tempos ist der Versuch das Zuviel an allem doch noch erfahrbar zu machen, obwohl die Kapazität der intrapsychischen Verarbeitungsmöglichkeiten zwangsläufig überschritten wird. »Du kannst es nennen wie Du willst: Inflation oder Pollution. Es ist eben einfach zu viel von allem. Zuviele Autos, zuviele Menschen, zuviel Kultur, zuviel Gewalt, zuviel Sex, zuviel TV. Alles Namen für volle Räume«.[7] Und selbst die sich darauf beziehenden Interpretationen scheren aus diesem Dilemma nicht aus, sondern reproduzieren zunächst nur den Überdruß, indem sie Texte aus sich herausspinnen, die den letzten freien Raum – und sei es der der Phantasie – umgarnen. Anstatt jedoch Blockaden zu bauen, werden die letzten Schwellen und Hemmschuhe abgebaut, um den reibungslosesten Durchlauf zu garantieren. Wer nicht ständig Kleider, Autos, Frauen, Wohnorte, Männer, Reiseziele, Geschlechtsmerkmale, Konsumartikel, Lebensgewohnheiten, Details und Attitüden wechselt, läuft Gefahr als krank bezeichnet zu werden. Jeder, der sich dem totalitären »Bäumchen wechsle Dich« nicht fügt, unterliegt einer unverhohlenen Pathogenisierung, die einem Ausschluß aus den als normal geltenden gesellschaftlichen Verhältnissen gleichkommt. Hier beginnt der zur Verhinderung von Überproduktionskrisen notwendige Massenkonsum soweit verinnerlicht zu werden, daß er die Individuen mit neuen, quasi »natürlichen« Sozialcharakteren ausformt.

Einen Vorläufer dieses Sozialcharakters konnte man im 19. Jahrhundert in der Politik finden. Es ist der sozialdemokratische Charakter. Eduard Bernstein hat ihn mit der Formel »Die Bewegung ist alles, das Ziel nichts«, wenngleich unbewußt, so doch sinnfällig auf den Begriff gebracht. Wessen Natur die Züge dieses Charakters sind, hat Walter Benjamin in seinen gleichermaßen von messianischen, wie von apokalyptischen Zügen geprägten »Thesen über den Begriff der Geschichte« zusammengefaßt. In seiner XI. These, die kaum eines weiteren Kommentars bedarf, schreibt er: »Der Konformismus, der von Anfang an in der Sozialdemokratie heimisch gewesen ist haftet nicht nur an ihrer politischen Taktik, sondern auch an ihren ökonomischen Vorstellungen. Er ist eine Ursache des späteren Zusammenbruchs. Es gibt nichts, was die deutsche Arbeiterschaft in dem Grade korrumpiert hat, wie die Meinung, sie schwimme mit dem Strom. Die technische Entwicklung galt ihr als das Gefälle des Stromes, mit dem sie zu schwimmen meinte. Von da war es nur ein Schritt zu der Illusion, die Fabrikarbeit, die im Zuge des technischen Fortschritts gelegen sei, stelle eine politische Leistung dar. Die alte protestantische Werkmoral feierte in säkularisierter Gestalt bei den deutschen Arbeitern ihre Auferstehung. Das Gothaer Programm trägt bereits Spuren dieser Verwirrung an sich. Es definiert die Arbeit als ›die Quelle alles Reichtums und aller Kultur‹. Böses ahnend, entgegnete Marx darauf, daß der Mensch der kein anderes Eigentum besitze als seine Arbeitskraft, ›der Sklave der andern Menschen sein muß, die sich zu Eigentümern ... gemacht haben‹. Unbeschadet dessen greift die Konfusion weiter um sich, und bald darauf verkündet Josef Dietzgen: ›Arbeit heißt der Heiland der neueren Zeit... In der ... Verbesserung ... der Arbeit ... besteht der Reichtum, der jetzt vollbringen kann, was bisher kein Erlöser vollbracht hat.‹ Dieser vulgärmarxistische Begriff von dem, was die Arbeit ist, hält sich bei der Frage nicht lange auf, wie ihr Produkt den Arbeitern selber anschlägt, solange sie nicht darüber verfügen können. Er will nur die Fortschritte der Naturbeherrschung, nicht die Rückschritte der Gesellschaft wahr haben. Er weist schon die technokratischen Züge auf, die später im Faschismus begegnen werden. Zu diesen gehört ein Begriff der Natur, der sich auf Unheil verkündende Art von dem in den sozialistischen Utopien des Vormärz abhebt. Die Arbeit, wie sie nunmehr verstanden wird, läuft auf die Ausbeutung der Natur hinaus, welche man mit naiver Genugtuung der Ausbeutung des Proletariats gegenüber stellt... Zu dem korrumpierten Begriff von Arbeit gehört als sein Komplement die Natur, welche, wie Dietzgen sich ausgedrückt hat, ›gratis da ist‹.«[8] So gehen die Fetischisierung der Arbeit und die Ignorierung der Natur Hand in Hand nicht nur bei den herrschenden Kräften des Systems, sondern auch bei jenen, die einstmals angetreten waren, dieses System aus den Angeln zu heben.

Der fatale Fortschrittsoptimismus, der schon in der Sozialdemokratie der II. Internationale das Oberwasser gewann, ging von der bequemen Vorstellung aus, daß der Kapitalismus schon das Bett bereiten würde, in dem man dann nur noch mit dem Strom der Zeit zu schwimmen habe. Anstatt sich zu einer wirklichen Kraft der Negation zu konstituieren, nahm sie die Züge einer progressiven Kraft der Affirmation an. So gesehen sind die Vorstellungen Bernsteins und Dietzgens Vorläufer von dem, was in der Energie- und Arbeitspolitik der SPD unserer Tage, den DGB nicht ausgenommen, gefährliche Blüten treibt. André Gorz, dessen politische Konzeptionen einmal zur theoretischen Begründung der Doppelstrategie der Jungsozialisten herhalten mußten, schreibt zum gesamtge-

sellschaftlichen Fahrwasser, in das die sozialliberale Koalition in Bonn geraten ist, seitdem sie das Staatsschiff mit Helmut Schmidt auf dem Strom des Fortschritts zu steuern versucht: »Liberale und sozialdemokratische Kräfte, die für Vollbeschäftigung und die Wiederaufnahme des industriellen Fortschritts streiten, spielen unwissentlich dem System in die Hände, weil sie die viel fundamentalere Einsicht gefährden und umgehen, daß nämlich Wachstum, wie wir es aus der Vergangenheit kennen, wirtschaftlich und technisch unmöglich geworden ist. Die Rückkehr zum Wachstum der Vergangenheit ist wirtschaftlich genau deshalb unmöglich, weil das vergangene Wachstum gerade die es nährenden technologischen, physischen und wirtschaftlichen Faktoren erschöpft hat.«[9]
Welche Entscheidung heute deshalb schon längst überfällig ist, für jene linken Kräfte in der Bundesrepublik, die entweder in der SPD arbeiten oder aber die diese Partei für die Garantin des außerparlamentarischen Spielraums der unabhängigen Linken halten, geht aus dem ersten fundamentalen Einbruch der Geschichte dieses Jahrhunderts hervor.
Im August 1914 sollte in Wien ein Kongreß der II. Internationale stattfinden, der damals stärksten antimilitaristischen Kraft Europas. Dieser Kongreß hat nie stattgefunden. Statt dessen brach am 4. August der Erste Weltkrieg aus. Im Deutschen Reichstag hatten die Abgeordneten der SPD geschlossen für die Bewilligung der Kriegskredite gestimmt. Auch diejenigen, die gegen den Krieg und den Verrat des proletarischen Internationalismus an den kapitalistischen Nationalismus waren, hatten sich aus Gründen eines vermeintlichen Fraktionszwanges dieser Entscheidung unterworfen. Erst im Jahr darauf wagte es eine kleine Gruppe von Sozialdemokraten offen im Reichstag gegen eine weitere Bewilligung von Kriegskrediten zu stimmen. Aus dieser oppositionellen Strömung ging schließlich unter Führung von Rosa Luxemburg und Karl Liebknecht der Spartakusbund hervor. Als nach dem Ende des Krieges die Novemberrevolution scheiterte und die SPD die Weimarer Republik aus der Taufe hob, rächte sich die ehemalige Mutterpartei an ihren beiden Dissidenten, indem sie ihren Tod im *Vorwärts* schon guthieß, noch bevor Rosa Luxemburg und Karl Liebknecht von ihren Häschern ermordet waren.
Im Dezember 1979 fand in Berlin ein Parteitag statt, auf dem die SPD mit übergroßer Mehrheit für die Aufrüstung der NATO und den weiteren Ausbau von Atomkraftwerken stimmte. Damit sind einer Priorität zufolge, nach der ein System destruktiver Produktivität »ohne Rücksicht auf Verluste« zu managen sei, zwei der letzten Sicherheitsriegel geknackt

worden, die die weitere militärische, ebenso wie die zivile, die innen-, ebenso wie die außenpolitische Entwicklung zum Vabanque-Spiel machen. Die führende Regierungspartei hat sich also, um an der Macht zu bleiben, nicht hindern lassen, einen Kurs fortzusetzen, der militärisch und »Friedlich in die Katastrophe«[10] führen kann. Die geringen oppositionellen Kräfte innerhalb der Partei beginnen sich zwar zu formieren, und mit Jochen Steffen hat einer ihrer ehemals führenden Köpfe die Reihen schon verlassen, jedoch noch allzu viele bleiben trotz besseren Wissens in dieser Partei des Fortschritts und warten ab, wo es schon längst kein Abwarten mehr geben kann.
In einem System, einer Partei und einer Politik aber, in denen die sich als Krise der Ökologie zuspitzende Überproduktion des Kapitals ignoriert wird, steuert man unvermeidlich als insgeheimen Fluchtpunkt all seiner Entwicklungstendenzen den Krieg an. Rosa Luxemburg, die im übrigen eine große Pflanzenliebhaberin gewesen ist, jedenfalls – daran kann es keinen Zweifel geben – wäre heute keine Minute länger mehr in der Partei der Zerstörungskräfte, sondern in der außerparlamentarischen Bewegung der ökologischen Opposition zu finden.

Anmerkungen

1 Hellmuth Schehl, Vor uns die Sintflut?, Westberlin 1977, S. 10
2 Karl Marx, Das Kapital I, in: Marx-Engels-Werke, Bd. 23. Ost-Berlin 1962, S. 167
3 Herbert Marcuse, Die Revolte der Lebenstriebe, in: Psychologie heute, September 1979, S. 40-41
4 Paul Baran / Paul M. Sweezy, Monopolkapital, Frankfurt 1967, S. 172f.
5 Ebd.
6 Walter Benjamin, Das Kunstwerk im Zeitalter seiner technischen Reproduzierbarkeit, in: W.B., Gesammelte Schriften, Bd. I, 2, Frankfurt 1974, S. 507f.
7 Harry Gato, The Future Is Female, zit. nach: Hellmuth Schehl, a.a.O., S. 7
8 Walter Benjamin, Thesen über den Begriff der Geschichte, in: W.B., a.a.O., S. 698f.
9 André Gorz, Ökologie und Politik, Reinbek 1977, S. 23
10 Holger Strohm, Friedlich in die Katastrophe, Hamburg 1973

Realitäts-Dementi mit Knarre*

Zu den tödlichen Schüssen an der Startbahn West

Als die Nachricht bekannt wurde, reagierten die meisten ebenso erschrocken wie ungläubig. Zwei tote Polizisten an der Startbahn – warum, wofür, wogegen, wie, wodurch, was war da eigentlich geschehen? Bestürzung, Irritation, hilflose Erklärungsversuche, auf jede Antwort drei neue Fragen und das diffuse Gefühl, die Repressionswelle könnte einen doch noch einmal einholen, also auch Angst.
Diese Tat, die so unwirklich anmutet, scheint irrational, ja zutiefst absurd zu sein. Sie paßt kaum jemandem, auch den meisten Politikern nicht, ins Konzept. Sie steht quer zur augenblicklichen Konfliktlogik zwischen Staat und Bewegungen, zumal den Bemühungen um eine Amnestiekampagne zehn Jahre nach den traumatischen Ereignissen von Köln, Mogadischu und Stammheim.
Diese Tat im Strudel der Alltagsereignisse einfach hinzunehmen, könnte jedoch fast noch gefährlicher sein als ihre Ausführung. Niemand, am wenigsten die Linke, tut sich einen Gefallen damit, sie als Unglücksfall zu deklarieren, sie voreilig als unpolitisch abzutun und seine(n) Täter, sofern aus den eigenen Reihen kommend, zu exkommunizieren.
Klaus Eichhöfer und Torsten Schwalm sind, was vielfach übersehen wird, keineswegs die ersten Toten, die der Konflikt um die Startbahn West gekostet hat. Die Ermordung Heinz Herbert Karrys im Mai 1981, wofür die Revolutionären Zellen erst Monate später die Verantwortung übernahmen, und der Tod Günther Sares im September 1985 durch einen Wasserwerfer sind letztlich nur aus demselben Kontext heraus zu verste-

* In einer leicht gekürzten Fassung erstmals unter dem Titel »Selbst-Schüsse« erschienen in: *links*, Nr. 231, Dezember 1987, S. 5-8

hen. Obwohl durch unterschiedliche Anlässe ausgelöst, in verschiedener Form ereignet und an jeweils anderen Orten in Frankfurt geschehen, so liegt auch diesen Todes- bzw. Mordfällen im Kern das Konfliktpotential um die umweltzerstörende Flughafenerweiterung zugrunde.
Dennoch aber ist die Tat an der Startbahn, also am Ursprung des Geschehens, die zum dritten und vierten Toten geführt hat, so spezifisch, daß sie als unvergleichlich bezeichnet werden muß. Erstmals in der bundesdeutschen Geschichte ist aus einer Protestbewegung heraus mit einer Schußwaffe gegen die Polizei vorgegangen worden, erstmals hat es während eines Demonstrationsgeschehens Tote auf der Seite der Staatsschützer gegeben, erstmals ist die Handlungslogik von Protest und Widerstand – wenn auch nur für einen Moment – in die des Bürgerkriegs umgeschlagen. Gleichgültig wie auch immer die innenpolitischen Folgen aussehen mögen, diese Tat markiert eine objektive Zäsur in der politischen Geschichte dieses Landes.
Entscheidend ist dabei: Die Linke, die sich bislang als Opfer im »Land der Täter« gefühlt und zuweilen im Sinne negativer Identitätsbewahrung geradezu auf diese Rolle fixiert hat, sieht sich plötzlich – ungläubig die Augen reibend – in der Rolle des Täters wieder. Diese Inversion, so bitter sie auch sein mag, könnte durchaus heilsame Züge haben. Wenn, ja wenn die zwangsneurotischen, ins Wahnhafte reichenden Elemente im manichäischen Selbstverständnis abgebaut werden könnten. Das würde allerdings voraussetzen, daß die Tat als keineswegs unbestimmtes Geschehen angenommen wird, was mit einer Billigung allerdings nicht zu verwechseln ist.
Die Aufgabe des Augenblicks heißt, sich an dieser unbegreiflich erscheinenden Tat abzuarbeiten, sie soweit als möglich zu verstehen versuchen, sie als kontingentes Ereignis einzuholen. Das hat nichts mit Verständnis für und nichts mit Einfühlung in das Geschehen zu tun. Das ist allein eine Anstrengung des Begreifens, ein Versuch, die Herausforderung anzunehmen, anstatt sie abzuspalten, zu neutralisieren und schließlich zu verdrängen.

I.

Nachdem der durch die Nachricht ausgelöste Schock etwas abgeklungen war, sind im wesentlichen drei unterschiedliche Interpretationsversuche erprobt worden. Sie stellen eher Formen der Abdrängung denn der Verarbeitung, eher Versuche der Verbrämung denn der Klärung dar. Bestenfalls können sie als unterschiedliche Anstrengungen der Annäherung an

einen in seinen politischen Implikationen nicht genau definierten Fall verstanden werden.
Die kurzgeschlossene Frage »Wer wars?« ist nicht allein die nach dem Täter. Sie zielt über die Person hinaus auf die Struktur der Tat ab. Von ihrer Beantwortung sind überhaupt nur Schlußfolgerungen möglich, die jenseits rein kriminologischer Erörterungen liegen.
Die Erklärungsvariante A lautet: Mordschütze könne nur ein *agent provocateur* gewesen sein. Die Tat sei für Demonstranten – und träten sie noch so militant auf – unvorstellbar. Die Schlüsselfrage »Cui bono?« verweise auf den Staat. Während er den Tod zweier Polizisten zum Anlaß für eine Repressionswelle nehmen könne, hätten die Demonstranten keinerlei Vorteil zu erwarten: sie allein müßten die Folgen fürchten. Und gehörte die Startbahn-Szene nicht zu den am besten beobachteten und wahrscheinlich auch unterwanderten Protestzusammenhängen? – Diese Überlegung ist mit dem Auffinden der Tatwaffe bei einem Startbahngegner so gut wie hinfällig geworden. Daran ändert auch nichts die Fragwürdigkeit der Umstände, insbesondere die Geschwindigkeit, mit der dieses wichtige Indiz durch die Ermittlungsbehörden ausfindig gemacht werden konnte. Würden Linke, Grüne und Alternative an dieser Hypothese unverändert festhalten, so unterschiede sich ihr Realitätsprinzip um keinen Deut von dem der schleswig-holsteinischen CDU, die in ihrer Mehrheit immer noch die Vorstellung aufrechtzuerhalten versucht, ein sozialdemokratisches Komplott habe zum Tode Barschels geführt.
Die Erklärungsvariante B lautet: Wenn der Täter wirklich aus den eigenen Reihen stammen sollte, dann könne es sich dabei nur um einen »Durchgedrehten« handeln. Also um einen Demonstranten, der durch die Umstände des Geschehens, nicht aber durch seinen eigenen Willen zur Waffe gegriffen habe. Die Verantwortung für die Tat läge dann immer noch bei Staat und System, letztlich also bei jenen, die auch die Todesopfer zu beklagen haben. – Diese Interpretation hat neben der ohnehin naheliegenden Schwierigkeit, sich einen Demonstranten vorstellen zu können, der so sehr Objekt der Umstände geworden ist, daß sich sein Handeln auf ein reines Reflexverhalten reduziert, ein grundlegendes Problem: Wie kommt jemand, der in einer bestimmten Situation »ausrastet«, zu einer Schußwaffe? Die planerische Abstraktion, die aufgebracht werden muß, um sich eine Schußwaffe zu besorgen und sie – unter vermutlich klandestinen Umständen – zu einer Demonstration mitzunehmen, paßt nicht zur überfallartigen Konkretion, mit der jemand situativ durch kontingente Faktoren zu einer Tat getrieben wird.

Die Erklärungsvariante C lautet: Ein militanter Demonstrant habe die Tat vorbereitet und begangen. Sekundär sei dabei zunächst einmal die Überlegung, ob er sich bereits mit festem Vorsatz auf die Demonstration begeben habe oder ob zu einer grundsätzlichen Bereitschaft, die Schußwaffe unter bestimmten Bedingungen auch einzusetzen, noch situative Faktoren nötig gewesen sein könnten. – Hier wird grundsätzlich davon ausgegangen, daß eine solche Tat von einem linken Demonstranten begangen werden könne. Das handelnde Subjekt und die augenscheinliche – wenngleich noch zu überprüfende – Objektivität des Geschehens klaffen hier nicht mehr auseinander, sondern bilden eine Einheit. Dennoch bleibt auch bei dieser Variante ein gravierender Punkt weiterhin erklärungsbedürftig: Warum wird gerade jetzt das bislang völlig unangetastete Tabu, aus einer Demonstration heraus auf Polizisten zu schießen, durchbrochen? Es hat in den letzten zwei Jahrzehnten die unterschiedlichsten Formen von Militanz gegeben, zumeist flankiert von äußerst kontroversen Diskussionen. Der Griff zur Schußwaffe aber war, von den klandestin operierenden Kadern der Guerillagruppen einmal abgesehen, soweit jenseits aller Möglichkeiten, daß er – im Unterschied zur italienischen Debatte über die »P 38« vor einem Jahrzehnt – nicht einmal diskutiert worden zu sein scheint. Begrenzte Regelverletzung, Gewalt gegen Sachen versus Gewalt gegen Personen, passive Bewaffnung ja oder nein – diese und andere Kontroversen sind immer ausgetragen worden im Bewußtsein einer unsichtbaren Begrenzung der Mittel. Bereits all das, was über Formen symbolischer Gewalt wie das Werfen von Tomaten, Eiern, Farbbeuteln etc. hinausging – nämlich das Benutzen von Steinen, Knüppeln, Feuerwerkskörpern usw. – blieb umstritten und löste immer wieder aufs neue erbitterte Kontroversen aus. Die Auffassung, daß für die Linke die Verletzungs- und ganz besonders die Tötungshemmung konstitutiv sei, wurde durch Auseinandersetzungen auch für jene Fraktionen wieder hergestellt, die hin und wieder damit liebäugelten, an der Eskalationsspirale weiterzudrehen. Doch diese unantastbar erscheinende Grenze ist durch die Schüsse an der Startbahn nachhaltig in Frage gestellt worden.

II.

Das Erklärungsdefizit der letzten Variante läßt sich in folgender Frage zusammenfassen: Wodurch konnte diese entscheidende *Schwelle*, die Tötung von Polizisten ins Kalkül eines Demonstrations- bzw. Aktionszusammenhanges miteinzubeziehen, überwunden werden? Da hierauf nicht umstandslos eine Antwort gegeben werden kann, sollen verschiedene Begründungsmöglichkeiten gegeben werden.

1. Das Szenario am Rande der Startbahn ist spätestens seit dem Oktober 1981 durch paramilitärische Züge geprägt. Das Gefühl der Ohnmacht, das das Durchdeklinieren des politischen Formenkatalogs bis hin zum Volksentscheid hinterlassen hat, ist insbesondere von den jüngeren Startbahngegnern aus der näheren Umgebung durch einen fortwährend wachsenden Militantismus kompensiert worden. Wer beispielsweise den Abend nach der Hüttenräumung am 2. November 1981 dort erlebt hat, der muß unwillkürlich an Szenen aus dem Stellungskrieg im Ersten Weltkrieg gedacht haben: Ein dunkles, unübersichtliches, äußerst weitläufiges Waldgelände; Leuchtraketen, die zischend aufsteigen und das Gebiet zwischen den Fronten für einen Moment gespenstisch erhellen; Tränengasgeschosse, die fauchend in Zickzacklinien über den Boden schnellen und immer größere Teile des umkämpften Waldstückes in beißende Qualmwolken einhüllen; Wasserwerferkanonaden, die Protestierende wie Spielbälle vor sich herwirbeln; wechselseitige Ausfälle von Hundertschaften der Polizei und besonders ausgerüsteten Demonstrantengruppen, momentane Geländegewinne, Ausreißversuche, Abtransport von Verletzten und erneutes Einigeln in Mulden und hinter Baumgruppen – dazu eine martialisch anmutende Geräuschkulisse mit explodierenden Feuerwerkskörpern, Kommandorufen, krachendem Gehölz, aufheulenden Motoren und gellenden Schreien Getroffener. Das gesamte Ambiente schien literarischen Verarbeitungsformen des Ersten Weltkrieges aus Ernst Jüngers *In Stahlgewittern* und Erich Maria Remarques *Im Westen nichts Neues* zu ähneln.

2. Diese Szenerie ist in unterschiedlicher Intensität Woche für Woche wiederholt worden. Wie ein besonders erfolgreiches Theaterstück zuweilen über Jahre hinweg aufgeführt wird, ist hier ein politischer Konfliktstoff zur Dauerinszenierung geworden. Startbahndemo – das war und ist noch immer eine Art Abenteuerspielplatz der Autonomen, Kino ohne Eintritt, Ausflug ohne Lehrer, Indianerspiel mit Maske, Stellungskrieg mitunter Stellungsloser. Startbahndemo – das ist eine spielerisch und aggressiv zugleich nach außen gewendete Puerilität. Staat und Bewegung haben hier ihre Kampfpsychologie so lange eingeübt, bis sie vollends zum leeren Ritual eines paramilitärischen Wiederholungszwangs wurde. Diese in klinische Bereiche vordringende Qualität des Konflikts hätte den Beobachtern spätestens dann auffallen müssen, als die Startbahn West im Frühjahr 1984 in Betrieb genommen wurde. Seitdem der Grund

für Protest und Widerstand – die Waldrodung für Bau und Inbetriebnahme der Anlage zu verhindern – entfallen ist, tritt die intrapsychische Funktion unverbrämt hervor. Polizisten und Demonstranten, die sich wie zwei gegnerische Fußballmannschaften nun zum Teil auch namentlich kennen, liegen im ewigen Wettstreit um den Pokal teutonischen Starrsinns. Das Bewußtsein beiderseitig eingebunkert: Dort in der bruchsicheren Kanzel des hochmodernen Wasserwerfers, hier in der an fernöstliche Kampfspiele gemahnenden Maskierung und Behelmung. Kurzum: Das Michael Kohlhaas-Syndrom läßt grüßen. Was für Außenstehende so unverständlich ist, daß einen Tag nach der 300. sonntäglichen »Waldspaziergangsdemo« scharf geschossen wurde, verwundert manchen Insider eher aus umgekehrter Perspektive: Daß im »Krieg der Symbole«, der von Anfang an mehr als ein solcher war, erst nach sechs Jahren jemand die Symbolik beim Wort genommen und – im tragischen Sinne des Wortes – Ernst gemacht hat.
3. Unbestätigten Meldungen zufolge sollen sich einige Demonstranten am 2. November vorgenommen haben, nur bis zu einem bestimmten Punkt vor den eventuell nachsetzenden Polizeikräften zurückzuweichen. Als dann prompt eine Hundertschaft den profilneurotischen Befehl erhielt, im Flankenschutz von Wasserwerfern auszurücken und tief in das gegnerische Gelände vorzudringen, scheint die ultimative Situation dagewesen zu sein. Gleichgültig ob der Ausruf »Scharfschützen Feuer!« ertönt ist oder nicht, die Massivität des Einsatzes alles Werf- und Abschießbaren spricht eine deutliche Sprache. Die Hemmschwelle zur Tötung könnte in diesem Moment von einem oder mehreren Demonstranten überwunden worden sein.
4. Blutige Ironie: Die tödlichen Schüsse wurden mit einer Waffe aus dem Arsenal des Gegners abgegeben, Polizisten mit einer Polizeipistole erschossen. Wer sich über Jahre hinweg auf Demonstrationen der Erfahrung von Einschüchterung, Bedrohung und Demütigung ausgesetzt sieht, dem werden sich nahezu zwangsläufig Phantasien der Gegengewalt einstellen – und sei es auch nur aus Gründen der intrapsychischen Kompensation. Wer zudem einmal erlebt hat, wie rasch ein als Demonstrant vermummter Zivilpolizist mit einem solchen Gerät herumzufuchteln bereit ist, dem mag es – in Erinnerung, wenn auch nicht an die Idee der Gerechtigkeit, so doch an die der Gleichheit – berechtigt erscheinen, im Zweifelsfall ebenfalls auf eine derartige Waffe zurückgreifen zu können. Daß mit der Entwendung der »Sig Sauer« auf der Demonstration in Hanau vor einem Jahr die Machtphantasie Wirklichkeit und mit dem

Einsatz der Waffe am sechsten Jahrestag der Hüttendorfräumung eine Tötungsdrohung von der Seite der Bedrohten in eine Tötungshandlung umgesetzt werden würde, ist damit allerdings beileibe nicht erklärt. Bemerkenswert ist lediglich, daß die Schüsse mit dem Motto, »den Gegner mit seiner eigenen Waffe schlagen«, abgegeben worden sein könnten.
5. Die Umstände an der Startbahn waren schon immer dazu angetan, die Anonymität eines möglichen Täters zu wahren. Das Risiko, in flagranti festgenommen zu werden, muß hier selbst einem Pistolenschützen als kalkulierbar erschienen sein. Zumindest folgende Faktoren können in diesem Sinne aufgeführt werden: a) Eine Demonstrationsmenge, die groß genug ist, um die Identifizierung eines einzelnen beinahe zu verunmöglichen, die andererseits aber auch so klein und überschaubar ist, daß die Gefahr, ungewollte Zaungäste zu haben, fast ausgeschlossen werden kann; b) die Unübersichtlichkeit des Waldgeländes; c) die Dunkelheit der Nacht; d) die die Wahrnehmung abstumpfende Geräuschkulisse; e) die völlige Unerwartetheit des Einsatzes einer Schußwaffe und f) die Maskierung der militanten Demonstranten.
6. Mit der vor einigen Wochen erfolgten Ankündigung der Flughafen-AG, für einen geplanten Ausbau weitere 43 Hektar Wald roden zu lassen, hat diese ihr eigenes, erst vor einem Jahr gegebenes Versprechen, keine Bäume mehr abholzen zu lassen, gebrochen.
7. Die Erwartung, daß die Wasserwerfer-Besatzung, die Günther Sare vor zwei Jahren überrollt und getötet hat, in dem immer noch nicht abgeschlossenen Prozeß straffrei bleiben wird.
8. Die erneute Selbstvergewisserung der Ohnmacht und Perspektivlosigkeit aller Aktionen am sechsten Jahrestag der Hüttendorfräumung. Die praktische und symbolische Bedeutung des Hüttendorfes, in dem Dutzende von Leuten über längere Zeit gelebt haben und das mehrmals wieder aufzubauen versucht worden ist, kann kaum überschätzt werden.
Diese und andere Faktoren mögen Plausibilitäten unterschiedlichen Grades aneinanderreihen, die Tat wirklich erklären können sie jedoch nicht. Es bleibt jener erklärungsbedürftige Rest, in dem die Entscheidungslogik des oder der Täter zu lokalisieren ist.

III.

Obwohl ein Tatverdächtiger in Untersuchungshaft sitzt und nach einem anderen gefahndet wird, ist es dennoch keineswegs unwahrscheinlich, daß die genannte Interpretationslücke nie ganz zu füllen sein wird.
Trotzdem gibt es gute Gründe, den Versuch, das Unbegreifliche zu

begreifen, noch einen Schritt voranzutreiben. Im Kern geht es immer noch um die Beantwortung der Frage, warum Demonstranten auch drei Jahre nach der Inbetriebnahme eines Großobjekts gegen seine baulichen Vorbereitungen kämpfen und nach dreihundert oft zwar militanten, letztlich aber doch symbolischen Demonstrationen plötzlich mit scharfer Munition auf Polizisten schießen.

Daß die Demonstrationen die Form einer politisch abgelösten Dauerinszenierung annahmen, weist darauf hin, daß hier im Kampf auf dem Gelände an der Startbahn etwas gefunden wurde und vielleicht immer noch wird, was woanders nicht zu haben ist. Wo politisch bereits längst alles verloren ist, geht es um den Kampf gegen die Polizei als Staatsorgan, um den Kampf als solchen. Dieser ist sich im Grunde selbst genug. Er hat keine wirkliche Funktion mehr. Das Mittel ist selbst zum Zweck geworden. Gerade daraus aber resultiert sein unablässiger Wiederholungszwang. Denn ist die Aktion vorüber und das in ihrem Verlauf gestärkte Selbstwertgefühl nach einiger Zeit verflogen, dann bedarf es einer neuen. Wie bei der Produktion künstlicher Welten, mittels einer Droge etwa, muß das Geschehen ad infinitum wiederholt werden.

Die Kampfdemonstrationen sind insofern Ausdruck einer verzweifelten Identitätssuche, die längst zur Identitätssucht geworden ist. Die jeweils zu erneuernden Konstitutionsakte sind nur aus einer Ichstruktur heraus zu begreifen, die im Alltagsleben defizitär bleibt. Aus der alltäglichen Tristesse heraus wird die Sehnsucht nach der Irregularität geboren. Viele gehen Sonntag für Sonntag in die Disco, einige hingegen an die Startbahn oder an den Bauzaun in Wackersdorf. Der Flash, der bei den einen sowohl optisch als auch akustisch an der Oberfläche verbleibt, geht bei jenen, die ihre Haut riskieren, auch unter die Haut.

Doch so wie die Wirkung einer bestimmten Droge mit der Häufigkeit ihres Konsums abnimmt und zwangsläufig zur Suche nach einer Steigerungsmöglichkeit der Erlebnisintensität durch ein stärkeres Mittel führt, so könnte auch die Eskalationsspirale in der Militarisierung einzelner Demonstrantengruppen zustande gekommen sein. Vom Farbbeutel zum Stein, vom Feuerwerkskörper zur Leuchtmunition, von der Präzisionszwille zum Molotow-Cocktail ist eine Stufenleiter vorstellbar, der eine Steigerung der Erlebnisintensität bei entsprechendem Einsatz inhärent ist. Und so wie der Übergang zur harten Droge irgendeines Tages passiert, so könnten die auf die Polizisten abgegebenen Schüsse vom 2. November zugleich welche in die Venen des Selbstwertgefühls der Militanten gewesen sein.

Die Faszination, die von einer Pistole ausgeht, ist oft, auch von ehemaligen RAF-Kadern, beschrieben worden. Die Schußwaffe ist das Ding gewordene Versprechen, tiefsitzende Ohnmachtsgefühle in einem einzigen Akt – mit einem winzigen Fingerzug, der den möglichwerweise existenzauslöschenden Schuß auslöst – in eine Omnipotenzhandlung verwandeln zu können. Mit einem solch handlichen Gerät in der Tasche kann der als dauerhaft demütigend erfahrenen Realität ein nachhaltiges Dementi erteilt werden. Wer in der Bitterkeit seiner Perspektiv- und Chancenlosigkeit keinen Zugang mehr zur Veränderung seiner Situation erkennt, der kann vielleicht in der »Komplexitätsreduktion mit der Waffe« (Herfried Münkler) eine momentan sich bietende Möglichkeit sehen. Mit einem Fingerzug scheint korrigierbar, was durch Ausbildung, Arbeit, Wohlverhalten etc. nicht zu erreichen war. In der Existenzauslöschung nicht irgendeines anderen, sondern eines die Gewaltdrohung personifizierenden Repräsentanten des Staates spiegelt sich – so absurd das auch erscheinen mag – eine ins Gigantische gesteigerte Bedeutung der eigenen Person.

Die Selbstbezüglichkeit der als politisch apostrophierten Taten, die über weite Strecken hinweg bereits Charakteristikum der RAF-Gründergeneration gewesen ist, läßt sich kaum eindrucksvoller in Worte fassen als es ein Autonomer getan hat: »Ich schmeiße die Steine nicht wegen der Bullen, ich schmeiße die Steine wegen mir.« Das Referenzsystem eines solchen Steinwurfs läßt sich nicht mehr aus dem politischen Konflikt ablesen, in dem die entsprechende Aktion steht, sondern nur aus dem Ich. Dieses aber ist gerade dort, wo es sich seinem Umfeld zu entziehen scheint und abstrakt zu werden droht, in einer spezifischen Weise gesellschaftlich geprägt.

Das Bedingungsgefüge, aus dem heraus derartige selbstreferentielle Ichstrukturen entstehen, resultiert vermutlich in einem hohen Maße aus beruflicher Perspektiv-, wenn nicht gar struktureller Arbeitslosigkeit. Gäbe es, was allerdings nur schwer vorstellbar erscheint, eine sozioökonomische Untersuchung jener marginalisierten Gruppen, die simplifizierend unter dem Ausdruck »Autonome« zusammengefaßt werden, dann träte wohl objektiv vor Augen, was als unerträglicher Widerspruch zwischen anhaltender Pauperisierung ganzer Schichten bei gleichzeitig wachsendem Konsumversprechen durch die Gesamtgesellschaft bezeichnet werden muß. Der Ende der siebziger Jahre, ursprünglich auf die Alternativbewegung gemünzte Buchtitel *Du hast keine Chance, aber nutze sie!* (Reimar Oltmans) gilt in verschärfter Weise für die Lebensbedingungen

derjenigen, die auf Demonstrationen einem kollektiven Expressionismus frönen, der in der Düsterkeit seiner Drohgebärden kaum zu übertreffen ist.
Was die USA nach dem Niedergang der Bürgerrechtsbewegung Mitte der sechziger Jahre mit den Gettoaufständen der Schwarzen in den Vororten von Los Angeles und Chicago erlebten und was in Großbritannien alle Jahre wieder in den »riots« der Farbigen von Liverpool, Birmingham und anderswo geschieht, das könnte sich eines nicht allzu fernen Tages auch hier, in Kreuzberg oder St. Pauli zum Beispiel, ereignen. Die Startbahn oder der Bauzaun in Wackersdorf sind keine Stätten, an denen eine Art »ökologischer Bürgerkrieg« erprobt wurde, sondern Nebenschauplätze für die um sich beißenden urbanen Outcasts. Die tödlichen Schüsse an der Startbahn West könnten insofern auch Warnschüsse gewesen sein.